儒学与文明（第一辑）

CONFUCIANISM AND CIVILIZATION

河南省儒学文化促进会 主办

王廷信 刘太恒 主编

中原出版传媒集团
大地传媒

大象出版社
·郑州·

图书在版编目(CIP)数据

儒学与文明. 第1辑 / 王廷信，刘太恒主编.— 郑州：大象出版社，2016.6
ISBN 978-7-5347-7842-1

Ⅰ.①儒⋯　Ⅱ.①王⋯ ②刘⋯　Ⅲ.①儒家—传统文化—研究　Ⅳ.①B222.05

中国版本图书馆 CIP 数据核字(2016)第 057121 号

儒学与文明　第 1 辑
王廷信　刘太恒　主编

出 版 人	王刘纯
刊名题字	王刘纯
责任编辑	杨天敬
责任校对	李张毛
封面设计	王莉娟
英文译校	周聪贤　杨柳梅
协办单位	河南大行汽车(集团)有限公司

出版发行　大象出版社(郑州市开元路 16 号　邮政编码 450044)
　　　　　发行科 0371-63863551　总编室 0371-65597936
网　　址　www.daxiang.cn
印　　刷　洛阳和众印刷有限公司
经　　销　各地新华书店经销
开　　本　787mm×1092mm　1/16
印　　张　16.25
字　　数　255 千字
版　　次　2016 年 7 月第 1 版　2016 年 7 月第 1 次印刷
定　　价　35.00 元
若发现印、装质量问题，影响阅读，请与承印厂联系调换。
印厂地址　洛阳市高新区丰华路三号
邮政编码　471003　　　　电话　0379-64606268

编委会

顾问（以姓氏笔画为序）

王立群　王宏范　张德广　侯志英　胡廷积　骆承烈

编委会名誉主任

郭国三

编委会主任

王廷信

编委会副主任（除常务外，以姓氏笔画为序）

周桂祥（常务）　牛书成　王永杰　王刘纯　王桂兰　王清选
任晓林　关学增　刘太恒　刘振山　毕襄良　宋　歌　张倩红
张富群　李书博　李占成　杜海洋　杨学法　郑旭辉　侯建光
赵国运　徐东彬　高兴中　程印学　韩　磊

编委会委员（以姓氏笔画为序）

于咏华　王向东　王守雪　王景全　冯廼郁　史鸿文　冷天吉
张永超　张国防　张枫林　李　慧　李若夫　杨合理　辛世俊
周海涛　郑国强　赵　振　赵志浩　高建立　鹿　林　路志宏
颜立茗　魏　涛　魏长领

主编

王廷信　刘太恒

副主编

李若夫　鹿　林　魏　涛

编辑部主任

鹿　林（兼）

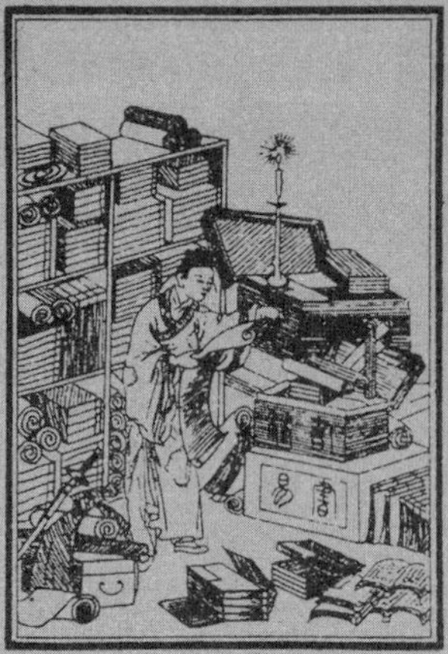

目　录

前　言 ……………………………………………………………001

孝道研究

先秦儒家"孝悌"观的形成、演进及其理论困境 …………… 张永超 /005
儒学孝道文化及其道德治理价值的当代反思 ……………… 高宏利 /022

社会伦理研究

儒家社会伦理秩序及其重建 ………………………………… 赵志浩 /035
试论商代对和谐社会的构建 ………………………………… 郭胜强 /044
孔子"为政以德"思想与古希腊治理思想的比较 …………… 罗雅琼 /054

礼学研究

孔子礼学的丰富意蕴 ………………………………………… 李晓虹 /067
孔子的礼学研究 ……………………………………………… 李怡颖 /081
论礼对中华文明的价值支撑 ………………………………… 李晓龙 /097
儒家礼制的生态学意蕴 ……………………………… 冷天吉　李震南 /107

礼义研究

传统中道思想的传承与礼义精神的现代重构 .... 魏 涛 周亚梦 /119
浅议孔子仁礼思想 .... 杨学法 /131
康百万庄园中的礼仪文化及其现代价值 .... 郭长华 /140
试论汉传佛教佛门礼仪的宗教内涵及价值意蕴 .... 张 倩 /147
先秦义观念述论 .... 申绪璐 /157
孔子"义"思想研究 .... 卢彦晓 /169

礼义教育与实践

礼义文化教育与社会文明建设 .... 王廷信 /183
传统家训礼义教育及其现代转型 .... 鹿 林 /191

乐教研究

论儒家乐教的基本精神及其现代启示 .... 宋 歌 /207
孔子的乐教与美学思想 .... 连 波 /219

周易研究

试论崔铣对朱熹易学的批评 .... 吕相国 /233

《儒学与文明》编辑出版座谈会纪要 ..../247

Contents

021 On the Formation and Evolution of Confucian Filial Piety in the Pre-Qin Period and Its Theoretical Dilemma/ZHANG Yongchao

031 The Culture of Confucian Filial Piety and the Contemporary Reflection of Its Moral Governance Value/GAO Hongli

043 Social Ethics Order of Confucian and Its Reconstruction/ZHAO Zhihao

052 On the Building of Harmonious Society in Shang Dynasty/GUO Shengqiang

062 A Contrast between "the Rule by Virtue" of Confucius and the Governing Philosophy in Ancient Greek/LUO Yaqiong

079 The Rich Implication of Confucius' Rite/LI Xiaohong

095 A Study of Confucius' Ritual/LI Yiying

105 On the Value of Rite for Chinese Civilization/LI Xiao-long

115 The Ecological Implication of Confucian Ritual/LENG Tianji, LI Zhennan

130 The Inheritance of Traditional Golden Mean Thought and the Modern Reconstruction of Ritual Spirit/WEI Tao, ZHOU Yameng

138 On Benevolence and Courtesy of Confucius' Ideas/YANG Xuefa

146 The Ritual Culture in Kangbaiwan Manor and Its Modern Value/GUO Changhua

156 On the Implication and Connotations of Buddhism Ritual in Chinese Buddhism/ZHANG Qian

168 On the Thoughts of Righteousness "Yi" in the Pre-Qin Period/SHEN Xulu

178 The Research of Righteousness in Confucius' Ideas/LU Yanxiao

189　Education of Ritual Culture and Construction of Social Civilization／WANG Tingxin
204　Traditional Family Ritual Education and Its Modern Transformation／LU Lin

218　On the Basic Spirit of Confucian Music Education and Its Modern Enlightenment／SONG Ge
229　The Confucius' Music Education and Aesthetic Ideology／LIAN Bo

245　On CUI Xi's Criticisms on the Changs-based Thought of Zhuxi／Lǚ Xiangguo

前　言

经过充分的酝酿和积极筹备，由河南省儒学文化促进会主办的学术理论研究辑刊《儒学与文明》(Confucianism and Civilization)正式与读者见面了。

《儒学与文明》以弘扬儒学优秀文化、促进社会文明建设为宗旨，以马克思主义理论为指导，以传承和弘扬中华优秀传统文化、促进社会主义精神文明建设和培育社会主义核心价值观为己任，以对儒学理论全面深入研究、反思为导向，努力实现儒学文化的创造性转换、创新性发展，以服务于当代中国特色社会主义现代化建设事业和中华民族的伟大复兴。

《儒学与文明》坚持理论联系实际的原则，将深入研究儒学文化传承和中国当代社会主义文明建设，特别是社会道德建设过程中出现的许多重大理论和现实问题，充分体现并不断增强参与社会文明建设的自觉性和主动性。为此，将根据需要开设各类专栏，如仁爱研究、孝道研究、礼义研究、仁义研究、诚信研究、乐教研究、周易研究、医道研究、儒商文化研究等，全方位、多角度反映儒学文化的丰富内涵和当代价值。

《儒学与文明》植根于中原厚重文化沃土，将广泛开展中原儒学文化的历史传承、地域特色、重要人物、重要典籍、现代发展、当代价值等方面的研究，全面展示中原儒学文化在中原文明乃至整个中华民族文明和世界文明形成与发展中的重要地位、历史贡献和现实意义，全面阐释中原儒学文化对促进中原经济、政治、文化全面发展，实施中原经济区战略和推动中部崛起的积极意义。

《儒学与文明》立足中原，面向全国，走向世界，以服务中原儒学文化研究者、爱好者为主，同时面向全国乃至海外儒学文化研究者、爱好者征稿。她既是中原乃至全国儒学文化研究者、爱好者展示儒学文化研究成果的重要平台，也是全国乃至海外儒学文化研究者、爱好者广泛开展学术交流的重要平台。同时，她还是会聚儒学文化研究高层人才、培养和造就儒学文化研究英才的平台。欢迎大家踊跃赐稿，广泛交流。

《儒学与文明》是河南省儒学文化促进会主办、河南大行汽车（集团）有限公司协办，与全国优秀出版社——大象出版社战略合作推出的文化名片。

河南大行汽车（集团）有限公司的资助奠定了理论辑刊连续出版发行的经济基础，大象出版社确保了理论辑刊高品位的制作与出版。在此，特致谢意！

《儒学与文明》编委会
2015 年 12 月

孝道研究

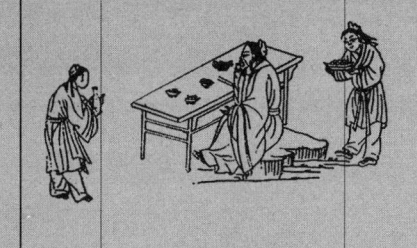

先秦儒家"孝悌"观的形成、演进及其理论困境
——以"四书"和郭店竹简为中心

张永超

(郑州大学 公共管理学院,河南 郑州 450001)

摘 要:作为儒家核心价值之一,孝悌观形成于先秦。通过梳理"四书",我们能够发现孝悌观的特殊的发展过程。首先,《论语》强调孝悌的基础是"敬",而《孟子》则给出不同的见解。其次,孝悌的定义从《论语》过渡到《孟子》,即孔子特别强调"敬",而孟子则坚持孝悌观念是人的本性。第三,孟子强化了孝悌与政治的关系。相似的观念亦可见于《大学》和《中庸》。形成于先秦的孝悌观主要观念在多个领域强烈地影响了中国历史的发展。然而,其中有三个方面值得重新思考,正是它们导致了20世纪20年代的反传统运动。不仅如此,传统的孝悌观在当代仍然面临着巨大的挑战。

关键词:先秦;儒家;孝悌观;形成与演进;理论困境

问题再提出:

(一)为何反传统?

1840年以后,中国古文化与西方理性—信仰传统逐渐全面遭遇。1895年以后中国传统文化逐渐遭受全面质疑,而学习西方(无论是通过日本学习还是直接留学欧美)成了当时知识分子的主流;1915年陈独秀创办《青年杂志》(第2卷

作者简介:张永超(1982—),男,河南登封人,郑州大学公共管理学院哲学系副教授,硕士生导师,辅仁大学博士后,主要从事先秦哲学、中国现代哲学、中西哲学比较研究。

基金项目:教育部哲学社会科学后期资助项目《天道与人道:比较视域下李泽厚"巫史传统论"研究》(13JHQ016)阶段性成果。

起改名《新青年》)以后,以决绝之态度反省重估传统并以虔诚之心理学习西方之民主科学大致成为思想界主流。以儒家思想为主干的传统文化,因其纲常名教之说而被目为"吃人的礼教","打倒孔家店"之声不绝于耳。百年后的今天,或许我们有必要重新审视一下民国陈独秀、胡适、李大钊、蔡元培、鲁迅诸君为何对传统持那样决绝激烈之态度,他们当时之反省是深刻的,如陈独秀在《吾人最后之觉悟》(1916年2月15日)中将中西文化之冲突视为中西之争的根本,将中西文化遭遇分为六期,最初的觉悟为"器物",而后是"政治",不过陈认为中国之问题并未在此六期中解决,所以提出"第七期吾人最后之觉悟"(包含"政治的觉悟"和"伦理的觉悟",陈尤重后者),他说:"伦理的觉悟,为吾人之最后觉悟之最后觉悟。"①并说:"此而不能觉悟,则前之所谓觉悟者,非彻底之觉悟,盖犹在惝恍迷离之境。"②所以他"伦理的觉悟"便是"根本思想"的"变更",此种所要"变更"的"根本思想"便是以孔子为代表的儒家学说。有学者称此种"变更"或"觉悟"为"彻底的反传统"③。

梁漱溟先生在其代表作《东西文化及其哲学》中也谈到中西之"更根本的问题",便是陈独秀所说的"伦理觉悟",他说:"此种觉悟的时期是很难显明地划分出来,而稍微显著的一点,不能不算《新青年》陈独秀他们几位先生。他们的意思要想将种种枝叶抛开,直截了当去求最后的根本。所谓根本就是整个的西方文化——是整个文化不相同的问题。如果单采用此种政治制度是不成功的,须根本地通盘换过才可。而最根本的就是伦理思想——人生哲学——所以陈先生在他所作的《吾人最后之觉悟》一文中以为种种改革通用不着,现在觉得最根本的在伦理思想。对此种根本所在不能改革,则所有改革皆无效用。到了这时才发现了西方文化的根本的所在,中国不单火炮、铁甲、声、光、化、电、政治制度不及西方,乃至道德都不对的!"④

---

① 陈独秀:《吾人最后之觉悟》,《陈独秀著作选》(第一卷),上海人民出版社1984年版,第179页。
② 陈独秀:《吾人最后之觉悟》,《陈独秀著作选》(第一卷),上海人民出版社1984年版,第179页。
③ 〔美〕林毓生:《中国意识的危机》,穆善培译,贵州人民出版社1986年版。本书试图探讨五四时期全盘反传统的根源,并列举陈独秀、胡适和鲁迅作为个案研究。
④ 梁漱溟:《东西文化及其哲学》(修订版),商务印书馆1999年版,第14~15页。

贺麟先生也谈道：

中国近百年来的危机，根本上是一个文化的危机。文化上有失调整，就不能应付新的文化局势。中国近代政治军事上的国耻，也许可以说是起于鸦片战争，中国学术文化上的国耻，却早在鸦片战争之前。儒家思想之正式被中国青年们猛烈地反对，虽说是起于新文化运动，但儒家思想的消沉、僵化、无生气，失掉孔孟的真精神和应付新文化需要的无能，却早腐蚀在五四运动以前。儒家思想在中国文化生活上失掉了自主权，丧失了新生命，才是中华民族的最大危机。[①]

"老实说，中国百年来之受异族侵凌，国势不振，根本原因还是由于学术文化不如人。"[②]

固然"吃人之礼教""打倒孔家店"诸声讨非针对"孝悌"伦理而言，但对于中国文化之特质而言，作为一种"伦理型文化"（梁漱溟语），"孝悌"观首当其冲；而为当时学人所极力反对之"纲常名教"中"父子"之纲名列其中，五伦中家庭伦理居其三，即便如"君臣"一伦也只是"父子"观之放大，正如"朋友"为"兄弟"关系之放大一样。那么现在的问题是，为何作为"父子兄弟"关系的"孝悌"伦理在当时被目之为"吃人的礼教"，或礼教之一部分（重要之部分）？

（二）为何要孝敬父兄？

人为何要孝顺父母，尊敬兄长？这在中国传统文化里面，似乎是一个不证自明的问题，正如同一个母亲爱护其子没有理由，孩子孝顺父母似乎也是天理之当然。但是就理论来讲，为何要孝？似乎难以说清，比如以美国当前哲学界为例，学者 Jane English 就明确反对孝道，她在《成人子女欠他们父母什么》中就认为成年子女与父母之关系只是以"友谊"为基础，所以不应承担朋友以外更多的义务；她的论证并非全无道理，但是在儒家学者看来，父子与朋友明显分属不同的伦次，而且父子关系要优先于且重于"朋友"关系。自然支持孝道的学者也不乏其人，比如 Raymond Belliotti，他提出"对于自我之贡献原则"

---

① 贺麟：《儒家思想的新开展》，《文化与人生》，商务印书馆1988年版，第4页。
② 贺麟：《抗战建国与学术建国》，《文化与人生》，商务印书馆1988年版，第20页。

(contribution to self principle)，认为"孝"的理由在于父母有贡献自我之人格构成（personal identity），这里的问题是，那种"负面构成"当如何看待？另有哲学家 Jan Narverson 在批评前者的基础上，在《论孝顺我们的父母》一文中提出"理智的投资理论"，指出"如果孩子认为父母的辛苦努力对自己有好处，他们就应该设法回报父母"[①]。显然，他的这种"孝道"理论存在明显的弱点，因为"如果孩子不那样认为"也完全可能。另外一个值得一提的支持孝道理论的哲学家是 Christina H. Sommers，他提出的"道德引力差等"（the thesis of differential pull）说，认为是父母之间的特殊关系决定了子女对父母特殊的义务。但是，我们很明显看出，此种"道德引力差等"说与儒家的"爱有差等"说处于两个完全不同的论域，而且此种对孝道的支持与论证也是很弱的。

那么我们不得不提出下一个问题：何为中国的孝道？为何"孝道"成为中国人浸入骨子里的德行（如俗谚称"百善孝为先"）？为何"孝道"成了中国文明系统的主流并支撑了两千年之文化传承？到现在为止，为何"孝"依然是评价一个人价值观的主要标准之一？那么，如果说西方哲学家对"孝道"的反对不足为据，他们对"孝道"的支持犹如隔靴搔痒，那么中国哲学家在"轴心文明"时期（雅斯贝尔斯语）是如何论述和规定"孝悌"[②]观念的？我们将以对中国传统影响甚大之《论语》《大学》《中庸》《孟子》以及新近出土之"郭店竹简"为文献依据，考察和回答以下问题：中国"孝悌"观之特质何在？如何形成？有何种演进？其理论困境何在？（为何遭到民国学人的激烈反对？）下面我们先看一下《论语》中的孝悌观。

一、《论语》中的"孝悌"观："孝者仁之本欤"

在《论语》首篇我们便会看到："君子务本，本立而道生。孝悌也者，其为仁之本欤。"（《学而第一》[③]）但是，我们首先要问的是：人为何要孝？为何说"孝

[①] 此部分之详细评论详见李晨阳：《道与西方的相遇：中西比较哲学重要问题研究》，中国人民大学出版社 2005 年版，第 118～128 页。
[②] 本文之"孝悌"观念主要侧重"孝德"之分析，"悌"相对于"孝"居于次位，但用语上依惯例"孝悌"连用。
[③] 对于"四书"章节之划分主要依据朱子《四书章句集注》，下同。

悌"是仁之本?

（一）孝出乎自然之情

在《阳货第十七》篇中，我们看到：

> 宰我问："三年之丧，期已久矣。君子三年不为礼，礼必坏；三年不为乐，乐必崩。旧谷既没，新谷既升，钻燧改火，期可已矣。"子曰："食夫稻，衣夫锦，于汝安乎？"曰："安。""汝安则为之。夫君子之居丧，食旨不甘，闻乐不乐，居处不安，故不为也。今汝安，则为之。"宰我出，子曰："予之不仁也。子生三年，然后免于父母之怀。夫三年之丧，天下之通丧也。予也有三年之爱于其父母乎？"

在这里我们可以看出，孔子并没有对"三年之丧"说什么大道理，只是说这是人之常情，"三年免于父母之怀""汝安则为之"，人对父母之爱（"生事之以礼，死事之以礼"）主要是发自内心、出乎人情，此种说法不像西方一些哲学家所考虑的那样是因为"道德上的亏欠"或"理性投资的回报"，正是此种"心安""人情自然"支撑着儒家的"孝悌"观念，生为人子理当孝顺父母，没有更多理由。

（二）孝贵在"敬"

关于孝，我们在《论语》中看到，更强调的是内心的"敬"：

> 孟武伯问孝。子曰："父母，唯其疾之忧。"

> 子游问孝。子曰："今之孝者，是谓能养，至于犬马，皆能有养，不敬，何以别乎？"（《为政第二》）

> 子夏问孝。子曰："色难。有事，弟子服其劳，有酒食，先生馔，曾是以为孝乎？"（《为政第二》）

> 子曰："事父母几谏，见志不从，又敬不违，劳而不怨。"（《里仁第四》）

> 子曰："父母在，不远游，游必有方。"（《里仁第四》）

> 子曰："三年无改于父之道，可谓孝矣。"（《里仁第四》）

> 子曰："父母之年，不可不知也。一则以喜，一则以惧。"（《里仁第四》）

这里我们明显看出《论语》中对"孝"的规定由"孝礼"而至于"孝义"，

更强调发自内心的敬重，外在物质供给只是属于"养口体"范围。孔子更看重的是"道""志"和"敬"，他毫不客气地说，若没有"敬"，养父母与养犬马有何区别？正如同知晓"父母之年"势必"一则以喜，一则以惧"，此种"喜惧之间"正体现了人子孝爱之用心。正如俗谚所云"百善孝为先，论心不论迹，论迹寒门无孝子"。其实此种对内心"敬""志"的强调在孔子那里是全面强调的，他固然以恢复周礼为"志"，但是他对礼的看法则是："人而不仁如礼何？人而不仁如乐何？"（《八佾第三》）"礼云礼云玉帛云乎哉？乐云乐云钟鼓云乎哉？"（《阳货第十七》）李泽厚先生所说孔子将周公之礼通过以"仁释礼"的方式内在化精神化了①，诚哉斯言！

（三）"孝乎唯孝，是以为政"

至于"孝"与"政"的关系，在《论语》里并不明显。关于"为政"之道，孔子更多强调的是"正名"之说，认为"名不正则言不顺"，"君君，臣臣，父父，子子"则天下定，但是对于"君臣父子"之关系似乎并没有过多的说明。自然以下说法我们应注意：

> 季康子问："使民敬忠以劝，如之何？"子曰："临之以庄则敬，孝慈则忠，举善而教不能则劝。"

> 或谓孔子曰："子奚不为政？"子曰："书云：'孝乎唯孝，友于兄弟，施于有政。'是亦为政。奚其为为政！"（《为政第二》）

这里我们可以看出某种端倪："孝"与"忠"是贯通的。但如何贯通？我们没有看到更多的说明。就孔子来讲，别人问他何不为政，他的回答很巧妙，认为"孝乎唯孝，友于兄弟，施于有政"这便是"为政"了。这里我们至少可以看到：第一，"孝悌"观与"忠君"是一致的；第二，"孝悌"观便是某种形式的"政"。我们在《大学》《中庸》和《孟子》里发现，此种观念被贯通和放大了。下面我们先看一下1993年出土的"郭店竹简"文献，由于其年代的优先性，所以放在《大学》《中庸》前讨论。

---

① 李先生思想参见其《中国古代思想史论》《论语今读》诸书。

二、郭店竹简中的"孝悌"观:"为父绝君,不可为君绝父"

1993年冬,湖北荆门郭店一号楚墓出土竹简804枚,经过荆门博物馆组织整理成18篇短文,于1998年5月由文物出版社以《郭店楚墓竹简》之名出版(含图文注释)[①],其中"性自命出"篇多谈"情"字,共20见,而"缁衣""唐虞之道""语丛一""语丛三""语丛四"各一见,"语丛二"两见,共27见[②]。对于"性自命出"之"情",学者们展开了广泛的讨论[③]。

本文认为,"情"之核心义为"孝——父子亲情"。当然"情"以"孝"为核心并不排斥"情"的其他外延。另外,"情"以"孝"为核心却并不止于"孝"或"父子亲情",它是一个动态的孝——家、国、天下——反求诸己的演进过程。"孝"为情之本源而非终点。通观竹简全篇,可以看出其以"孝悌为本",并以"孝"释仁,甚至说可以"为父绝君",且称"圣也者,父德也",此种贵父轻君的思想便是对"孝"的弘扬。自然,此种"孝"不限于父子之情,因为爱亲则可施爱人,如,"闻舜孝,知其能养天下之老也"(《唐虞之道》,简22—23[④])。可见人情以"孝"始,并由内生发,以修己为方法。

(一)"孝,本也"

《六德》篇称"是故先王之教民也,始于孝悌。君子于此一体者无所废。是

---

① 荆门博物馆编:《郭店楚墓竹简》,文物出版社1998年版。需注意:竹简出土时已散乱,且该墓曾遭盗窃,所以《郭店楚墓竹简》一书只是劫余后之整理本,我们感谢整理者的努力,但我们还必须知道这是经今人之手而成之作,篇题、文序、篇序都是整理出来的,所以便不可囿于该书,然而该书附有图文版可做详细参照,很是可贵。

② 此统计参见丁四新:《论郭店楚简"情"的内涵》,丁四新主编:《楚地简帛思想研究(二)》,湖北教育出版社2005年版;请注意该文曾在《现代哲学》2003年第4期发表,但应以书中为参考,因为杂志中文已有删减,我们通读全篇无发现别例故从丁27见之说。

③ 参见陈来:《郭店楚简之性自命出篇初探》,《孔子研究》,1998年第3期。本文还载于国际儒联学术委员会编:《郭店楚简研究》,《中国哲学》第20辑,辽宁教育出版社1999年版;李天虹:《性自命出与传世先秦文献"情"字解诂》,《中国哲学史》2001年第3期。李文对"情"之收集可谓多:《诗经》《尚书》《左传》《国语》《礼记》等有些分析可能值得商榷,但是她对文献的整理,有参考价值,而且从中可看出"情"义不限于"实""情感""真诚",说先秦文献无谈"情"者可以休矣。

④ 依照惯例,只以《郭店楚墓竹简》所列简号为准,引用文字,也只列篇名和简号,李零另有篇名但本文从荆门本之原始篇名。

故先王之教民也，不使此民也忧其身，失其体。孝，本也"①（简39—41），之所以视"孝"为"本"，是因为"孝之施，爱天下之民"（《唐虞之道》，简7），孝为子爱父母，然此种原始的爱是可以生发的，准确言之，唯有血亲之爱方有"爱天下人"之爱，所以"闻舜孝，知其能养天下之老也，闻舜弟，知其能事天下之长也"（《唐虞之道》，简22—23）。此种由对父母之爱而及天下之爱的思维方式正是竹简中所着重表达的一点，所以此孝只能从动态意义上讲，而若限于"父子之情"，则失之。

（二）"为父绝君，不为君绝父"

对孝的着重表达也可由此看出，"为父绝君，不可为君绝父"（《六德》，简29），因为"君臣、朋友，其择者也"（《语丛一》，简87），君不同于父，"不悦，可去也"（《语丛三》，简4）。此种"贵父轻君"思想是极为明显的，而且《六德》篇竟以"圣"称父德（"圣也者，父德也"，简21）。对父德的高扬便是对"孝"——父子情的礼赞与肯定，或者说此种情感是不言自明的，不可选择，只能如此，有此方可有其他情感之生发②。

（三）"修身近仁"与"仁者，子德也"

与父德为"圣"相对，"仁者，子德也"（《六德》，简23）。子德是"孝"，然今却以"仁"名之，足见"孝"与"仁"同义，或者说"孝，仁之冕也。禅，义之至也"（《唐虞之道》，简6—7）。那么何为"仁"呢？"颜色容貌温变也。以中心与人交，悦也。中心悦，播迁于兄弟，戚也。戚而信之，亲【也】，亲而笃之，爱也。爱父，其继爱人，仁也。"（《五行》，简32—33）"爱，仁也"（《语丛三》，简35—36）。由此可见，仁为"爱"，发自内心，由爱父而及爱人。此种爱或"情"是"血气之亲"，与君臣不同（《六德》，简16），所以最为本源，至真至切。那么如何"至仁"呢？

"闻道反己，修身者也。上交近事君，下交得众近从政，修身近至仁"（《性

---

① 此为简体字，为行文方便，参照李零本和刘钊《郭店楚简校释》（福建人民出版社2005年版）。另，荆门本亦是繁体字。
② "为父绝君"一说似乎是在治"丧礼"的语境下所说，然即便如此，贵父轻君的思想也无法否认，如称圣为父德，不悦可以去君。

自命出》，简56—57），可见"修身"、仁、孝是一体的，仁、孝始终是由"己"由"内"也，即由最原始的情感而发，"仁形于内谓之德之行，不形于内谓之行"（《五行》，简1）。仁必形于内，"是故君子求诸己也深，不求诸其本而攻诸其末，弗得矣"（《成之闻之》，简10—11），求诸己便是要求诸本，其本在"孝"，在"血气之亲"，"故君子所复之不多，所求之不远，穷反诸己而可以知人。是故欲人之爱己也，则必先爱人，欲人之敬己也，则必先敬人"（《成之闻之》，简19—20）由己而知人，由爱亲而爱人。所以说"必正其身，然后正世，圣道备矣"（《唐虞之道》，简3）。可见，由爱亲而爱人、由正身而正世此是异名而同谓了，其义则一。

由以上分析可知，因"孝"为"血气"之情，最为原始，也最为根本，人须爱亲而后爱人，此种情感近乎"仁"，而人所修身求诸己者仍是对此原发性情感的再认识，修身即是修"孝"，正身即是爱亲，由正身而正世，即是由爱亲而爱人。血气之情出自血气之性，礼乐教化正以此"血气之情"为依据，由此也可以看出，中国传统经典文本中对情的界定主要是基于血缘伦理，而郭店竹简中"为父绝君"之说法，似乎是对"孝"与"忠"关系张力的强化。这与《大学》《中庸》《孟子》中的论述有着很大的不同，由此我们也可以看出"孝悌"观之演进。

三、《大学》《中庸》之孝悌观：修齐治平模式之确立

依照朱子说法，《大学》为"孔子之言而曾子述之"，《中庸》是"孔门传授心法"由"子思笔之于书以授孟子"[1]，这些说法皆为待考而难以考证清楚之事。但是，就大致的年代确定《大学》《中庸》之文本思想当处于孔孟之间应无大碍。就其文本来讲，其关于"孝悌"观念有了明显的过渡，由孔子之"孝者，仁之本"注重"敬"而到"诚"；由《论语》中自然之情的论证而到"知性""知天"的论证；由《论语》中"孝乎唯孝是亦为政"而到了"修齐治平""践位行志为大孝"，这些都基本上与《孟子》书中的"孝悌"观衔接起来。具体而言，如下：

---

[1] 参见朱熹《四书章句集注》中《大学章句序》和《中庸章句序》。

(一)"君子之道造端乎夫妇"

> 君子之道，费而隐。夫妇之愚，可以与知焉；及其至也，虽圣人亦有所不知焉。夫妇之不肖，可以能行焉；及其至也，虽圣人亦有所不能焉。天地之大也，人犹有所憾。故君子语大，天下莫能载焉；语小，天下莫能破焉。诗云："鸢飞戾天，鱼跃于渊。"言其上下察也。君子之道，造端乎夫妇，及其至也，察乎天地。（《中庸》第十二章）

这里我们可以看到如同《论语》中所述，君子之道并不高深玄妙，它就是天理之自然显现，就在人伦日用之中。但是，与孔子那种温情的"六合之外存而不论"的态度已有所不同，《中庸》认为"及其至也，察乎天地"，已经有某种"天人合一"的迹象了，这最终演变为后来所称道的"极高明而道中庸，致广大而尽精微"。但是就"为何孝"来讲，在《中庸》里依然保留了这样的说法：

> 凡有血气者，莫不尊亲，故曰配天。（《中庸》第三十一章）

(二) 孝贵在诚

与孔子注重"志""心""敬"思路一贯，《中庸》则明确提出了"诚"：

> 诚者，自成也；而道，自道也。诚者，物之终始；不诚，无物。是故，君子诚之为贵。诚者，非自成己而已也，所以成物也。成己，仁也；成物，知也。性之德也，合外内之道也，故时措之宜也。（《中庸》第二十五章）

此种对"诚"的强调前所未有，与"敬"相比，"诚"更强调内心，"实"不可有丝毫的虚妄。就层次上讲，似乎只有"诚"才能敬，只有做到发自内心的"诚"才能保证"敬"的真诚、礼的真义。不得不说，在"孝悌"观的演进上，与《论语》不同，作为孔孟之间的作品，《大学》《中庸》将孔子那种注重内心精神的思路"深化"了，"具体"了，其表现便为"诚"的提出。与"诚"相关，《大学》《中庸》不同于《论语》的地方，更突出地表现在"孝的政治化"，原先"孝—忠—政"那种潜在联系被"修齐治平"模式确定并凸显出来。

(三)"修齐治平"模式的确立

我们很熟悉《大学》的"三纲领八条目"，在这里"修齐治平"首次提出，家国天下首次以明显的语言突出出来：个人与家庭与国家成为一体。在天道观上的天人合一与孝道观上的家国一体终于结合起来。

古之欲明明德于天下者，先治其国；欲治其国者，先齐其家；欲齐其家者，先修其身；欲修其身者，先正其心；欲正其心者，先诚其意；欲诚其意者，先致其知。致知在格物。物格而后知至，知至而后意诚，意诚而后心正，心正而后身修，身修而后家齐，家齐而后国治，国治而后天下平。自天子以至于庶人，壹是皆以修身为本。（《大学》第一章）

为人君，止于仁；为人臣，止于敬；为人子，止于孝；为人父，止于慈；与国人交，止于信。（《大学》第三章）

《诗》云："宜兄宜弟。"宜兄宜弟，而后可以教国人。

《诗》云："其仪不忒，正是四国。"其为父子兄弟足法，而后民法之也。此谓治国在齐其家。（《大学》第九章）

君子之道，辟如行远必自迩，辟如登高必自卑。诗曰："妻子好合，如鼓瑟琴；兄弟既翕，和乐且耽；宜尔室家，乐尔妻帑。"子曰："父母其顺矣乎！"（《中庸》第十五章）

仁者，人也，亲亲为大；义者，宜也，尊贤为大。亲亲之杀，尊贤之等，礼所生也。（在下位，不获乎上，民不可得而治矣。）故君子不可以不修身；思修身，不可以不事亲；思事亲，不可以不知人；思知人，不可以不知天。（《中庸》第二十章）

而且，与孔子不同，我们可以看到"孝"与"政"被几乎等同起来，为政方是"大孝"；"践其位"与"爱其亲"意思是相近的，都成了"至孝"的标准：

子曰："舜其大孝也与！德为圣人，尊为天子，富有四海之内，宗庙飨之，子孙保之。故大德，必得其位，必得其禄，必得其名，必得其寿。故天之生物，必因其材而笃焉，故栽者培之，倾者覆之。诗曰：'嘉乐君子，宪宪令德，宜民宜人，受禄于天；保佑命之，自天申之。'故大德者必受命。"（《中庸》第十七章）

子曰："武王、周公其达孝矣乎！夫孝者，善继人之志，善述人之事者也。春秋，修其祖庙，陈其宗器，设其裳衣，荐其时食。

宗庙之礼，所以序昭穆也；序爵，所以辨贵贱也；序事，所以辨贤也；旅酬下为上，所以逮贱也；燕毛，所以序齿也。

> 践其位，行其礼，奏其乐；敬其所尊，爱其所亲，事死如事生，事亡如事存，孝之至也。（《中庸》第十九章）

若说《论语》中的"敬"与《大学》《中庸》中的"诚"相比并无实质差别的话，那么《中庸》中的"践其位"被视为"至孝"相比《论语》中的"孝乎唯孝，友于兄弟，施于有政"则是一种飞跃。而正是在这一点上，《孟子》完全继承下来，并且给出了中国式的"形而上学"论证，通过"性善"说给巩固下来，孔子的"仁心"在孟子那里变成了"仁政"；孔子的"仁爱"在孟子眼中便是"亲亲"，而"亲亲"即是"仁政"之根基，也即是他所说的"以天下养为至孝"。

四、《孟子》之"孝悌"观：仁政即为大孝

（一）"仁义礼智根于心"

在《孟子》中"孝悌忠信"这一儒家的核心教义被保留下来。比如，孟子在其"王道之治"的理想状态中提到：

> 王欲行之，则盍反其本矣：五亩之宅，树之以桑，五十者可以衣帛矣。鸡豚狗彘之畜，无失其时，七十者可以食肉矣。百亩之田，勿夺其时，八口之家可以无饥矣。谨庠序之教，申之以孝悌之义，颁白者不负戴于道路矣。老者衣帛食肉，黎民不饥不寒，然而不王者，未之有也。（《孟子·梁惠王上》）

就"孝悌"观之演进来看，孟子异于孔子，并且经由《大学》《中庸》之心性学问过渡而来之"仁义""孝悌"，已经不再是如同《论语》中那样"性相近，习相远"的中性表达，也不再是"三年免于父母之怀""汝心安则为之"的人之常情，《孟子》文本里直接提出：

> 君子所性，仁义礼智根于心。（《孟子·尽心上》）

> 孟子曰："人皆有不忍人之心。先王有不忍人之心，斯有不忍人之政矣。以不忍人之心，行不忍人之政，治天下可运之掌上。所以谓人皆有不忍人之心者，今人乍见孺子将入于井，皆有怵惕恻隐之心非所以内交于孺子之父母也，非所以要誉于乡党朋友也，非恶其声而然也。由是观之，无恻隐之心，非人也；无羞恶之心，非人也；无辞让之心，非人也，

无是非之心，非人也。恻隐之心，仁之端也；羞恶之心，义之端也；辞让之心，礼之端也；是非之心，智之端也。人之有是四端也，犹其有四体也。有是四端而自谓不能者，自贼者也；谓其君不能者，贼其君者也。凡有四端于我者，知皆扩而充之矣，若火之始然，泉之始达。苟能充之，足以保四海；苟不充之，不足以事父母。"（《孟子·公孙丑上》）

在这里我们看到的是"道性善，言必称尧舜"的孟子。"仁义"是根于"心"的；无恻隐、羞恶、辞让、是非之心则"非人"，在这里人就其本性来说，是"善"的，至少具有"善端"。对"仁义"的"性"和"心"的描述正是对"孝"的"先天性"依据的寻求，因为"亲亲，仁也"（下面我们会看到这一点）；此种对"为何孝"的"心性"解答使人子一来无比高贵，"异于禽兽"，二来无可逃遁（因为仁义根于心）。这种明确的论断在《论语》里是不可想象的。

（二）"仁之实，事亲是也""家之本在身"

我们看到，在对"仁"重新定位（通过"性""心"）的基础上，仁与孝（亲亲）的关系在《孟子》里则更加接近甚至重叠。在《论语》里"孝为仁之本"，朱子注释还颇多区别[①]，但是《孟子》直接承接《大学》《中庸》认为：

亲亲，仁也；敬长，义也。无他，达之天下也。（《孟子·尽心上》）

孟子曰："事，孰为大？事亲为大；守，孰为大？守身为大。不失其身而能事其亲者，吾闻之矣；失其身而能事其亲者，吾未之闻也。孰不为事？事亲，事之本也；孰不为守？守身，守之本也。"（《孟子·离娄上》）

孟子曰："仁之实，事亲是也；义之实，从兄是也；智之实，知斯二者弗去是也；礼之实，节文斯二者是也；乐之实，乐斯二者，乐则生矣；生则恶可已也，恶可已，则不知足之蹈之手之舞之。"（《孟子·离娄上》）

在这里我们看到"亲亲，仁也"的直接陈述，认为"仁之实"便是"事亲"；而且进而言之，继续承接《大学》中"修齐治平"模式，认为"家国天下"之所以成立在于："人有恒言，皆曰：'天下国家。'天下之本在国，国之本在家，家之本在身。"（《孟子·离娄上》）而且认为只有仁者才适宜在高位，因为"是

[①] 朱熹：《四书章句集注》，中华书局2011年版，第50页。

以唯仁者宜在高位。不仁而在高位，是播其恶于众也。"（《孟子·离娄上》）这里我们可以看出与柏拉图"哲学王"的理想是类似的，只是二者在德行架构、理路缘由上则完全不同。我们继续沿着《孟子》一书的思路向下分析，他不仅认为"亲亲，仁也""仁者宜在高位"，而且认为"尊亲之至，莫大乎以天下养"。

（三）"尊亲之至，莫大乎以天下养"

关于何为"孝"，在《论语》里强调"敬"和发自内心，此种精神一贯被坚持着，在《大学》《中庸》里则提出"诚"予以强化。我们看到，孟子在坚持这一思想的基础上，将"孝"与"政"完全结合起来，使"修齐治平"模式有了"孝德伦理"的基础与确认。这一思想在《论语》里是没有的，在《大学》《中庸》里开始出现，在《孟子》里则被明确提出：

> 孟子曰："天下大悦而将归己，视天下悦而归己，犹草芥也，唯舜为然。不得乎亲，不可以为人；不顺乎亲，不可以为子。舜尽事亲之道而瞽瞍底豫，瞽瞍底豫而天下化，瞽瞍底豫而天下之为父子者定，此之谓大孝。"（《孟子·离娄上》）

而且我们可以看到，对舜"大孝"的肯定不仅仅在于他终身"慕父母"用心之"敬诚"，而且主要在于他以"天下养"之："孝子之至，莫大乎尊亲；尊亲之至，莫大乎以天下养。为天子父，尊之至也；以天下养，养之至也。"（《孟子·万章上》）对于"道性善，言必称尧舜"的孟子来讲，"尧舜之道，孝悌而已"（《孟子·告子下》）。这里我们可以看出"亲亲—仁政—大孝"的结合，如果再考虑孟子的心性论，这一模式是这样的："性善—仁—亲亲—仁政—大孝"。此种模式比起"修齐治平"来说更严谨，或者说为"修齐治平"模式提供了人性论基础，但与此同时，也存在着巨大的理论张力，此种理路的逻辑困境是昭然若揭的。

结语："四书"中的"孝悌"观及其理论困境

首先，我们看一下"四书"中的"孝悌"观。其具体演进是这样的：第一，在"为何孝"的依据上，由《论语》奠基，经由《大学》《中庸》过渡，到《孟子》之完成，其论证理路由"自然之情"的合理性说明过渡到"仁义根于心"的"心性论"论证；第二，在"何为孝"的界定上，由《论语》中的"敬"到《中庸》中的"诚"

再到《孟子》中明确提出"亲亲,仁也""仁之实,事亲是也","仁"与"孝"基本内涵吻合,这与《论语》中的说明是不同的;第三,在"孝"与"政"的关系上,由《论语》中的"孝乎唯孝,是亦为政"到《大学》《中庸》"践其位""以天下养"是为"大孝"似乎有某种"反转","孝—政"关系完全重叠,这对于"修齐治平"模式是一种理论说明,个人终于成为不仅仅是"父之子"而且是"家国天下"的萌芽与承负者,孝亲即是为政,仁政即是大孝①。

其次,我们可以回答文首所提出的问题,何为中国的孝道?第一,"何为孝"其不在口体之物质赡养,关键在于内心的"敬诚";不在于外在"礼仪"的遵守,关键在于对发自内心的父之"志""道"的遵循。第二,"为何孝"其根据不在于西方当代学者所辩护的"理智投资的回馈",也不在于囿于特殊关系的"不得不",而在于"孝爱"对于中国人来说是一种"实现自我"(成人立己)的必由之路。"礼智"根于心,人皆有善端,但是需要"养育"之,需要"推广"之,这是"成人""实现自己"的必由之路,其意义不仅仅是出乎血情的"感恩",而是"人之成为人"的基本规定。如同李晨阳教授分析所说:"孝是人的自我实现过程中的必要的一环。也就是说,人的自我实现要求孝这个环节。因为孝是自我实现的一环,孝道不仅仅是为了父母,也是为了自己。"②第三,"为何反传统"这一问题固然不是仅仅针对"孝悌"伦理,但毋庸讳言,在纲常名教中"孝德"具有核心地位。单就"孝"而言,子女对父母之孝顺敬重,即便是在民国诸君眼中也是颇为遵从的,比如胡适、鲁迅,而陈独秀还对当时青年学生不敬重父母行为表示批评。他们之所以以决绝的态度反对传统,似乎不在"孝德"本身,而在于"孝—政"的结合。因为,孝与政的结合,其实质就是伦理和政治融为一体,"孝德"被政治化了,由此"愚忠愚孝"便产生了,这正是家国天下体制遭人诟病的缘由。尤其是,公私德不分,将私德"孝"与"为政"联系起来"以天下养为至孝",这使"孝德"成为民国"反传统"诸君攻击的靶子之一,"反传统"表面反对父子纲常,实在于反对此种"孝—忠"之过渡与转移。就先秦"孝悌"观之演进历程来说,孟子对此应负主要责任,

---

① 这里我们可以看出"郭店竹简"中"为父绝君,不为君绝父"这一"孝—忠""孝—政"之间的分别与张力没有被继承下来,而是被融合、被化解了。
② 李晨阳:《道与西方的相遇:中西比较哲学重要问题研究》,中国人民大学出版社2005年版,第136页。

他将"仁—亲亲—仁政—大孝"结合起来，这样使传统"孝悌"观面临巨大的理论困境。

最后，我们可以看一下先秦"孝悌"观的理论困境。第一，"仁义根于心"，"无恻隐"则"非人"。此种人性论是一种假设还是一种呈现？如何论证？孟子将"孝悌""仁政"以此为基础避开了更严重、更复杂的人性、政治问题，比如"恶"，比如"政治的公共性"（利益纷争非人性善可以解决）。第二，伦理政治化，与此同时，政治伦理化。公德与私德无法分开，舜可以为了父亲而不顾天下，这固然可以说是"至孝"，但是置责任于何顾？置天下于何顾？政治与伦理固然有重叠的问题域，但是二者毕竟分属不同的领域，有不同的问题方式与解决之道，似这样政治伦理不分，使许多政治中更深层次的问题被掩蔽下来，这是造成社会动荡王朝更迭频繁的深层原因，也使君权没有适当有效的约束机制（舜可以背着父亲跑走并怡然自乐）。第三，"仁政是为大孝"在逻辑上为历代士人提出了"不可能完成的任务"，人皆愿为"孝"（自我实现之必由之路），但是人人怎么皆可以为政？怎么"以天下养父母"？孔子所说"孝乎唯孝，是亦为政"这在任何人是可以做到的，但是孟子将"大孝"之标准规定于"以天下养"上，则隐藏了巨大的张力，要么甘于"不孝"，要么趁机"践位"，两者皆是"悖逆"之大不孝，但其名义却是为了"至孝"。第四，"孝"与"政"有着不同的理论规则，比如"易子而教""父子不责善"在孔孟是皆认可的，但是"为政"时怎么可以"易"，怎么可以"不责善"？这里也存在着深层的理论困境。

综上所述，本文从"为何反传统""为何孝""何为孝"三个问题出发，通过对"四书"以及"郭店竹简"文献的梳理，对于中国的"孝悌"观之形成演进予以梳理，并在最后指出先秦"孝悌"观之理论困境。"四书"为学人所熟悉之经典，今日以原典为据，对"孝悌"观之演进细致梳理，分清其利弊得失，一来讨教于学界诸君，二来为"输入学理，研究问题，整理国故，再造文明"之理想敬献微薄之力。

On the Formation and Evolution of Confucian Filial Piety in the Pre-Qin Period and Its Theoretical Dilemma

ZHANG Yongchao

(School of Public Administration, Zhengzhou University, Zhengzhou, Henan, 450001)

Abstract: Filial Piety as one of the core virtues of Confucianism, formed in the Pre-Qin Period. We can find the particular process of the concept of filial piety through reading *Four Books*. First of all, the *Analects* told us the base of filial piety was consanguinity; while, *Mencius* gave us a different argument. Secondly, the definition of filial piety changed from the *Analects* to the Mencius. Confucius emphasized particularly the emotion of respect (*jing*) while Mencius held the idea that filial piety was the nature of human beings. Thirdly, Mencius strongly enhanced the relationship between filial piety and politicization. The similar idea would be found in *the Great Learning* and *the Doctrine of the Mean*. The main ideas of filial piety forming in the Pre-Qin Period affected the history of China strongly in many fields. However, three points of the theory need to be reconsidered, which led to the movement of anti-tradition in 1920s. Furthermore, the traditional ideas of filial piety are faced with great challenge in the contemporary era.

Key words: Confucianism; filial piety; formation and evolution; theoretical dilemma

儒学孝道文化及其道德治理价值的当代反思

高宏利

(郑州升达经贸管理学院　共科部，河南　郑州　451191)

摘　要：中华优秀传统文化中具有丰富的道德治理资源，儒学孝道文化就是其中重要的一部分。儒学文化资源是古代中国道德思想的集中代表，它以"仁"为内在本质特征，但最具有实践意义和社会治理价值的却是承继至今的孝文化。儒学孝道文化自身所蕴含的"向善贵和"的道德价值观本身就是道德治理的基本原则之一，在历史演进中逐渐发展融合为家庭伦理道德和社会伦理道德的家国同构的辩证统一体。孝道文化是当代中国社会道德治理与中华传统美德相互承接的关键点，成为立德树人的伦理契合点与社会治理的道德出发点。

关键词：孝道文化；道德治理；实践转换

文化是维系任何民族发展的精神命脉，也是当代社会治理的思想源泉所在。中国的传统文化注重"天人合一"的实践精神，作为儒家文化资源中最具社会实践意义和道德治理价值的"孝文化"，其内在道德价值理念对当今中国的社会公民道德、社会道德治理启示良多。"夫孝，德之本也。"（《孝经·开宗明义章》）儒学孝道蕴含了中华伦理的基本精神，成为中国传统道德的本质与内核[1]。儒学孝道思想起源于中国原始社会的祖先崇拜的宗教伦理，后经孔子开创的儒家学派改造成为家庭以及社会伦理的基本道德规范。儒学孝道文化已经改造成为社会伦理的基本规范，就蕴含了社会治理的基本理念于其中，呈现出从家庭伦理规范到

作者简介：高宏利（1981—　），女，河南鲁山人，郑州升达经贸管理学院共科部讲师，哲学硕士，主要从事马克思主义中国化、中国传统文化研究。

[1] 肖群忠：《"夫孝，德之本也"——论孝道的伦理精神本质》，《西北师大学报》1997年第1期。

社会国家伦理规范的演变历程。儒学孝道文化蕴含有超越时空局限的文化基因，其所彰显的道德治理功能与价值对我们今天的社会主义核心价值观构建以及社会治理有着有益的启示和借鉴。

一、儒学孝道文化的伦理内涵与发展理路

孝道文化是中国传统道德文化的核心观念，它同时也是儒学思想中最为基本的范畴之一。"孝"文化作为观念形态的上层建筑是中国社会历史演进到一定阶段的产物，是由中国古代社会中经济以及政治发展的现实需求所决定的。孝道文化发轫于中国原始社会末期的祖先崇拜的宗教习俗，时至西周，由原始的对天神的崇拜逐渐演变为对祖宗神的崇拜，也即是传统意义上孝的内涵——尊祖敬宗。以孔子为代表的儒家学派结合时代要求把"孝"提升为道德之本、教化之源，并经由儒家后学逐渐建立其形式上较为规范的孝道伦理规范体系。

许慎在《说文解字》中对孝的界定为："孝，善事父母者。从老省从子。子承老也。"通俗地说，"孝"在伦理意义上首先就是要回报和善待父母，其次是老而有子女奉养为孝，最后引申为子女要承继父母心愿。"孝道"在古汉语中是一个复合词，从狭义上来讲，"孝"是指孝顺、孝敬、孝养，而从广义上来讲，孝是包括基于家庭伦理纲常在内与孝相关的社会伦理道德的总称；"道"则是实现"孝"的路径、方法和原则。简言之，"孝道"就是包括基于血缘关系而形成的家庭伦理道德的为人子女之孝、社会伦理道德的为人弟子之孝、国家伦理道德的为人臣子之孝以及对于父母、师长、君王恭敬顺从、供养侍奉的伦理原则以及方法途径的总称。

恩格斯在《反杜林论》中指出："一切以往的道德论归根到底都是当时社会经济状况的产物。"[①] 孝道观念作为中国传统道德价值观核心范畴，当然是受中国传统的经济社会状况决定的。孝道观念也是中国社会历史发展的必然产物，有其产生的必然性，同时在自身的继承与超越中不断添加着时代内容。从马克思历史唯物主义的基本视域出发，我们可以得出中国传统孝道文化形成的必要条件：

---

① 《马克思恩格斯选集》（第3卷），人民出版社1995年版，第435页。

一是亲缘以及基于社会关系形成的伦理氛围,这是孝道文化形成的社会文化基础;另一个是父系氏族社会之后中国社会由个体家庭经济向封建族权体制的过渡与演变,这是孝道产生的政治经济基础。

儒学孝道文化发端于中国父系氏族社会以来的原始氏族崇拜和祖先崇拜,到中国的西周时期,"孝"和"德"一并上升为阶级统治的道德纲领,此时"孝"所发挥的作用逐渐地向社会领域转变,成为一个公共伦理范畴。孔子围绕"善事父母"这一项孝道的最基本内容作出了细致的阐发和提炼,最终用"仁"学的哲学体系为孝道文化找到了人性论的依据,完成了"孝"从宗教伦理到家庭伦理的转换[1]。就"孝"与"仁"的关系而言,前者是后者得以成立的伦理基础和生长点,表面上看似完备的"仁"学体系却是用来解决"礼乐崩坏"的社会伦理道德现实的。孔子将"孝"视为"仁"的出发点和生长点,在他看来"其为人也孝悌,而好之本欤"(《论语·学而》)。具体来讲,孔子不但承继了西周以来孝道伦理规范的基本方面,如孝为立人之根本以及应该遵从父母遗志等,认为"三年无改于父之道,可谓孝矣"(《论语·学而》)。在此基础上孔子进一步阐发了孝的家庭伦理意义,提出为亡故父母守孝亦为"孝"之应有之义。

在儒家后学之中,曾子被视为是儒学孝道思想的集大成者,他不但身体力行践行孝道,而且著有《孝经》流传于世。曾子不仅在理论上把"孝"视为一切道德实践的动机、目标和理由,甚至认为这种美德可以超越时空成为人类社会的根本法则。孟子对儒学孝道文化的最大贡献莫过于把孝道从家庭伦理规范提升为以"仁政"为核心的王道之治的政治伦理规范。"人人亲其亲,长其长,而天下平";"老吾老,以及人之老;幼吾幼,以及人之幼。"(《孟子·离娄上》)人人做到孝敬父母、尊重长者,推及社会,一以贯之,才能做到"天下可运于掌"(《孟子·梁惠王上》)。荀子对儒学孝道文化的发展,主要体现为在他所确立的人性本恶的立论基础之上,认为人既然生来本恶自然不会自觉选择遵守孝道的相关伦理规范,因此必须以"礼"加以教化。记录孔子及其门生日常生活伦理规范对话的《孝经》系统总结了儒学孝道文化的精华部分,标志着儒家孝道文化理论创造的完成。《孝

---

[1] 涂爱荣:《中国孝道文化的历史追寻》,《学术论坛》2010年第9期。

经》中提出的"忠孝相依"思想，把孝道同伦理和政治糅合为一体，突出了"孝治"的理念，使之适应了中国古代君主专制时期以家族为本位的宗法伦理社会的需要。从汉朝开始，随着儒学成为中国封建统治的思想基础以后，孝道正式由家庭伦理扩展为政治伦理和社会伦理。值得一提的是，汉朝还把"举孝廉"作为封建官吏选拔的基本要求之一，使作为家庭伦理的孝道与作为社会政治伦理的孝道在家国同构的伦理理念下得以真正统一。

二、孝道文化之于道德治理的伦理价值

要在当代实现中华民族优秀文化的伟大复兴，不能够不研究曾经作为中华文化伦理核心精神的孝道文化。如果能够准确把握传统孝道文化资源中道德治理思想的伦理原则，那么我们不难想象，其由观念形态的孝道文化资源向实践形态的孝道实践的转换就会有合理的理论支撑，其创新发展对推动当代中国社会治理来讲是巨大道德助推力。在儒家的思想文化资源中，孝最具实践性，被称为儒家伦理道德的首德，是儒学伦理思想的核心观念所在。国无德不兴，人无德不立。道德不仅是一种国家治理、社会秩序整合的工具，而且是国家兴旺、人民幸福的强大精神动力和软实力[1]。在被学者称为"后改革开放"时代的今天，经济政治成就快速积累的负面效应已经开始显现，社会老龄化的加速也考量着孝道这种中华民族的文化基因究竟要不要以及应该以何种方式传承。可以说，孝道文化是当代中国社会道德治理与中华传统美德相互承接的关键点。

考量儒学孝道文化的内在的道德原则与时代转换的基本标准，应注意两个方面的边界性问题：复古主义文化思潮和历史虚无主义文化思潮。对于第一点来讲，当代中外的儒学研究存在着比较一致的认同，我们今天要进行实践转换和创新性发展的传统文化并不是良莠不分的观念形态的文化资源，而是数千年来绵延至今的文化基因。我们要继承和发扬的是传统孝道文化中契合当代社会治理现状的基本伦理原则，这一原则与中国封建宗法伦理有着本质性的不同。对于第二点来讲，我们亦不能对中国的孝道文化持有全盘否定的态度而走向历史虚无主义。任何时

---

[1] 涂爱荣：《中国孝道文化的历史追寻》，《学术论坛》2010 年第 9 期。

代的文化产品及其文化资源都难以避免地会带上那个时代的印记并与它所处的时代的经济政治相互契合。我们不能拿现今之伦理道德标准作为裁量传统孝道文化的标尺，如此我们只能得出这种文化资源无用的结论。现实问题是驱动哲学发展的原动力，我们只有立足当今社会发展的社会治理的现实需要，准确剖析和客观衡量儒学孝道文化在当代社会的存在状态，寻找其与当代中国社会关联的内在维度和外在道德建设契合点，在对现代文化的积极而自觉的创造中实现对儒学孝道文化的弘扬与超越、创新与创造。

当我们对一种思想抑或是文化进行评价之时，难免会带有评价主体的成见与专业限制于其中，而这两个因素将直接影响评价结果的价值导向[1]。简言之，我们秉承何种方法论原则对中国传统文化的时代价值做出评判不仅关乎其时代命运，亦会对当代文化的价值取向产生深远影响。这是我们展开对孝道文化的道德治理价值的方法论前提。

（一） 孝道是立德树人的伦理契合点

作为一种家庭以及社会伦理规范的有机融合体，孝文化中的精华部分不失为当代中国人立德树人的伦理契合点。国人向来具有家国一体的人生情怀，而要想实现国民对社会主义核心价值观的基本认同，从个人的道德情操修养起步尤为重要。孝为君子仁人立身之本，如果连维系家庭和睦的最基本伦理规范都不能够遵守，我们很难想象他会对他人、集体、国家、民族心存仁爱之心[2]。以孝道作为普通民众立德树人的起点和契合点，能够有效地构建起国民道德精神的抓手，实现社会道德治理在个人道德品质提升方面的突破。

普列汉诺夫指出："道德的基本问题不是对个人幸福的追求，而是对整体幸福，即对部落、民族、阶级、人类幸福的追求。"[3]这说明正是由于存在不同个体各异的需要和利益，使道德成为社会发展的价值导向。换句话来讲，"作为人的社会性的一种表征，道德构成了社会秩序与个体整合所以可能的必要担保"[4]。

---

[1] 路向峰：《文化视域中的儒学孝道思想：理论地位与当代价值》，《武汉科技大学学报》2013年第5期。
[2] 侯俊香等：《以德治国条件下孝道文化的思考》，《河北经贸大学学报》2004年第1期。
[3] 〔俄〕普列汉诺夫：《普列汉诺夫选集》（第1卷），上海三联书店1962年版，第551页。
[4] 杨国荣：《伦理与存在——道德哲学研究》，上海人民出版社2002年版，第28页。

作为中国传统道德核心和特色的孝道文化基于一种血缘关系的天然联系，自发地在提升人的道德素质与水平方面展现其外在的张力。以"百善孝为先"的核心伦理价值理念建立起来的自发调节人的日常行为的孝道规范、孝道思想，以及孝与非孝的善恶评价标准，作为大多数社会成员行为自律的准绳，使社会成员在同心同德的基础上，实现道德现实与理想的统一，将人们的行为不断引入到一个更加和谐的秩序水平，孝道文化也由此获得了自身存在与发展的现实根据。

（二）孝是当代中国社会治理的道德出发点

讲求"夫孝，德之本也"的儒学孝道文化虽然发轫于原始的祖先崇拜，形成为中国传统社会的家庭伦理道德的主干部分，但其最具有实践价值的当属以此为基础形成的主干，即传统社会的社会治理的道德规范。"老吾老，以及人之老；幼吾幼，以及人之幼""人人亲其亲，长其长，而天下太平"，新中国成立以前的传统社会正是以孝道文化所浸润的社会伦理环境为基础，构建了一套完整的社会治理体系[①]。对当代中国的社会道德治理而言，我们要从传统孝道文化中借鉴的不是其文化资源中的固有结论，而是其以孝道文化为基础所构建完整的社会治理体系的逻辑进路。孝之于当代中国社会道德治理的价值不可能获得传统社会中首德的地位，从某种意义上讲，孝能够成为当代中国社会治理的道德出发点而非道德治理的基础所在。

以孝道文化中的"贵和"思想为例，在中国传统社会中，小到家庭和睦，大到邻里和谐都是传统孝道文化的道德价值目标。以此为原点反观老龄化背景下的当代中国社会，代际之间的和谐成为当今中国亟待解决的现实问题。碍于中国经济社会发展条件的限制，中国的养老会在较长的一段时间内延续家庭养老的模式。如此一来，以孝道文化为道德原点建立起与社会发展整体进程相适应的完备的道德规范体系，通过各种途径引导人们去自觉遵循，使道德规范内化为每个人的内在要求，并且升华为道德信仰，在实践中就会大大加速社会向自由和文化速跑的进程。

---

① 姚红玉：《孝道文化与社会主义核心价值观建构的新思路》，《人民论坛》2013年第3期。

三、发挥孝道文化社会道德治理功能的时代进路

在当代中国，社会治理的人口结构已经悄然发生了巨大变化，老龄化成为政府社会治理进程中必须面对的难题。从表面上看，中国社会的老龄化趋势是一个人口结构问题，实质上在计划生育政策与老龄化难题悖论的背后是传统养老文化与现代养老文化的冲突与博弈。如何发掘传统孝道文化中对当代中国社会养老具有激发、借鉴作用甚至是能够实现当代实践转换的部分，激发孝道文化的内在活力与价值是我们在社会治理大背景下所不应回避的一个重要命题。唯其如此，我们才能理解时隔千年之久的儒学孝道文化为何能够在当代中国社会道德治理的进程中发挥如此重要的作用，才能理解孝道文化如何转化为化解老龄化社会矛盾、提升民族思想道德素质，成为推动中华民族伟大复兴的精神动力。

（一）以孝道文化教育为社会道德治理铸魂

道德与法制作为社会治理两支必不可少的力量发挥着不同的作用和效力。与法制依靠经济上的优势地位和政治上的统治地位不同，道德文化影响社会治理的方式则是内向性的，需要依靠社会公共舆论所形成的道德公约施加影响。通过孝道文化教育，我们可以在全社会形成主流的价值导向与科学的道德舆论评价机制。

恩格斯说："人们自觉地或不自觉地，归根到底总是从他们阶级地位所依据的实际关系中，吸取自己的道德观念。"[1]我们要想在当代复兴孝道文化的精髓，仅仅依靠主体的自觉是远远不够的，还需要以教化的形式使道德规范得以从根本上确立。我们可以尝试通过树立孝道文化模范人物的方式引导公众养成趋善向孝的社会公共伦理价值理念，发挥孝道文化的道德导引功能。其次，必须对孝道文化做出契合当今时代特征的阐释和发挥，不断更新、充实社会主义孝道思想，广泛利用学校、教育行政部门等各种途径加强孝道的知性教育，使公民认识到现代孝道观念及其在现代生活中的运用，对家庭、社区乃至整个社会和谐的重要作用；再次，要善于发掘孝道文化大众化教育的实践载体，把大学、社区甚至是广场等公共文化场域充分开发出来践行孝道文化。社会治理是一个综合体，在这个综合

---
[1]《马克思恩格斯选集》（第3卷），人民出版社1995年版，第138页。

体中凡是涉及到道德精神的东西最终破解的出路仍然在道德精神本身，道德缺失或者缺位导致的现实问题亦必须诉诸道德治理的路径。实践告诉我们，把一个国家和政党的职业道德和规范转化为人们的内在品质，并在行动中表现出来，成为实践行为，离不开教育这个重要的方面。道德意识的形成和传播不是自发行为，而是需要积极地引导、启发、灌输和教育的内化过程。

（二）以孝道文化实践为社会道德治理固本

道不可坐论，德不能空谈。"道德的真谛和意义绝不在于抽象的概念、空洞的说教，甚至是系统的理论，而主要在于实践和行动、批判和斗争、革新和创造。"[①] 如果仅仅停留在理论和道德宣传的层面而止步不前的话，那么富含时代特色的儒学孝道文化在对当代中国社会道德治理的启示作用就会流于形式和肤浅。为此，我们必须注重开展多层次的囊括社会公德、职业道德和家庭美德在内的儒学孝道实践。在社会公德的践履方面，我们要大力提倡为人民服务的精神。努力营造社会主义社会人和人之间本应当是一种团结互助的友爱关系。事实上，改革开放以来，由于市场经济自身存在的逐利性特征，使一部分公民见利忘义、唯利是图，甚至在人民群众的生命财产遭到严重危害时，仍然是"见义不为""见死不救"，这种情况的存在使我国的社会公德建设一度陷入困境。因此，市场经济条件下，在社会主义道德实践中我们必须重视社会公德教育，大力倡导为人民服务的精神。在职业道德建设中，我们要把爱岗敬业作为基本的职业操守，提倡各行各业的人们诚实守信、办事公道、服务群众和献身社会，真正把为人民服务的思想落实到对岗位的热爱中去。那么对职业岗位的无限热爱和对群众的真诚关心，都必然出于一种发自内心的为人民服务的献身精神。在家庭美德的践履中，真正把尊老爱幼落实到家，使老人能够安享社会成果和实现精神生活的丰富，把爱幼落实到以自身的行动实现潜移默化的言传身教中去，使孩子从小树立为人民服务的思想观念。

（三）激发"孝道"的养老文化效力

在特殊的国情之下，中国社会的老龄化问题比其他任何社会都来得要迅速得

---

① 张之沧：《论马克思的道德实践》，《道德与文明》2007年第3期。

多。多年来，无论政府还是普通民众都无法回避的一个问题是，我们要不要适时调整已经施行了30余年的计划生育政策，如果不是情非得已，我们能够拿出何种理由为我们当今社会面临的养老难题提供文化论证。当然，随着"十三五"规划的出台，国家已经根据经济社会的发展、人口增长、老龄化等趋势，对生育政策做出了必要的调整，出台和放开了"二孩政策"。目前，尽管"二孩政策"还有待于通过立法予以落实，但养老难题并不会一时得到缓解。毋宁说，养老难题所凸显的社会困境在本质上是传统文化特别是孝道文化遭遇了现代性危机。

"孝道"所具有的"孝亲""孝养""孝敬"等文化内涵原本在传统社会中就具有天然的社会保障功能于其中。一方面，时过境迁，经济社会结构的巨变使得孝道养老的社会功能和社会效力都发生了迥异的变化，以孝道伦理为文化基础的家庭养老模式注定要随社会变迁发生转变。当代中国社会的阶层分化使得传统孝道养老的功能由社会养老和自助养老所分担，但在一个可以预期的时限内，以家庭伦理义务为道德基础的家庭养老模式仍将是中国社会养老的主导模式。另一方面，孝道的文化效力也在现代性的销蚀下日渐减弱，而且内容也逐渐由物质奉养向精神慰藉转变。任何社会问题的产生都有其独特的文化背景作为铺垫和说明，中国的老龄化社会问题亦是如此。30余年的计划生育政策虽然不能够在文化上消弭孝道养老文化的精神基础，却用独生子女这一独特的人口增长模式使老龄化在中国真正成为一个社会治理难题。纵使"二孩政策"的出台，有助于缓解这一难题，但老龄化问题却依然是现代社会所遭遇到的综合问题。从某种程度上讲，与其说是"80后""90后"的年轻人遗忘了祖辈的孝道文化传统，毋宁说，严酷的社会竞争现实以及匆匆而来的"银发浪潮"让他们猝不及防。"常回家看看"呼唤的不仅仅是21世纪为人儿女的年轻人灵魂与身体的回归，更是对中国传统孝道文化实践转换的催促与期盼。简言之，形成以孝道养老为依托，社会养老以及自助养老相辅助的三位一体的新型养老模式既是传统文化的实践转换使然，也是当代中国社会的现实需要。

结论

道德的主体是人，人的道德素质和自律是道德发挥作用的主体基础。就个人来说，对传统美德的遵循，不仅能够提升自身素质，而且当对包括儒学孝道文化在内的传统美德的追求成为一种价值信仰时，它就能转化成一种强大的精神力量，助推当代中国社会道德治理进程。我们要积极地在理论上和实践中开展双重批判与双重建构，才能不断推动儒学孝道文化的时代化、大众化、理论化进程。儒学孝道教育和孝道实践是我们尝试推动儒学孝道文化朝向有利于当代中国社会道德治理方向创造性转换的有益视角。没有包括孝道文化在内的中华优秀传统文化的时代转换和创新性发展，国人的身体和心理上就会因为缺乏道德滋养和文化浸润而迷失信仰。在这种情况下，如果能充分汲取传统孝道文化的治理精华，在社会道德治理中充分应用传统道德文化在修身、齐家、治国、平天下中的道德支撑作用，一定能够为我们的社会主义核心价值观建设提供有益的道德文化治理路径的借鉴。

The Culture of Confucian Filial Piety and the Contemporary Reflection of Its Moral Governance Value

GAO Hongli

(Shengda Economics Trade & Management College, Zhengzhou, Henan, 451191)

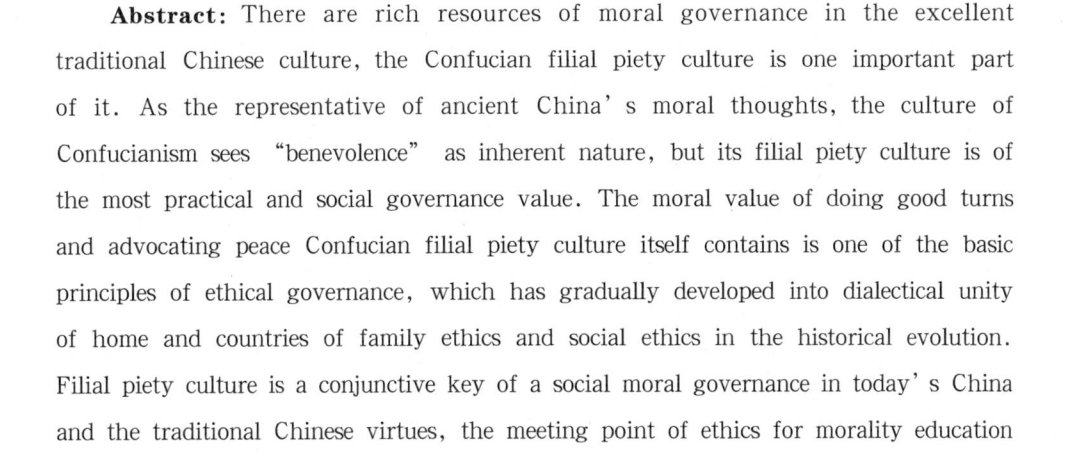

Abstract: There are rich resources of moral governance in the excellent traditional Chinese culture, the Confucian filial piety culture is one important part of it. As the representative of ancient China's moral thoughts, the culture of Confucianism sees "benevolence" as inherent nature, but its filial piety culture is of the most practical and social governance value. The moral value of doing good turns and advocating peace Confucian filial piety culture itself contains is one of the basic principles of ethical governance, which has gradually developed into dialectical unity of home and countries of family ethics and social ethics in the historical evolution. Filial piety culture is a conjunctive key of a social moral governance in today's China and the traditional Chinese virtues, the meeting point of ethics for morality education and the starting point of social governance.

Key words: Confucian filial piety culture; ethical governance; practical conversion

社会伦理研究

儒家社会伦理秩序及其重建

赵志浩

（河南省社会科学院 哲学与宗教研究所，河南 郑州 450002）

摘　要：早期儒家在血缘关系的基础上形成，又超越于固有的血缘关系，并为人们的政治和道德信仰提供支撑。中国传统儒家哲学所倡导的道德自律，对于形成健全的人格和良好的社会风气都具有不可替代的作用。外来佛教文化冲击了传统儒家文化，但最终又回归于传统儒家文化，重新承认了血缘关系和家庭伦理的合理合法性，这样既使儒家文化得以改造，又使外来佛教文明在中国得到传播。今天儒家思想在指导人们的日常人伦关系、心性修养等方面仍有它独特的作用，在注重儒家发挥作用领域的前提下，应使其在指导和安顿人们心灵方面发挥积极作用，还应该注重儒学的现代转化和理论重构问题，以便使儒家文化的积极因素在新的时代条件下被拯救出来，使其融入新的生产、生活方式样式之中。

关键词：儒家伦理；血缘关系；佛教；界限意识

　　传统儒学的影响包括方方面面，比如思想文化层面、政治体制层面和社会生活层面等，其中的每一个层面都推动了儒学的发展。在社会生活领域，传统的儒家伦理道德调节着人与人之间的关系，实现着整个社会秩序的有序和谐。但近代以来，儒家伦理道德已经逐渐丧失了维系良好社会秩序的能力，不能有效实现社会和谐。因此，在现代社会，传统的儒家伦理道德需要被超越，即需要根据时代精神在新的解释框架下进行现代阐释，在新的时代条件下发挥传统儒学维护社会秩序、调节人际关系、安顿人们心灵等的积极作用。

作者简介：赵志浩（1981— ），男，河南沈丘人，河南省社会科学院哲学与宗教研究所助理研究员，哲学博士，主要从事中国传统哲学与文化研究。

一、基于血缘亲情的儒家伦理

早期儒家承认血缘关系这一基本事实，在此基础上发展出一套尊卑有序的社会规范法则，因此传统儒家提出了一套基于血缘亲情关系的社会规范原则和法则。这套法则在原始血缘关系基础上形成，并不是打破原有的血缘关系而重建另一套社会关系，而是对原始血缘关系的进一步整合和规范，以便建立某种社会秩序。

我们知道，孔子创立的儒学以恢复周礼为己任。周代的礼制是一套严格按照尊卑等级形成的秩序，它也是基于血缘关系而制定的。自然形成的血缘关系是一种接近原始情感的关系。儒家对这种原始的、自然的血缘关系进行提升和改造，形成某种伦理道德的规范，儒家使其既不失情感成分，又对原始的情感关系进行超越，比如原始的血缘关系并不具有尊卑观念，个体成员之间维系的纽带是血缘亲情和情感，而不是道德，儒家使原始情感上升为道德观念。儒家的这种努力是一种社会行为或政治行为。因此，儒家道德伦理具有社会性，也具有意识形态功能。

基于血缘关系的道德伦理观念源于维护社会秩序的需要，从而对于维护社会秩序发挥了一定的作用，当政者因此很容易借用这种道德伦理观念管理整个社会。周代（也包括周代以前的夏商）的王室是在血亲关系基础上形成的，其所属的各个邦国也是血亲政权，所以周代政权必须以维护各个邦国的血缘势力关系的面目出现，并借助于血缘势力确保自身的统治地位。

周代的礼制虽在血缘关系上形成，但又超越了原始的血缘关系。周王室为了达到对各个邦国统治的目的，一方面需要借助于血缘关系基础上形成的邦国势力，另一方面又要对各个邦国的血缘势力进行制约，因此制定了超越血缘关系的道德伦理规范，从而周代的礼制一方面有维护现有血缘关系秩序的特征，另一方面又有超越原始血缘关系的特征。上升为意识形态的伦理道德关系突破了原始的血缘关系，成为更具超越意义的社会规范系统。到了春秋时期，孔子创立的儒学给周代的"礼"充实了"仁"的内涵，使礼制具有了道德内容，也使礼制从外在化走向了内在化，让人们的行为规范从外在强制走向内在自觉。不过这种内在自觉仍是以维护社会秩序为目的，特别是维护血缘关系秩序为目的。

如果按照某种进步法则来看，以血缘关系为基础形成的社会关系是一种比较落后的原始关系，而打破血缘秩序和血缘关系，以更高级的方式结合成的社会关系则更具有超越意义，比如任人唯贤就是以"贤"为标准选用人才，从而组合成新的社会关系和社会管理模式，而不再以血缘亲疏关系为标准选用人才和管理社会，其实也是超越了原始的血缘关系。在春秋战国时代，由于诸侯国争霸战争的需要，原始的血缘关系秩序受到打击和冲击，以新的方式组合而成的社会关系更能够推动社会向前发展，而在经历了战乱之后，新的统治秩序的建立和维护一方面需要借助于血缘势力，另一方面也需要在某些方面限制血缘势力的过度膨胀。儒学在这种情况下受到重视并获得发展。汉代董仲舒把儒学上升为意识形态，重建了基于血缘关系又超越于血缘关系的统治秩序，所以汉代儒学既具有维护宗亲血缘关系的作用，又具有瓦解血缘关系的作用，比如汉代的统治者虽然强调对君主的忠和对家庭关系的孝，但是当忠孝不能两全时，倡导先忠后孝，又比如在所谓的"公私之辩"中，儒家多强调不能"以私害公"，主张对高于个人或家庭的国家自觉尽职尽责，"不以父命辞王命，不以家事辞王事"（《公羊传·哀公三年》）。

二、儒家伦理为人们的日常生活提供道德信仰

中国传统儒家哲学主要不是解决认识论领域的问题的，而是解决人的政治和道德信仰以及道德实践领域的问题的，从这种意义上说，中国传统儒家哲学属于生活哲学，即属于解决人们的政治生活和道德生活实践的哲学形态。与西方哲学重视逻辑推演不同，中国哲学注重生活实践本身，尤其提倡道德实践，强调人与人之间的道德关系和个体的道德自律。

早期儒家的代表孔子，其思想的核心是"仁"，要求现实生活中人与人之间要讲究仁爱。孔子所强调的"君君、臣臣、父父、子子"，也即是强调生活中的每个人要各正其位，做君主要像个君主样子，做臣子的要像个臣子的样子，做父亲的要像个父亲的样子，做儿子的也要履行自己的本位职责，总之，每个人都要正确认识自己在社会中的位置和担当的责任，不要越位。这既是一种社会分工的思想，也是为现实人伦关系确立秩序的思想。

可见中国哲学的宗旨就是为现实实践服务的，既包括个人的生活实践，也包括国家的政治实践。儒家早期的重要继承者和代表孟子，也非常注重现实生活实践中的政治"德行"问题，把政治实践和伦理道德相结合，提出了为政者要施行"仁政"的主张，并为君主设定了施政的目标：仁民爱物。另一位早期儒家代表荀子，提出以"礼"治国的思想。他们的学说都有一种政治上的诉求，所以用"政治哲学"一词更能概括他们的思想。政治哲学思考现实的政治实践、政治理念和政治目标，与现实生活紧密联系，因为现实生活中每个人都离不开政治的影响，政治生活也是人们日常生活的一部分。到了汉代，董仲舒用"天人感应""阴阳五行"和"三纲五常"改造了早期儒家思想，把个人的精神信仰与政治统治、家庭伦理结合得更加紧密，使哲学思想走进每个人的日常生活之中，成为指导人们生活日用的价值原则和道德信条。

中国哲学所提倡的道德实践强调道德自律，对于良好社会风气的形成，当然是有好处的，而对个人的作用尤为明显，中国哲学对道德实践的强调，主要也是基于个人人格修养的。对于个人来说，只有以德行为标准对人对己，行为处事，才能成就自身，因为具有良好的德行，才能健全人格和提升操守，才能首先把自身立起来，自觉地实现自己的人生价值。除此之外，德行对于人的身心修养也是大有好处的。所以，培养德行对个人的成长是非常重要的。其次，只有注重自身的德行实践，推己及人，才能创造良好的群体氛围，在自己受益的同时，他人和社会也从中受益，使个人与社会、个体与群体形成良好的互动，进一步促使自身的身心健康与和谐，从而达至个人人生和事业的完满。所以，德行无论是对作为个体的人，还是对作为社会的人来说，都是基础性和前提性的东西，只有树立了道德观念和道德信仰，才能真正做好自己的本职工作，成就自我，并从而有益他人和社会。从现实的生活实践来看，面对当前社会的现实情况，我们更应该强调道德的作用。

三、对血缘亲情的超越与回归

道德作为人类社会特有的一种价值标准，其表现和实现形式多种多样，其本质是为了维护社会的秩序性以及对社会形成有效的隐形控制。道德的出现与群体生活有关，即是说道德具有群体性。虽说儒家强调个体要"慎独"，但"慎独"也是反省自己对待他人和社会的基本态度，并非毫无内容的自我反省。因此，道德是处理自我与他人及社会等之间关系的基本形式。老子认为："道生之，德畜之，物形之，器成之。是以万物莫不尊道而贵德。道之尊，德之贵，夫莫之命而常自然。"（《道德经·第五十一章》）不可否认的是，人类社会早期的宗教和后来的法律都有维护社会秩序的作用，无论以哪种形式规范人的行为，都是人类积极面对自身和社会的表现。人只有生活于一定的社会秩序和规范中，才能成其为人，正如荀子认为的那样："人无礼则不生，事无礼则不成，国家无礼则不宁。"（《荀子·修身》）

作为维持传统家庭和社会秩序的儒家文化，与中国传统的生产、生活方式及制度设计紧密关联，把家庭伦理关系与社会制度的设计紧密关联在一起，适应了以血缘关系为主导的农业社会的需要。作为外来文化的佛教文化对中国传统的血缘关系形成了冲击。佛教文化超越了原始的血缘关系，不把亲情作为维系人与人之间的纽带，也不再固执和执着于亲情和家庭伦理。这说明佛教摆脱了人与人之间的原始组合方式，以一种新的文化方式整合社会人群，形成超越于血亲亲情的人际关系网。而且，佛教所设定的彼岸世界，还为中国人解决了精神层面的信仰问题。

然而，中国化的佛教（比如禅宗）又重新承认了血缘关系和家庭伦理的合理合法性。比如，早期佛教传入中国时，依旧遵照印度的"沙弥不敬人王"原则，并且还接受父母的礼拜，这就受到中国儒家文化的抵制。到了唐朝，高宗非常不满佛教的这种习俗，连下诏书纠正，他认为僧尼接受父母礼拜，完全背离了儒家的孝道伦理规范，必须废止，至于"沙弥不敬人王"，可以商议。佛学被改造后，与中国传统的儒家文化相结合，开始尊敬祖宗和皇帝。

儒学文化在近代受到西方文化和价值观的冲击，血缘亲情和家庭伦理又一次遭到质疑和否定，传统血缘亲情基础上的儒家伦理文化受到前所未有的批判。然而，在新的伦理秩序仍未建立之际，家庭和血缘亲情关系仍旧在起着主导性作用，尤其近些年，孝文化、亲子关系等重新被提起，儒家所提倡的伦理道德又一次被重视。这是中国儒家文化的生命力所在，无论受到多大的外在冲击，始终都坚韧地存活了下来，并被赋予了新的时代内容。

然而，反观儒家伦理道德，虽然它试图建立一种超越于家庭亲情之上的国家或民族伦理，但在具体的生活领域，家庭伦理始终处于首要地位，血缘亲情放到了首先被考虑的位置。这说明，儒家伦理依然无法在超越的层面上达成根本共识，表现在社会生活领域，就是私德往往高于公德。与之不同，西方社会经过较长时期的酝酿，形成了一个以社会契约为基础、以法律规范为准绳的公共秩序和公共生活领域，这是西方社会的伦理道德超越家庭和个人私人领域的表现，法律作为第三方的中介形式，超越当事人双方，成为公共的独立存在的领域。而且，他们所信仰的上帝也是超越于个体和血缘亲情的第三方独立实体，为私人生活提供一个仲裁和评判的标准。相比西方伦理道德，显然儒家伦理道德在建立民族国家或民族伦理方面存在着不足。

四、对待儒学的界限意识和现代意识

关于如何对待儒家思想、儒学的问题，成为中国近代以来争论不休的话题。清末的康有为试图用"儒教"挽救儒家思想的努力失败之后，儒家思想作为主导性意识形态的位置被彻底颠覆，儒学只能作为一种学说或一种哲学形态被看待。尽管如此，儒学思想的方方面面依旧影响着人们的日常生活、思维习惯和行为方式，即儒家思想从国家意识形态退位，却在人们的日常生活中依然存活，这是儒学的生命力所在。一种学说或思想能够这么长久地存在下去，说明它表达了人类精神文化中某些共通和普遍的东西，并能够满足人们某些方面的精神和文化需求。因此不应简单地否定或肯定儒家思想。

但是，我们也应认识到儒学所能够发挥的作用及发挥作用的领域都是有限的，这是在当今时代背景下不得不注意到的问题。任何思想或学说都有它发挥作用的具体条件或范围，离开具体的条件或范围，可能就是无效的。儒学就是如此。儒家思想在指导人们的日常人伦关系、心性修养等方面有它独特的作用，而在这些方面之外，所起的作用就显得很有限，或者根本不能发挥作用，比如在解决追求更具超越性的宗教信仰方面，儒家思想并不能提供如其他宗教一样的思想资源。另外，我们也不应盲目地相信儒学能够产生民主与科学。冯友兰强调："所谓民主政治，即是政治社会化；政治社会化，必在经济社会化的社会中，才能行。"①在以日常经验为指导的农业生产和以家庭生活为主的社会中产生的儒家思想，不可能产生产业革命之后才出现的科学与民主来。当然，认为儒学不能产生民主与科学，并不是否认儒学在人伦日用方面的积极作用，而是要我们认识到儒学所能够发挥的作用及发挥作用的领域都是有限的，从而根据这一特性，在新的时代条件下在其适用的领域里更好地发挥它的积极作用。

在认识到儒学发挥作用的有限性和领域的基础上，便可使其在自己的领域内发挥指导和安顿人们心灵的作用，为达到此目的，还应该注重儒学的现代转化和理论重构问题。在现代转化方面，杜维明认为："任何一种哲学思想，只要是活的、有生命力的，就一定要用现代的语言来陈述。这个陈述本身，就是一种哲学思考。这不是削足适履的方法，也不是曲解原意的方法。你要进入哲学家的领域，了解他的哲学内涵，对他的语言、范畴、文字、时代了解得越多越好；同时，你是站在20世纪现代人的立场来了解古典，不能把现在所处的条件、环境给消解掉。所以，我们在研究过程中，对自己所采用的方法的自觉程度很重要，每个时代的人都在用自己的方法进行思考，这里有个语境（context）的问题。"②因此，即便是在儒学适用的领域内发挥儒学的作用，也不应该"照着"传统的路数传播，而应该接续着儒学的精神，在新的历史条件下对儒学思想做出符合现代观念的改造和重建，使其在新的时代背景下发挥作用，不然，便不能发挥传统儒学指导人们日常生活的作用。这一方面要求我们认真学习传统的儒家思想，接受传统儒家道德理性的浸渍，吸收传统儒家文化的精神营养，另一方面要求我们了解传统儒学发挥作用的领域，注重掌握和把握其基本的精神内涵和精神实质，而不是执着和固执于具体的信条和说教。

在传承传统的儒家文化过程中，应与现代社会的生产、生活方式相适应，这并不是说要丢弃传统的儒家文化，而是把传统的儒家文化放到一个适当的场景中，使其成为现代文明社会一个要素。例如，在农业宗法社会的"孝道"文化如何在新的时代条件下被拯救出来？如何塑造一种载体，使其融入新的生产、生活方式

---

① 冯友兰：《新事论》，《三松堂全集》（第四卷），河南人民出版社1986年版，第331页。
② 杜维明：《儒家传统的现代转化》，《杜维明文集》（第一卷），武汉出版社2002年版，第560页。

之中？传统儒家文化中的"孝道"文化要融入现代社会，必须加以改造和转化，这就需要对传统孝道进行新的阐释，把其置入新的语境下给予看待，比如可以在诚信与和谐等当代价值中发挥孝道文化，这就是赋予了孝道文化以新的内容，给予了其重新定位，形成突破血缘人伦关系基础上的家庭孝道。

其实，儒家文化的继承和发展往往是基于时代需求条件下的重新阐释，而非简单移植和不加改造的套用。汉代董仲舒所提倡的儒术，已不是先秦时代的儒学，它是融合了儒法道等文化的儒术，唐代的儒学更非原始儒学，而是融合了佛家和道家思想。这实际上是拓展了儒家文化的解释空间，使其符合当时的制度和精神需求。对于我们的时代，更应该在文化反思、反省基础上形成文化自觉，而不是盲目地渲染或抛弃传统儒学。

小　结

儒家伦理以血缘亲情关系为基础，但又超越了原始的血缘亲情关系，上升为国家意识形态，成为整合各种社会力量和维持社会伦理秩序的道德规范，并使外在的行为约束内化为内在的道德自觉，这就为传统中国的政治信仰和道德信仰及政治实践和道德实践提供了依据，从而使内在的德行修养和外在的世俗政治有机结合起来。那么，在传统社会的价值体系中，个体在成就自我的同时也有益于他人和社会，个体的自我目标与政治志向紧密地关联在一起，形成了个人与国家同呼吸、共命运的价值体系。

因此，在当今社会的政治文明建设和社会治理过程中，一方面应该重视挖掘传统儒家文化中的道德资源，另一方面也应注意到传统文化作为维持传统家庭和社会秩序的工具，是与传统的生产、生活方式相适应的。学习和借鉴传统儒家文化应认识到其发挥作用的界限和领域，在此基础上把它纳入到当今社会的生活语境之中，并重新对之作出诠释，以便在新的时代条件下更加积极有效地发挥传统儒家伦理文化的价值与作用。这不但继承发展了传统儒家伦理文化，而且还拓展了儒家伦理文化的解释空间。因此，在新的时代背景下应积极推进儒家伦理文化的现代重构和理论创新，而非仅仅满足于对其作简单的解释和挪用上。

Social Ethics Order of Confucian and Its Reconstruction

ZHAO Zhihao

(Academy of Social Sciences of Henan Province, Zhengzhou, Henan, 450002)

Abstract: Early Confucianism forming on the basis of kinship transcends the inherent kinship and provides support for the people's political and moral beliefs. The self-regulation advocated by Chinese traditional Confucianism plays an irreplaceable role in the formation of a sound personality and a good social atmosphere. The Buddhist impacted on the traditional Confucian culture, but eventually returned to it, re-admitted the legitimacy and reasonability of kinship and family ethics, which not only transforms Confucian culture, but also get Buddism spread in China. Today Confucian thought still plays a unique role in the guidance of people's everyday human relations and the mind training. In the premise of paying attention to the Confucianism, we should bring the initiative of it into full guiding and settling people spirit. We should also pay attention to the modern transformation and theory reconstruction of Confucianism in order to make positive factors of Confucian culture in the new era.

Key words: Confucian ethics; kinship; Buddhism; consciousness of boundaries

试论商代对和谐社会的构建

郭胜强

(安阳师范学院　甲骨学与殷商文化研究中心，河南　安阳　455000)

摘　要：在礼仪文化中，"和"是其基本内容和核心，也构成了儒学文化的基本内容和核心。商王朝是我国上古时代社会发展的重要阶段，在三代历史中有着承前启后的重要作用。从历史文献记载和甲骨文及商代考古资料中，我们可以看到商代人们追求礼仪，努力构建和谐社会，保证了商代社会持续稳定的发展。

关键词：礼仪；商代；人与自然；和谐社会；方国

中华民族自古就是一个文明礼仪之邦，礼仪文化源远流长。早在中华民族形成发展的过程中，即黄帝尧舜时代和夏商周三代，就已经产生形成了礼仪文化。在礼仪文化中，"和"是其基本内容和核心，也构成了儒学文化的基本内容和核心。孔子的得意弟子有若总结孔子"和"的思想时指出："礼之用，和为贵。先王之道，斯为美。小大由之，有所不行。知和而和，不以礼节之，亦不可行也。"（《论语·学而》）意思是说，礼的应用，以和谐为贵；古代君王的治国方略，可贵的地方就在这里；但不论大事小事只顾按和谐的办法去做，有的时候就行不通；（这是因为）为和谐而和谐，不以礼来节制和谐，也是不可行的。"和为贵"，是儒家倡导的道德实践的原则，是中国文化的优秀传统和重大特征。不仅儒家学派，构成中国传统文化有机部分的其他流派，如道、佛、墨诸家，也大都主张人与人之间、

作者简介：郭胜强（1945—　），男，河南安阳人，安阳师范学院教授，甲骨学与殷商文化研究中心办公室主任，主要从事中国古代史、甲骨学与殷商文化、中国古都学和河南安阳地方史志研究。

族群与族群之间的"和"。道家倡导"不争",以"慈""俭""不敢为天下先"为"三宝";佛教反对杀生,主张与世无争;墨家主张"兼相爱,交相利",尤为反对战争。在构建社会主义和谐社会的今天,这种以礼节制的"和为贵"思想,是值得大力提倡的。

孔子认为,过去的明君圣王,在调整人和人关系中最重要的地方,就在于能使人们之间能够根据礼的要求,做到和谐。礼的作用,贵在能够和顺,按照礼来处理一切事情,就是要人和人之间的各种关系都能够恰到好处,都能够调解适当,使彼此都能融洽。孔子是春秋时期人,他所说的过去的明君圣王应当是三皇五帝和夏商周三代的明君,我们从三皇五帝和夏商周三代的历史进程中,可以探索到"和为贵"思想的源头。

商代是我国上古时代社会发展的重要阶段,在三代历史中有着承前启后的重要作用。从历史文献记载和甲骨文及商代考古资料中,我们可以看到商代人为寻求和平,构建和谐社会的努力。

一、构建人与自然的和谐

《韩非子·五蠹》载:"上古之世,人民少而禽兽众……丈夫不耕,草木之实足食也;妇人不织,禽兽之皮足衣也。"当时,虽然自然资源丰富,但人们并不是无限制地索取。《史记·殷本纪》载:"汤出,见野张网四面,祝曰:'自天下四方皆入吾网。'汤曰:'嘻,尽之矣!'乃去其三面,祝曰:'欲左,左。欲右,右。不用命,乃入吾网。'诸侯闻之,曰:'汤德至矣,及禽兽。'"这就是著名的商汤王"网开三面"的故事。此故事被司马迁记之为商汤在布德,实际上是在限制无节制地猎获禽兽。据考证,商代捕鱼的时间限制在每年的10—12月,以避开春夏鱼的繁殖季节(参见杨升南《商代经济史》相关内容,贵州人民出版社1992年版)。

为了满足人们日益增长的物质生活需要,商代大力发展农业和畜牧业生产。在农业上人们已经掌握了耕地、播种、管理、灌溉、收获、储藏等一系列生产技术,粮食产量不断增加。特别是在商代后期(即殷商时代),考古发掘曾发现多处储藏粮食的窖穴,甲骨文中有表示储藏粮食的仓库之"仓"字,写作𩜁，乃是仓廪的形象。粮食多了，就用来酿酒，这是殷人"尚酒"的原因。殷人祭祀大量用牲，甲骨文记载，一次祭祀商汤，用牛100头，说明商代畜牧业的发达。

商代已建立了一套完善的贡纳制度，各地贡纳因地制宜，注重当地生态地理要素。《逸周书·王会》附《商书·伊尹朝献》载："伊尹朝，献商书，汤问伊尹曰：'诸侯来献，或无马牛之所生，而献远方之物事实相反不利。今吾欲，其为四方献令。'伊殷受命，于是为四方令曰：'臣请正东，符娄、仇州、伊虑、沤深、十蛮、越沤，剪发文身，请令以鱼皮之鞞、乌鲗之酱、鲛鼩利剑为献。正南，瓯邓、桂国、损子、产里、百濮、九菌，请令以珠玑、玳瑁、象齿、文犀、翠羽、菌鹤、短狗为献。正西，昆仑、狗国、鬼亲、枳巳、阇耳贯胸、雕题、离卿、漆齿，请令以丹青、白旄、纰罽、江历、龙角、神龟为献。正北空同、大夏、莎车、姑他、旦略、豹胡、代翟、匈奴、楼烦、月氏、截犁、其龙、东胡，请令以橐驼、白玉、野马、騊駼、駃騠、良弓为献。'汤曰：'善。'"这是商汤和大臣伊尹商讨制订各地贡纳的一段对话，商汤明确强调各地贡纳原则是"因其地势，所有献之，必易得而不贵"，遵循这一原则伊尹制订了东南西北各地贡纳的内容。

商代已有了环境意识，注意环境保护，重视人与自然的和谐。在选择都城居邑的时候，不仅注重政治、经济、军事等因素，同时也注重环境因素。无论是早期的郑州商城，还是后来的偃师商城、晚商的安阳殷墟，都选择在临近河流的高地。中国社会科学院考古研究所研究员岳洪彬、岳占伟、何毓灵指出："在二里头遗址、偃师商城和郑州商城的宫城中，都发现有规模较大的池苑遗址，后两者池苑遗址的规模均达20000平方米以上，可谓'池囿广大'。"[1]2004年安阳殷墟考古又有重大发现，"在丙组基址的西北、乙组基址的西侧发现一个面积不小于4.5万平方米的大池子"[2]。这不仅方便了生活，也改善了环境。特别是在安阳殷墟，北部和东部有洹水环绕，西部和南部有人工开凿的大水沟，内中还有4万多平方

---

[1] 岳洪彬、岳占伟、何毓灵：《小屯宫殿宗庙区布局初探》，中国社会科学院考古研究所夏商周考古研究室编著：《三代考古（二）》，科学出版社2006年版，第337页。

[2] 岳洪彬、岳占伟、何毓灵：《小屯宫殿宗庙区布局初探》，中国社会科学院考古研究所夏商周考古研究室编著：《三代考古（二）》，科学出版社2006年版，第338页。

米的池苑,完全是一座水城。

二、构建家族的和谐

商代虽然建立了地域区划,但基本社会单位依然是家族。商人的一切活动包括作邑、置奠、祭祀、会宴、垦田、狩猎等,都以族为单位进行,王室、诸侯的施政也在相当程度上依赖族进行。因此,构建家族的和谐,也是构建社会的和谐,商人对此十分重视。

商代构建家族和谐首先表现在尊老敬老,老幼尊卑有序。这从商代的"周祭制度"可以明显地反映出来。所谓周祭制度,是商人对上甲以来的先公先祖,用(肜)、羽(翌)、(协)、祭、唯五种祀典,轮番地、周而复始地进行祭祀的制度。这种祭祀,老幼次序井然,一个接着一个持续不断地举行,并在甲骨卜辞中记录下来。

对父亲的兄弟皆称为父,也是商代尊老敬老的一种表现。商王武丁将自己的父亲小乙和小乙的三个哥哥阳甲、盘庚、小辛都称作父,并一同受到祭祀,为之祈福驱灾。甲骨文载(见图,自下而上):

癸巳卜,唯父乙咎。
唯父辛咎。
唯父庚咎。
唯父甲咎。
丁。(《甲骨文合集》22193)

对妇女的尊重,也是商人构建家庭和谐的重要表现。甲骨卜辞中有母、妇、妣,分别写作母、妇、妣,母即母亲,妇即妻子,妣指过世的母亲或祖母。甲骨卜辞中记载有大量的祭祀母、妣的活动,有些母、妣甚至和男性一样享受高规格的周祭。同时,对女性的健康和怀孕生育尤为关注,常见有关这方面的卜问。可见商代妇女受到尊重,地位是比较高的,能充分发挥自己的作用。如妇妌(妇戊)、妇好(妇辛)和妇癸,她们是商王武丁的妻子,有着很高的地位,特别是妇好。

妇好是我国最早的女政治家和军事家,中国历史上第一位有据可查的女英雄。

妇好有很好的文化修养，商王武丁常常令她主持当时非常重要的祭祀与诵读祭文，成为武丁时期的一位女政治家。妇好也是位军事家，她多次带兵出征。在一次征伐羌方的战争中，她统领了一万三千人的庞大队伍，是迄今所见商代对外征伐中用兵最多的一次。当时著名的将领沚、侯告等受其指挥，立下赫赫战功。妇好死后，武丁十分悲痛，将之埋葬在王宫附近。妇好墓葬陪葬品十分丰富，有数千件之多，而且墓圹之上建有专门拜祭的享堂，这在商朝时期是非常少见的。

构建家族和社会的和谐，还表现在商王注重对王子的培养。第22代商王小乙确立其子武丁为世子，并将其放置民间进行教育。《尚书·无逸》载："其在高宗（武丁），时旧劳于外，爰暨小人。"《今本竹书纪年》亦载："六年，命世子武丁居于河，学于甘盘。"说明武丁少年时期，遵父小乙之命，居于民间，行役于外，与平民一同劳作，得以了解民众疾苦和稼穑的艰辛。同时，从圣贤甘盘学习，磨炼道德修养，掌握治国治民之策。武丁即位后励精图治，革新政治，使商朝政治、经济、军事、文化得到空前发展，进入了商王朝的鼎盛阶段。

由于倡导和谐，商朝出现了谦让王位的故事。商王武丁在长子去世后，准备立三子祖甲为继承人。但祖甲认为自己还有二哥祖庚，不该得兄长之位，就逃到民间去了。《尚书·无逸》载："其在祖甲，不义唯王，旧为小人。"意思是说，到了祖甲，认为代替兄长为王是一种不义的行为，就逃到民间当了平民。武丁死后，王位就由祖庚继承。祖庚在位只有七年就去世了，死后由祖甲继位。祖甲有在民间的经历，了解百姓的疾苦，祖甲即位后关心民众，减轻人民的负担，将国家治理得很好。这比周朝泰伯、仲雍，让位弟弟季历，逃至现在东南沿海一带，建立了吴国，要早上近百年。

三、与周边方国部族的友好相处

中国自古就是一个多民族的国家，在商代更是方国部族林立。所谓"方国"，是分布在商王朝周边，与商王朝并存的诸侯国家；所谓"部族"，是指由原始时代的部落组织衍变而来的、以血缘（族姓）联系为基础的社会集团，它是国家的早期形式。多数方国部族规模较小，仅仅是一些原始的氏族部落，但也有少数方国规模较大，已经具备了完善的国家机构，如土方、羌方、周方等。

商王朝为保持社会的稳定和边境的安宁，对方国部族采取友和的怀柔政策，通过和亲、互通有无等形式保持友好和平的关系，对一些与商王朝为敌的方国部族，则以战求和，凡是臣服于商朝的，一律友好相处。甲骨文和文献资料中多有记载，从考古发掘资料也可以得到证明。其中，商王朝和"沚""长""周"等方国部族的关系，就是很好的证明。

沚（zhǐ）部，位于今山西平遥和汾阳一带，此处关隘重重，地势险要，为南北、东西交通要道。沚部原来与商王朝为敌，多次在边境上劫掠骚扰。商王征集三千兵力，并派雀、成等军事将领将其征服，沚臣服于商。此地后来成为商王朝经营西土的重要军事集结地之一，西土如有战事，商王派兵屯驻于此，避免了劳师袭远的弊病。商王武丁时期，沚速为沚部族首领，因其个人突出的军事才能，受到武丁的器重与赏识，服务在武丁身边，成为商王的臣下，称臣沚（《甲骨文合集》707），属于商王朝的官吏，武丁分封他为伯爵。沚速对商王朝最大的贡献表现在军事方面，位于商王朝西北边境的舌方、巴方、土方、羌方等部落屡屡入侵，商王投入很大的军事兵力，并亲率大军前往征讨。沚速在商王朝对这些方国的战争中，与武丁配合，突击敌方军队的阵营，担任开路先锋的重任，取得胜利。甲骨文载："乙卯卜，争贞：沚速称册，王从伐土方，受有佑。"（《合集》6087正）意思是说，在乙卯这天举行占卜，由争主持占卜，卜问沚速担任大将，随从商王征伐土方，能否受到保佑。沚速也参加王室其他事务的管理，与商王武丁有十分良好的人际关系，武丁外出打仗或巡视，沚速常常跟随。武丁对沚速倍加关怀，常常为沚速往来外出或身体健康等占卜。沚部和商王朝保持友好关系，为商王朝西部边境的安全做出了贡献。

"长"部是属于古代少数民族"狄人"的一支，是较早和华夏民族融合的少数民族。据《春秋穀梁传》等文献记载，长狄身材高大，体魄强健，女子容貌白皙姣好。商王朝与长部友好相处，其首领"亚长"在商朝为官，"亚"即军事首领，随同商王出征。2000年在殷墟重点保护范围内发现发掘54号墓，是近70年来发现的殷墟第三座未被盗掘的商代大墓。54号墓随葬品发现570余件（见图），其中有7个商代军事首领权力象征的铜钺，一面与人手相似的青铜手形器和一个殉人身上的铜盾牌。在出土的两种青铜礼器上，有标志着墓主身份铭文"亚长"二字。

在殷都发现异族首领的墓葬，在殷墟尚属首次。亚长死后受到如此待遇，并陪葬有大量器物，说明商王和亚长的友好关系。

亚长墓出土器物①

商王朝和周部族（后来建立了周王朝）长期的友好相处，可以看到商朝为寻求和平，构建和谐社会的努力。周人是居住在西部的一个古老民族，其先祖弃、即后稷和商人的先祖契最早同为夏朝的臣属，各自经历了漫长的历史发展阶段。到商汤灭夏后，周人成为商朝的臣属，双方一直友好相处。文献中最早记载双方发生关系是在第十四代商王祖乙时期，今本《竹书纪年》载："（祖乙）十五年，命邠（bīn）侯高圉。"据《史记·周本纪》记载，高圉乃周族著名的首领古公亶父之高祖，集解引宋衷说："高圉能率稷者也，周人报之。"当是周族首领接受了商王祖乙之"命"，表示服从商朝的统治，商朝则封其为"邠侯"。

第二十三代商王武丁时期，双方和亲，甲骨文中有"妇周"的记载，当是周人的女儿嫁给商王为妻。甲骨文载："甲子卜，贞，妇周不延。"（《甲骨文合集》22265）是在卜问妇周是否到来。

武丁之子祖甲为商王时，今本《竹书纪年》载："（祖甲）十二年，征西戎。冬，返自西戎。十三年，西戎来宾，命邠侯祖绀。"祖绀乃古公亶父之父，时为邠侯，接受商王的命令，商周继续保持友好关系。

到第二十八代商王武乙时，西方的周部族日渐强大，武乙对周人友好尤加。今本《竹书纪年》载："（武乙）三年，命古公亶父，赐以岐邑。三十四年，周公季历来朝，王赐地三十里，玉五十瑴，马十匹。"季历乃古公亶父之子，周文

---

① 中国社会科学院考古研究所：《中国田野考古报告集·安阳殷墟花园庄东地商代墓葬》，科学出版社2007年版，彩版六2。

王姬昌之父。然而，周人的崛起构成了对商的威胁，武乙到周巡视，结果"武乙猎于河渭之间，暴雷，武乙震死"。（《史记·殷本纪》）河渭之间当时是周人的势力范围，故武乙之死也不排除被周人所杀害的可能。

　　武乙之子文丁时期，周人势力进一步发展，今本《竹书纪年》载："（文丁）四年，周公季历伐余吾之戎，克之，命为牧师。"文丁继续实行友好政策，对季历封官加爵，"命为牧师"，让他维持西部边境的安全，征讨反叛不臣的西戎部落，同时对周人也高度戒备。于是季历又乘胜征伐始呼戎、翳徒戎，均获得胜利，始呼戎败而降周，周人声势大震。周人的强大引起文丁不安，季历到殷都献俘报捷，文丁赐以圭瓒、秬鬯，作为犒赏，加封季历为"西伯"。当季历准备返周时，文丁突然下令囚禁季历。不久，季历死于殷都，其子姬昌继位，是为周文王。《吕氏春秋·首时》载："王季历困而死，文王苦之。"

　　文丁之子商王帝乙时期，商周关系一度恶化，据古本《竹书纪年》载："（帝乙）二年，周人伐商。"之后，帝乙顾全大局，为保持西部边境的和平安宁，遂对周部族继续采取和亲政策，把一个妹妹嫁给姬昌，并封姬昌为"西伯"。姬昌也认为商周交恶对双方来说都没有好处，即接受和亲，并亲自前往渭水边上迎娶。《诗经·大雅·大明》描述了这场隆重的盛大婚礼："天监在下，有命既集。文王初载，天作之合。在洽之阳，在渭之涘。文王嘉止，大邦有子。大邦有子，俔天之妹。文定厥祥，亲迎于渭。造舟为梁，不显其光。"《周易·泰》之六五爻辞亦曰："帝乙归妹，以祉，元吉。"自此，商王帝乙和西伯姬昌在世时，商周之间未曾发生过战争。商王帝乙缓和了与周人的矛盾之后，确保了平定东夷叛乱的胜利，周人

帝乙归妹图（局部）

势力也得到迅速发展。

帝乙之子帝辛即位之后,鉴于西方周人的势力日益强大,首先妥善地处理与周的关系,一方面加强防范,一方面继续实行怀柔政策。中国社会科学院历史研究所研究员罗琨先生曾指出:"武乙之时,周人日渐崛起、强大,占有了关中地区以后,更将向晋南扩展,早在文丁时,就有周王季伐晋南诸戎,后来,更有西伯戡黎之举,占领晋南要道,东出太行,可以直取殷都。因此,从商王朝势力被迫一步一步退出关中之时开始,经略晋南、加强掌控,就成为商王朝国防建设之要务。这也是商末动员'多侯、多田(甸)'的军队,西逾太行出征盂方、四邦方等的历史背景。"[1]

帝辛在对周人加强军事防御的同时,找机会囚禁了周人的首领姬昌。《史记·周本纪》载:"崇侯虎谮西伯于殷纣曰:'西伯积善累德,诸侯皆向之,将不利于帝。'帝纣乃囚西伯于羑里。"显然帝辛囚禁姬昌的主要原因是周威胁到商的统治。但是,后来帝辛为了征伐东夷,还是从大局出发,不久就释放了姬昌,并"赐弓矢斧钺,使得征伐,为西伯"(《史记·殷本纪》)。

On the Building of Harmonious Society in Shang Dynasty
GUO Shengqiang

(The Center of Oracle Bone Studies and Yin-Shang Civilization, Anyang Normal University, Anyang, Henan, 455000)

Abstract:Harmony is the basic content and the core in ritual culture, which is also the basic content and the core of Confucianism. Shang Dynasty was an important period in ancient China. It played an important role in serving as a connection between past and future during Xia, Shang and Zhou Dynasty. According to the historical records and inscriptions on bones or

---

[1]罗琨:《商代战争与军制》(商代史·卷九),中国社会科学出版社2010年版,第333页。

tortoise shells, we can see people in Shang Dynasty pursued rites and strived to build a harmonious society, which brought about sustained and stable development of Shang.

Key words: rite; Shang Dynasty; human and nature; harmonious society; masakuni

孔子"为政以德"思想与古希腊治理思想的比较

罗雅琼

(郑州大学　公共管理学院，河南　郑州　450001)

摘　要：孔子治理思想的核心是"德治"。道德通过人的自身修养、人际交往、社会治理等方面实施教化，从而塑造一个文明、稳定、和谐的理想社会。古希腊思想家亦重视道德的社会治理作用，曾试图希望通过道德挽救城邦统治危机。古希腊思想家的德治思想并没有避免城邦最终走向衰落，而孔子的德治思想对中国封建社会的形成和发展起了重要作用，其核心理念，构成了中华民族的优良传统，至今影响着我们的道德生活。通过比较中西德治思想，积极吸收和借鉴其中的优秀资源，特别是孔子的德治思想，对今天的社会主义道德建设，促进社会和谐稳定，建设社会主义法治国家都有着重要的借鉴意义。

关键词：孔子；为政以德；古希腊；治理思想

孔子治理思想的核心是"德治"，即"为政以德"，其基本内容是，以社会伦理为基础引导人们提升道德修养，培养个人才能；处理人际关系时要"己所不欲，勿施于人"，善于换位思考以增进社会成员之间的沟通意识；以道德作为支撑促进社会的发展和社会秩序的稳定。孔子的德治思想对于现阶段我国加强社会主义道德建设，促进社会和谐稳定和社会主义法治建设都有着重要的借鉴意义。

作者简介：罗雅琼（1993—　），女，河南平顶山人，郑州大学公共管理学院，政治学硕士研究生，主要从事政府体制与公共治理研究。

一、孔子"为政以德"的德治思想

孔子强调"仁者爱人"(《孟子·离娄下》,参见《论语·颜渊》"樊迟问仁"),"仁"是孔子思想的核心。《论语·阳货》(以下引《论语》,只注篇名)载:"子张问仁于孔子。孔子曰:'能行五者于天下,为仁矣。''请问之。'曰:'恭、宽、信、敏、惠。恭则不悔,宽则得众,信则人任焉,敏则有功,惠则足以使人。'"这里,孔子明确强调了社会治理主体自身修养的提高,是其参与社会治理的内在需要。对人恭敬,宽以待人,诚实守信,行事敏捷有效率,怀有一颗仁慈的心,这样作为治理者就能获得人们的拥护,愿意为其效力,从而增强社会组织内部的凝聚力。孔子进而说:"苟正其身矣,于从政乎何有?不能正其身,如正人何?"(《子路》)即个人只要端正了自身的行为,对于参政治国就没有什么困难。良好的道德修养是治理者起表率作用的关键,个人自身修养的提升能保证其尽职尽责,从而提高社会组织效率,营造良好的组织文化环境,激发组织发展的永动力。孔子认为,治理者的修养对实现德治有重要的意义,执政者是社会治理的决策者,用道德引导社会风尚的首要任务是提高社会治理主体的自身素质,这是提升国家综合治理能力的先决条件。

孔子主张在处理人际关系时,要做到"己所不欲,勿施于人"(《颜渊》),"己欲立则立人,己欲达则达人"(《雍也》)。即要善于站在别人的角度看问题,换位思考,自己要立足社会也要让别人立足,自己要功成名就也要让其他人成功。良好的人际关系不仅能够促进社会成员之间的沟通和社会组织内部的协调,减少信息传递的阻碍,而且还可以增进社会成员之间的信任。在孔子看来,"德不孤,必有邻"(《里仁》)。不言而喻,不同主体之间存在着差异,差异性是矛盾产生的根源,"德"在处理由主体差异性产生的矛盾时有调解的作用,因而有道德的人就会有志同道合的人与他为伴。这实质上就是将道德教化融入人们的内心深处,使之成为指引人们日常生活的隐形标尺,使人培养起良好的交往习惯,促成人们心灵深处的共鸣,塑造良好的交往环境。孔子认识到这实际上是一个良性循环的博弈过程,因而他强调"君子以文会友,以友辅仁"(《颜渊》),即通过良好的人际关系提升自身的道德素质。社会治理主体对人施之以"仁",并用道德引导社会成员的行为，对于增进治理者与不同的社会主体、社会组织之间的和谐稳定都有积极意义。当今，我们生活在复杂多变的社会环境中，社会发展的多样性导致社会结构、社会关系的复杂化，使得妥善处理人际关系尤为重要。

孔子强调为政者治国理政，对民众要"道之以德"（《为政》）。在他看来，道德是社会的稳定剂。他指出，"善人为邦百年，亦可以胜残去杀"（《子路》）的说法是非常有道理的，即德治是可以达到社会和谐稳定的治理效果的。《颜渊》篇载："季康子问政于孔子曰：'如杀无道，以就有道，何如？'孔子对曰：'子为政，焉用杀？子欲善而民善矣。君子之德风，小人之德草。草上之风，必偃。'"在这里，孔子强调为政者治国理政，应当加强自身的修养，以自己的美好德行感化民众，这就好比风吹草动，完全顺从风刮的方向，如果为政者一心向善，民众也会一心向善，根本用不着杀人。总之，孔子认为，为政者拥有良好的道德修养，并用道德来引导民众，这样就可以实现对社会的良好治理。这种思想，至今仍然有其积极意义。

在我国现代化社会主义法治体系中，德治是解决社会矛盾的有力补充。在全面推进依法治国，完善法律体系的过程中，道德建设是推进法治，实现社会主义精神文明，构建和谐社会的重要举措。"德"渗透到个人、家庭、社会的每一个细胞中，是实现良好社会治理不可或缺的力量。事实上，"有德者必有言"（《宪问》），同时往往言论合乎道理并且言而有信，这种人最适宜于参与社会治理。而诚实守信，是深入中华民族骨髓的文化特质，是政府诚信建设的重要基础。政府诚信建设，旨在增强政府公信力以维护社会稳定，对社会道德建设、民主制度建设都有其积极意义。如果说，优秀的民族文化已经使中华民族屹立于世界民族之林，那么，不断加强社会主义伦理道德建设，提高全体国民的伦理道德修养，特别是提高执政参政者的道德修养，不断增强国家文化软实力，增强政府公信力和国家影响力，是建设文化强国、实现中华民族伟大复兴的重要保证。

二、古希腊早期的治理思想

古希腊时期智者学派主张，通过维护城邦的风俗和法律推动城邦伦理规范的建设，形成相对稳定的城邦环境，认为道德意识是形成法律的基础，良好的统治基础离不开法律的支持。

智者学派的代表人物普罗泰戈拉，曾提出了影响深远的"人是万物的尺度"的名言。正是这句富有深刻意蕴的名言，引导人们将注意力集中到人类自身，进而从人类自身来思考社会政治、伦理等问题。但普罗泰戈拉对人自身重要性的崇尚导致极端个人主义之风盛行，社会治理失序，给社会稳定埋下了隐患。伯罗奔尼撒战争中，财力雄厚、军事力量强大的雅典遭遇了战争的失败，这与雅典城邦内部盛行极端个人主义的社会心理在战争时期表现出来的脆弱有关。

在分配敬畏和正义的时候，普罗泰戈拉提出："如果只有少数人分享道德，就像分享技艺那样，那么城市就绝不能存在。此外，你必须替我立下一条法律，如果有人不能获得这两种美德，那么应当把他处死，因为这种人是国家的祸害。"① 他认为道德是人们在生活经验中形成的，需建立在多数人之间，这样的城邦才是善的城邦。国家作为人们的精神寄托，靠信仰维持其存在。城邦精神由敬畏和正义两部分组成，每个公民都应当拥有这两种美德。人们敬畏国家就会去拥护它，正义则是国家保障公民享有平等权利的途径。

古希腊智者学派对神提出质疑，强调自然的作用，但是政治生活依附人们日常生活经验中形成的法律，过分地重视人的价值，忽视道德对社会治理的指导作用，个人主义的兴起必然弱化道德对人的约束，使社会治理秩序逐渐走向混乱。

苏格拉底认为"美德即知识"，其治理思想是建立在对智者学派批评的基础上的。在苏格拉底看来，真正的知识是对真理的追求，即对事物本质的探索，只有真正的知识才能正确地指导人们的行为，而"知识"的内在属性是善与德。针对当时城邦道德沦丧的现实，他提出通过向公民传授知识，教育公民，增强公民的良善和道德，就能够进而提高城邦的道德水平，以挽救城邦危机。在他看来，雅典寡头政变推翻民主政体，是由社会道德下滑引起的，可以通过改善社会道德，重新建立民主政体。

苏格拉底推崇理性，把理性和伦理道德联系起来，将挽救城邦的希望寄托在兼具理性和道德的贤人政治家身上。他认为，如果把城邦交给不懂治国之道的人，

---

① 〔古希腊〕柏拉图：《柏拉图全集》（第一卷），王晓朝译，人民出版社2002年版，第443页。

就会像"一个没有必要的知识的人而被任命去驾驶一条船或带领一支军队,他只会给那些他所不愿毁灭的人带来毁灭,同时使他自己蒙受羞辱和痛苦"[1]。政治家需要通过教育获得从政的知识和道德品格,成为德才兼备的人,才能治理好城邦。无论是公民还是政治家,都需要美德。但德治作为社会正义的实践并没有引领希腊社会的风尚,苏格拉底之死说明了贤人政治的治理思想在当时的希腊社会是行不通的,城邦通过道德改善治理挽救日渐衰落亦是不可能,良善的治国模式以失败告终。

柏拉图师从苏格拉底,所以他的治理思想受苏格拉底的影响较深。柏拉图从伦理的角度希望探寻出城邦衰落和人们道德沦丧的原因,"正义"则是他研究问题的一个原点。在他看来,一个集各种善于一体的城邦必然是善的城邦,生活在这个城邦中的个人也必然是善的,善的个人必然集各种美德于一身,正义是诸美德中最重要的美德[2]。"善"是一种价值理念,人们只有掌握这种理念,获得关于理念的知识,才可以探寻出城邦的正义。柏拉图认为,"正义"就是城邦公民都要明白自己的角色,按照其要求的美德行事,各就其位,各安其职,而不同社会阶层分别达到智慧、勇敢和节制来实现正义。柏拉图将公民的美德看作是治国之本,通过善的理念培养出拥有知识的"哲学王"来治理国家;认为美德是法律的基础,起着维护社会稳定的重要作用,是社会治理的根本所在。柏拉图的德治思想过分强调美德和人治的重要性,忽视美德约束能力不具有强制性的特点,忽视城邦会随着公民道德意识的减弱而陷入动荡的危险。柏拉图所设想的完美的城邦或理想国是不存在的。

三、"为政以德"与"善的理念"

孔子的德治思想强调对民众的教化,强调用道德控制人的行为,这对维护封建等级秩序起着重要的作用。特别是自汉武帝"罢黜百家,独尊儒术"政策的施行,儒家思想不仅一跃成为封建正统思想,影响力大大提升,而且成为统治者倡导的治国理政思想,全面地指导国家治理活动。

---

[1] 〔古希腊〕色诺芬:《回忆苏格拉底》(第一卷),吴永泉译,商务印书馆1984版,第39页。
[2] 徐大同、王乐理:《西方政治思想史》(第一卷),天津人民出版社2005年版,第131页。

孔子的"为政以德"的治国理念，实际上涵盖三重维度：一是强调执政者要加强自身的道德修养，实施仁政；二是强调个人要提升自身的道德素质，处理好人际关系；三是强调整个社会要通过营造良好的文化环境，维系社会稳定，促使民族政治、经济、文化高度繁荣。以孔子为代表的传统儒家德治思想使得古代中国长期居于世界领先地位，中国封建社会长期稳定有序。然而，如上所述，西方思想家关于"美德""善的理念"的治国思想并没有达到预期的效果。

究其原因，早期古希腊的思想家关于美德的"善的理念"，是一种过于理想化的美德，它在社会治理的过程中很难实现。即便人可以获得知识，追求一种"善的理念"，但如果人在获得知识的过程中出现问题，那么善的理念就很难形成，这样就会进一步影响社会治理。柏拉图把这种过于理想化的美德，作为治国的根本显然是不切实际的。他勾勒出一个理想国，在那里拥有美德的人来治理国家，人们在德治的环境中普遍地拥有美德，并依靠这样的"善的理念"实现永久的治理。这显然只是一种幻想而已。而孔子则不仅注重"仁"，而且注重"礼"，强调"仁"与"礼"的统一，相应地确保了对人的伦理道德行为的约束，有助于落实"为政以德"的治理思想。

《颜渊》篇载："颜渊问仁。子曰：'克己复礼为仁。一日克己复礼，天下归仁焉。为仁由己，而由人乎哉？'颜渊曰：'请问其目。'子曰：'非礼勿视，非礼勿听，非礼勿言，非礼勿动。'"孔子认为，约束自己而遵守礼的规定就是仁，修行仁德要靠自己，具体细节体现在看、听、说、做各个方面。柏拉图正义理念中所谓的正义是各个等级的人各安其位、各司其职，这与孔子用"礼"来规范人们行为的理念不谋而合。守法与否是判断正义的一个重要标准，从正义根源的良善来看，善在人们生活经验的基础上培养形成，各安其位、各司其职是他们日常生活的一部分。正义规定了个人与职业的关系，但是在人际之间的行为约束方面则是欠缺的，这是导致古希腊社会道德败坏的主要原因。孔子提倡要遵守各项礼仪规范，在实际生活中努力克制自己，视、听、言、动一切行为举止都遵循"礼"，这样在道德品格上也就符合"仁"的要求了[1]。道德品格上的"仁"和维护秩序的"礼"

---

[1] 刘晓靖：《孔子道德理想论析》，《郑州大学学报》2014年第5期。

是相辅相成的。孔子强调:"恭而无礼则劳,慎而无礼则葸,勇而无礼则乱,直而无礼则绞。君子笃于亲,则民兴于仁;故旧不遗,则民不偷。"(《泰伯》)这是说,无论是恭敬、谨慎、勇敢或是直率都要符合礼的规定,不然会适得其反,会变得胆怯、尖刻伤人甚至是违法;作为君子要厚待自己的亲人,这样百姓就会自觉培养仁德,"礼"是人们培养道德的依据,指导道德建设的关键。总之,"礼"是指导人们日常行为的准则,万事要以礼为标准,礼所要求的就是民众要遵从的,通过礼实现对人行为的约束。而柏拉图则认为,正义就是智慧、勇敢和节制,它们分别是哲学家关于治国的知识、军人要具备的美德以及人们对欲望的控制。虽然"正义"包含"美德","正义的国家"要求各个等级的人都能做到正义,但分散的正义标准会导致人们做到本阶层范围内的正义,而忽视其他阶层所要求的正义,这样并不能保证社会系统的持续稳定。相比而言,孔子所提倡的"德治"思想有"礼"作为重要的补充条件,这样也就能够保障其治理的长期稳定。事实上,道德教化能够使社会主体拥有良好的自身修养,这是统治者治理国家的重要途径,只有统治者对社会主体进行道德教化的过程中,强化"礼"对他们的行为的规范和约束,就能够保障社会秩序的稳定。

总之,孔子以"仁"为核心的"爱人"思想,注重治理主体自身的修养,强调君主的贤德对于政治清明、社会稳定的重要意义。这与古希腊早期思想家推崇"贤人政治"的思想也是相通的。古希腊早期思想家强调执政者要有智慧,要保持正义,他们将社会秩序寄托在治理主体的智慧和对公民"美德"的培养中。然而,他们用碎片化的"正义理念"来规范约束人们的行为,其治理体制显然无法持续有效。尤其是随着社会生产的发展,社会关系愈加复杂,完全依赖"善的理念"来治理社会不符合社会的发展规律。而孔子提倡的"德治"思想,一方面强调以"仁"为指导来提升个人的品德修养,另一方面强调以具有一定强制作用的"礼"来规范约束人们的行为,以维系社会秩序的稳定。这种"德治"思想显然优于古希腊早期思想家推崇的"贤人政治"思想。历史实践也充分证明了这一点。

四、"德治"对现代国家治理的意义

将孔子"为政以德"的德治思想与古希腊治理思想结合起来,进行比较研究,这有助于我们深刻理解我国传统的社会治理模式。而对于我国传统社会治理模式的深刻理解，则有助于我们承继宝贵的历史文化遗产，从而为现代社会治理服务。

现代社会中，个人品德、礼仪规范在人际交往、社会实践活动中有着重要的意义。社会主体良好的道德修养有利于促进人际关系的和谐与社会秩序的稳定。道德建设是我国社会主义精神文明建设的重要内容，我们生活的社会环境中还存在着很多法律边界以外的道德问题。近年来出现的"小悦悦"事件，对"扶不扶"的热议，还有食品安全问题，都牵涉到对社会道德的质疑。市场经济的迅速发展，使社会关系愈加复杂，人们对于金钱利益追求的强化，造成一些不法企业出于获取高额利润的目的，不惜以假充真、以次充好，严重影响社会秩序的稳定和人们的身心健康。这些问题除了用法律手段加以解决，还要用道德手段对其进行教育，强化公民的道德意识，要求企业树立良好的社会责任意识，共同维护社会秩序的和谐稳定。毫无疑问，稳定是社会发展的前提，政治秩序稳定是实现国家治理体系和治理能力现代化的保证。

党的十八届四中全会要求全面推进依法治国，建设社会主义法治国家。法治就是要依法处理社会事务，法具有权威性和不可违抗性，是建设社会主义政治文明的必然要求。在法治化的文明社会，法律是维护社会秩序最有力的工具，这是由法的性质所决定的。法律处理问题最明显的特点就是速度，针对案件产生的原因迅速地依照法律条例给予判决，但是法的处理仅限于问题本身的处理，对于问题产生的深层原因缺乏有效的控制。问题的产生多数是源于人们自身的道德节制不够，将自己的利益建立在牺牲别人利益的基础之上，这是由人的自私自利性引起的。道德是从人的心理层面对人的欲望加以控制，以维系社会秩序的稳定，而法律则是以高度的权威性和不可违抗性，使人加强自律以避免受到惩罚。所以，只有法治和德治有效结合、互为补充，才能保障社会长治久安。孔子所倡导的以"仁"与"礼"有机结合的德治思想中，在一定程度上就包含了这种思想。这就启示我们，对于我国古代"宽猛相济""德刑并用"的社会治理模式绝不能置之不理，而应当深入研究并加以改造和利用。

孔子"仁"与"礼"有机结合的德治思想，启示我们在现代社会治理中要做到法、德结合，在加强法制建设的同时也要注意加强道德建设。以道德约束人们的行为，减少违法案件的发生，而用法律来监控和处罚违法犯罪事件，实现社会稳定和谐。若社会治理一味地强调法的重要性而忽视德的补充作用，社会将变得冰冷无情，社会关系会更加紧张，还可能引发极端社会案件的发生。道德对人们活动的引导，能够使和谐的观念内化于心，从源头上节制犯罪事件的产生。

在社会主义民主不断发展的过程中，民主制度的完善离不开稳定的政治环境、和谐的社会秩序。托克维尔认为，民主受环境、法治、民情等多因素的影响，其中民情对于民主的影响最为深刻。民情所反映的就是这个社会的道德氛围。道德建设是社会主义民主政治建设的强大支撑，社会主义民主建设对于社会治理有着重要意义。以法治为主并将德治作为重要补充，这样能够使制度设计更加合理，从而保证社会各系统的协调运行，实现社会富强、文明、和谐、稳定、发展。

A Contrast between "the Rule by Virtue" of Confucius and the Governing Philosophy in Ancient Greek

LUO Yaqiong

(School of Public Administration, Zhengzhou University, Zhengzhou Henan, 450001

Abstract: The core of Confucius governance idea is "rule of virtue". With the ethic education of personal self-cultivation, interpersonal communication, social governance, we can create an ideal society-a civilized, stable and harmonious society. Ancient Greek ideologists also valued the social function of Moral Governance, who tried to save Polis crisis with the help of morality. The Rule by Virtue of ancient Greek ideologists did not prevent Polis final decline, while the Rule of Virtue of Confucius played an important role in the formation and development of China's feudal society, whose core constituted the fine tradition of the Chinese nation and still have great influence on our moral life now. Through contrast between Chinese and Western thoughts, we can absorb and learn from the excellent parts, especially the Rule of Virtue of Confucius, which has an important reference to the building of socialist morality, the promotion of social harmony and stability and construction of a socialist country under the rule of law.

Key words: Confucius; the rule by virtue; ancient Greek; governance thought

礼学研究

孔子礼学的丰富意蕴

李晓虹

(郑州大学 公共管理学院,河南 郑州 450001)

摘　要:孔子以拯救古礼为己任,在自觉对古礼践行与重铸的过程中融入自己的生命感悟,赋予古礼以生命内涵,从而创造出了自己的礼学。孔子礼学具有宏大的规模和深厚的潜质,足以担负起文化传统的重任,其所涉及的身心层面、社会层面、政治层面和超越层面不是机械分割的,而是相互渗透融为一体的,而每个层面又都有其独特的价值和意义。

关键词:孔子;礼学;四个层面;意蕴

古礼[①]源于人类对生活世界的理解,是礼仪与礼义的混沌合一。到孔子的时代,发生了礼仪与礼义的分离,古礼面临着被淡忘、扭曲、修改和僭越的命运,到了濒于灭绝的境地。与当时的其他学者和执政者反礼、批礼、毁礼的态度不同,孔子对古礼赞扬备至而进行抢救、继承。他担当起了拯救古礼的历史重任,尽自己一生,抢救散失濒绝的古礼,尽量完备地搜集资料。同时,与当时老百姓对古礼日用而不知的态度不同,孔子是保持着清醒的自觉的态度的,这就使他不仅保存了古礼,而且将所学的古礼融入自己的生命,用自己的人格彰显了古礼的本质精神,赋予了古礼以生命内涵。经孔子聚合而重铸的古礼已不是原初意义的古礼了,而是真正意义上的"孔子礼学"。

作者简介:李晓虹(1975—),女,郑州大学公共管理学院哲学系讲师,哲学博士,硕士生导师,主要从事中国传统哲学、佛教研究。
① 原生态的礼是与人类生存息息相关的,也是自足圆满的,整个社会人生的一切问题无不包容其中。

孔子礼学是顺承古礼而来，因此，整个社会人生的一切问题无不涵盖其中，这个宏大的规模不是其他哪一个学派所能比的。其他如道、法、墨，各任一己之智，虽然不谓无得，但难免挂一漏万。孔子礼学是对古礼的顺承，这也使它具有了足够宏大的规模，具备了作为文化主导的潜质，足以担当起文化传承的重任。这里，我们以人生所经验的四个层面的问题，来将孔子礼学分为四个层面了解，以见其规模之宏大。这四个层面是：身心层面、社会层面、政治层面、超越层面。这四个层面不能被理解为是机械划分的，它们是互相渗透而不可分的。这样的划分只是为了叙述的方便，当然，每一个层面所面对的问题也有着自己的特殊之处。

一、孔子礼学的身心层面

一个人出生之后，就开始了他的人生历程。这时候他具备了人的生理基础，但还不是一个真正的人。一个人要成为正式的、标准的、真正的人，还要学习成人之礼。《礼记·冠义》："冠者，礼之始也，嘉事之重者也。"又："夫礼始于冠，本于昏。"古礼所谓冠礼，是在男子二十岁生日时举行的，标志着他在社会中有了正式地位。一般认为这就是上古的成人之礼。孔子对此多有发挥。在孔子看来，一个人是不是举行了冠礼，一个人是不是戴上了成人的帽子，并不决定他是不是成人。关键在于他达到的内在品质。一个人从儿童时期就必须开始身心的修养锻炼，主要是学习各种礼。到一定的程度，一个人的思想、情感和言行都与礼相吻合而比较恰当的时候，才算是成人。但是，身心的修养并不到此为止，必须是不断进步而没有止境的。

后世儒者所讲有所谓小学、大学，在孔子礼学中的确存在这样两部分。

小学就是对儿童的教育。孔子一开始就没有漠视一个人在成长过程中的各种细微感受，他正确地理解了儿童在社会化过程中的问题。他说："学而时习之，不亦说乎？"（《论语·学而》，以下引《论语》，只注篇名）学习不只是知识的积累，而主要是智慧的开发，这就不仅仅是心智的参与，它要求身体也投入到学习中去，在知识积累的同时体会学习的快乐和心智的成长。

《子张》篇："子游曰：'子夏之门人小子，当洒扫、应对、进退，则可矣。抑末也，本之则无。如之何？'子夏闻之曰：'噫！言游过矣！君子之道，孰先传焉？

孰后倦焉？譬诸草木，区以别矣。君子之道，焉可诬也？有始有卒者，其唯圣人乎！'"严格来说，小学不是几个学习科目就可以概括的。儿童的学习开始于对他周围环境的熟悉。他周围的一草一木、一鸟一虫等自然事物和社会事物，都是他学习的对象，正确地对待、理解、运用它们是学习的目的。对他的家庭成员和与他的家庭交往的其他人，他要学会与他们正确地交流。帮助父母洒水扫地，迎接客人，向长者问询，学习做客人，向人告别，这些礼虽然在成年人看来简单之至，对于儿童来说却是必需的。各种思想、情感，如勤劳、孝顺、敬爱、仁慈、快乐以及对事物的理解和文雅的言行等，都像小树一样，在这些礼的学习中得到滋养，开始生长。这些虽然简单，却是做一个真正的人的开始。至一定的年龄，儿童就要接受正式的教育，有六门科目：礼、乐、射、御、书、数。这六门科目不是背诵六种不同的教科书，而是六种全身心投入的艺术，因此又称"六艺"。六艺比幼儿时期所学的礼更为复杂深妙，但仍然是基于内部的需要，是合乎人的天性的。

朱熹《大学章句序》："人生八岁，则自王公以下，至于庶人之子弟，皆入小学，而教之以洒扫、应对、进退之节，礼乐、射御、书数之文；及其十有五年，则自天子之元子、众子，以至公、卿、大夫、元士之适子，与凡民之俊秀，皆入于大学，而教之以穷理、正心、修己、治人之道。此又学校之教、大小之节所以分也。"以此分小学、大学恐怕并不恰当。《大戴礼·保傅》："古者八岁出就外，学小艺焉，履小节焉。束发而就大学，学大艺焉，履大节焉。"章太炎疏解道："'小艺'指文字而言，'小节'指洒扫应对进退而言。大艺即《诗》《书》《礼》《乐》，大节乃大学之道也。由是言之，小学固宜该小艺、小节而称之。"①以此分大学、小学似较合理，然也有纠缠不清之处。章氏于小学界说分明，对大学却不甚分明。大概大艺应指《诗》《书》《礼》《乐》之文学，大节则指六艺，而明德、亲民、止于至善之道在其中矣。但是，这样的分疏也不能令人满意，章氏说："学习书数，宜于髫龀。至于射御，非体力稍强不能习。故《内则》言：'十岁学书计，成童学射御。'"可见六艺中的射御属大学之道是颇有道理的。但文学歌诗舞乐之事，不一定非成童才能习之，实际上儿童即开始学习亦无不可。但这都是臆测，实际

---

① 章太炎：《国学略说》，上海文艺出版社2001年版，第1页。

的情形漫不可考，或则并无机械划一的分界。

无论如何，小学与大学的分别并不是至关重要的。实际上，小学与大学是连续不断的，也唯有如此，才能保证礼仪对德行的培养加强，不至于使"礼"成为一种外在强迫而不令人向往的东西。

孔子一再强调，礼是一个人成为"成人"所必须的。孔子说："不学诗，无以言。""不学礼，无以立。"（《季氏》）又说："不知礼，无以立也。"（《尧曰》）朱熹注道："不知礼，则耳目无所加，手足无所措。"孔子说自己："吾十有五而志于学，三十而立。""立"就是立于世的意思。三十而立就是到三十岁才懂得了礼，言行都很恰当，成了一个合格的人，为社会所接受，可以在社会上立住脚跟。孔子又说："兴于诗，立于礼，成于乐。"（《泰伯》）可见，一个人要成为成人，就要学礼、知礼、立于礼。

这里的学礼、知礼、立于礼，不仅仅是礼的形式，即礼仪。一个人的言行举止都合于礼仪，但不一定算是知礼，要真正的知礼还要有真情实感。真正的礼是人内在的仁德品质，礼仪不过是外在的自然流露。如果一个人表里不如一，他的行为即使看似乎合于礼，实则他只是行了礼仪，却不知礼之本。孔子说："人而不仁，如礼何？人而不仁，如乐何？"（《八佾》）就是说要没有内在的仁德，他表面上符合礼又有什么用，他即使精通韵律又有什么益处？更重要的是内在的品质，只有形式与内容融合无间，才算合乎礼。因此孔子说："质胜文则野，文胜质则史。文质彬彬，然后君子。"（《雍也》）

所学之礼的根本目的，乃是发掘人内在的资源，即潜藏的仁德。这正是《大学》所说的："《大学》之道，在明明德，在亲民，在止于至善。" 不管是洒扫应对进退之礼，还是六艺之礼，都以培雍德行为旨归。《学而》篇："子贡曰：'贫而无谄，富而无骄，何如？'子曰：'可也。未若贫而乐，富而好礼者也。'子贡曰：'《诗》云："如切如磋，如琢如磨。"其斯之谓与？'子曰：'赐也，始可与言《诗》已矣！告诸往而知来者。'"礼就像治骨、角和玉石的工具一样，务使所治的美质焕发出文采。孔门弟子有若说："礼之用，和为贵。先王之道斯为美。"（《学而》）错综成文之礼，要在内心之和。"六艺"中的礼、乐、御、书、数要求"和"自不必待言，即使最具竞争性的射礼也并非意在较力或争胜。

如孔子说："君子无所争。必也射乎！揖让而升，下而饮，其争也君子。"又说："射不主皮，为力不同科，古之道也。"（《八佾》）

二、孔子礼学的社会层面

《大学》载："物格而后知至，知至而后意诚，意诚而后心正，心正而后身修，身修而后家齐，家齐而后国治，国治而后天下平。自天子以至于庶人，壹是皆以修身为本。"修身、齐家、治国、平天下，这是四而一，一而四的。孔子礼学的四个层面也是如此，当然《大学》没有点出礼的超越层面，这里另有原因。孔子礼学的社会层面、政治层面、超越层面都是以身心层面为根本的。

在孔子看来，一个人不是孤立于社会的，他以各种方式与其他人联络成一种网状的结构。不但他自己是网络的一个结点，每个人都是这个网络的一个结点，在每个人看来，他似乎处于这个网络的中心。如此，一个人的修身行为就不可能是纯属个人的事业，他对自己身心的调适必然引起整个网络的改变。因此，一个君子或仁人，必须有意地促进这个网络向好的方向转变，与此同时才能求得自己的进步。当一个想脱离社会的人要独善其身时，实际上已经落到了十分不义的境地。

一个人首先是家庭的成员，对于父母来说，他是儿子；对于妻子来说，他是丈夫；对于儿子来说，他是父亲；对于兄长来说，他是弟弟；对于弟弟来说，他是兄长。一个人在家庭之外，他有上级也有下级，还有同事和朋友，对于老师来说，他是弟子；对于弟子来说，他是老师。在处理这些关系方面，各有一定的礼可循。孔子不是按周礼死搬教条，而是就各种关系本质，发掘出其所应循之道。与身心层面相同，这个道便是"礼仪与礼义合一"。

《为政》篇云："孟懿子问孝。子曰：'无违。'樊迟御，子告之曰：'孟孙问孝于我，我对曰无违。'樊迟曰：'何谓也？'子曰：'生，事之以礼；死，葬之以礼，祭之以礼。'"关于"无违"的含义，历史上有歧解，如王充认为也可解为"无违志"。实际上，上下文意义甚明，"无违"即是"无违于礼"，"孝"就是按孝之礼来做。仅仅给父母提供优裕的物质条件，只是孝的一种外在表现形式，不能算事亲以礼，不能算是孝。《为政》篇说："子游问孝。子曰：'今之孝者，是谓能养。至于犬马，皆能有养；不敬，何以别乎？'"孝重在对父母的尊敬之情，这个敬也不是表面的敬，而是发自内心深处。"子夏问孝。子曰：'色难。有事弟子服其劳，有酒食先生馔，曾是以为孝乎？'"（《为政》）《礼记·祭义》："孝子之有深爱者，必有和气。有和气者，必有愉色。有愉色者，必有婉容。……不知色难，则乐阙矣。"内心确有尊敬亲爱之情，流露于外，才是自然的和颜悦色和尊亲之礼。没有尊敬亲爱之情，容色就不会和悦且恭顺，这是不知礼的表现。"乐阙"就是不知礼的意思，孔子说："兴于诗，立于礼，成于乐。"（《泰伯》）乐是礼所深造者，也是礼。

同样，与长、上、幼、下和朋友相交，皆有一定之礼，孔子一一抓住这些礼的本质，而加以强调。如对长者之礼贵在尊敬，对上级之礼贵在忠，对幼要弟，对下要宽惠，与朋友交要信。《学而》篇中孔子说："弟子入则孝，出则弟，谨而信，泛爱众，而亲仁。"子夏也曾传述孔子的教导说："贤贤易色，事父母能竭其力，事君能致其身，与朋友交言而有信。"（《学而》）这些都是进行人际交往时所应当遵循的礼，它们之所以应当，乃是因为它们都是人的天性的自然流露，是正确处理人际关系所必需的。

孝、弟、忠、信，这四者分而言之，似乎是专就四类人际之礼而言，实际上也是相通的。它们看似杂乱无章，实际上有着统一的原理。《卫灵公》篇："子曰：'赐也，女以予为多学而识之者与？'对曰：'然，非与？'曰：'非也，予一以贯之。'"又《里仁》篇载："子曰：'参乎！吾道一以贯之。'曾子曰：'唯。'子出。门人问曰：'何谓也？'曾子曰：'夫子之道，忠恕而已矣。'"按一般的理解，"忠"就是"己欲立而立人，己欲达而达人"。《雍也》篇："子贡曰：'如有博施于民而能济众，何如？可谓仁乎？'子曰：'何事于仁！必也圣乎！尧舜其犹病诸！夫仁者，己欲立而立人，己欲达而达人。能近取譬，可谓仁之方也已。'"为仁之方就是"忠"的内容，这是仁者所要做的，比圣稍低一层。如果一个人做不到"己欲立而立人，己欲达而达人"，他也可以行"恕"道："仲弓问仁。子曰：'出门如见大宾，使民如承大祭。己所不欲，勿施于人。在邦无怨，在家无怨。'"（《颜渊》）恕也是为仁之方，"己所不欲，勿施于人"是恕的主要内容，《卫灵公》篇载："子贡问曰：'有一言而可以终身行之者乎？'子曰：

'其恕乎！己所不欲，勿施于人。'"这是从消极的方向上讲的为仁之方。从某种意义上说，"恕"是更重要的。推己及人说来很简单，但要真正做到，却是很难的。《中庸》载孔子说："君子之道四，丘未能一焉：所求乎子以事父，未能也；所求乎臣以事君，未能也；所求乎弟以事兄，未能也；所求乎朋友先施之，未能也。"这与忠恕之道是一样的，都是要设身处地、推己及人。人们往往要求别人觉得很容易，可是轮到自己做的时候却总是做不到。孔子并不是谦虚，他是在充分的意义上要求自己的，说自己"未能一焉"也是实际情况。因此，就要讲理解、讲原谅、讲宽容，这就是"恕"。一个人能恕，他就会"在邦无怨，在家无怨"。"君子之道四"就是孝道、忠道、弟道和友道，是这四类关系的理想的标准。人们虽然难以达到这四个理想标准，但必须努力去尽量达到。真实努力去做了，就是按"仁之方"行事了，就能达到仁。

孝道、忠道、弟道和友道统于"仁"，而"仁"则根于人心之爱。《颜渊》篇："樊迟问仁。子曰：'爱人。'"这是孔子的形而上学，是哲学上的概括，直接肯定"仁"就是爱人。社会层面的礼以这种形而上学为基础，它就不是一种阴郁的防范性的禁忌，而是建设性的，处处都焕发出文采，充满人性的阳光。

三、孔子礼学的政治层面

孔子从来没有怀疑政治在人类生活中的积极作用[①]。虽然现实的政治不能被认为是正义的，但并不是因为政治本身不正义，而是因为现实的政治不合于礼。

孔子深信，良好的政治对于增进人类的幸福不仅有益，而且是必须的。

孔子说："能以礼让为国乎？何有？不能以礼让为国，如礼何？"（《里仁》）他认为应该用礼来治理国家。《八佾》篇："或问禘之说。子曰：'不知也。知其说者之于天下也，其如示诸斯乎！'指其掌。"认为如果能用礼来治理国家，那就像运用手掌一样容易。《卫灵公》篇："卫灵公问陈于孔子。孔子对曰：'俎豆之事，则尝闻之矣；军旅之事，未之学也。'明日遂行。"主张礼而否定武力，

[①] 《论语·八佾》："夷狄之有君，不如诸夏之亡也。"有两种解释，一般认为是批评诸夏之君名不副实，反不如夷狄有君；另一种解释是夷狄即使有君，也比不上诸夏无君。如果按第二种解释，似乎与政治的正义性问题有关。但没有确解，且此类语录仅此条。

表明孔子认为政治不是强力决定的，而应是文明的事业。故而他极力称赞那些依据人格而不是强力促进人类文明进步的伟大的圣王："大哉尧之为君也！巍巍乎！唯天为大，唯尧则之。荡荡乎，民无能名焉。巍巍乎！其有成功也；焕乎，其有文章！"（《泰伯》）

但是，到了孔子的时代，以礼治国的局面一去不返了，政治由一种文明的事业变成了野蛮的强力相争和武力恐吓。也正因此，孔子批评并指称当时混乱的政治局面为"天下无道"。至于如何挽回这种天下无道的局面，孔子认为应该通过"复礼"："一日克己复礼，天下归仁焉。"（《颜渊》）

在孔子看来，"天下无道"的情况主要是不知礼和违礼，表面上还行其礼，实际上却以功利为目的，这就是形式主义，有其名而无其实。因此，要复礼，首先就是要正名。《子路》篇："子路曰：'卫君待子而为政，子将奚先？'子曰：'必也正名乎！'子路曰：'有是哉，子之迂也！奚其正？'子曰：'野哉由也！君子于其所不知，盖阙如也。名不正，则言不顺；言不顺，则事不成；事不成，则礼乐不兴；礼乐不兴，则刑罚不中；刑罚不中，则民无所措手足。故君子名之必可言也，言之必可行也。君子于其言，无所苟而已矣。'"看到孔子把名分、语言放到如此尊贵的位置上，现代的语言学家一定会把孔子引为同道的。孔子这里也深刻领悟到了语言的意义，语言不仅是一种声音或符号，它有着确定的意义和行为功能。而孔子这里更关心的是在语言中所体现的秩序，"正名"就意味着恢复这种秩序。因此，在齐景公问政于孔子的时候，孔子对曰："君君，臣臣，父父，子子。"（《颜渊》）"君"是一个符号，但它也不仅仅是一个符号。君就他作为一个人来说，与一般的人并无区别。他被赋予"君"这个符号之后，他的思想和行为就被要求按君之所以为君来做，也就是要符合为君之礼。只有完全符合为君之礼，他才是名副其实的君。如果他不能行君之礼，或只是行了君之礼仪，就是"君不君"。如《左传·昭公五年》记载："（鲁昭公）如晋，自郊劳至于赠贿，无失礼。晋侯谓女叔齐曰：'鲁侯不亦善于礼乎？'对曰：'鲁侯焉知礼！'公曰：'何为？自郊劳至于赠贿，礼无违者，何故不知？'对曰：'是仪也，不可谓礼。'"鲁昭公只行了君的礼仪，而没有君之实，这就是"君不君"。同样，臣须按臣之礼来行事，不然就是"臣不臣"，"父父、子子"也是同样道理。正名就是要君行君礼，臣行臣礼，父行父礼，子行子礼。

一般来讲，名实相离有两种情况，一是有名无实，一是有实无名。有名无实是形式主义，旧的"实"被转化了，"名"也就成了空架子。有实无名是因为出现了新的"实"，在旧的名单中找不到新实之名。孔子总体上似乎把这两种都归为有名无实。他认为"名"是理想的标准，是道，是"实"之所应归，因此他的正名思想从本意上讲是要以名来纠正实。因此，孔子特别强调"为政以德"，他说："为政以德，譬如北辰，居其所而众星共之。"（《为政》）政治的推行者要内修其德，整个国家就会井然有序。执政者治理国家，他们的主要任务不是积极地推行政令，采取种种手段去干涉人民，而是修养自我，使自己文明而有德，成为道德的榜样。

从政者所要修的道德就是仁德。孔子说："知及之，仁不能守之；虽得之，必失之。知及之，仁能守之，不庄以涖之，则民不敬。知及之，仁能守之，庄以涖之，动之不以礼，未善也。"（《卫灵公》）执政者只有内修仁德，出之以礼才算尽善。孔子还阐述了一个从政者所具仁德的详细内容："子张问于孔子曰：'何如斯可以从政矣？'子曰：'尊五美，屏四恶，斯可以从政矣。'子张曰：'何谓五美？'子曰：'君子惠而不费，劳而不怨，欲而不贪，泰而不骄，威而不猛。'子张曰：'何谓惠而不费？'子曰：'因民之所利而利之，斯不亦惠而不费乎？择可劳而劳之，又谁怨？欲仁而得仁，又焉贪？君子无众寡，无小大，无敢慢，斯不亦泰而不骄乎？君子正其衣冠，尊其瞻视，俨然人望而畏之，斯不亦威而不猛乎？'子张曰：'何谓四恶？'子曰：'不教而杀谓之虐；不戒视成谓之暴；慢令致期谓之贼；犹之与人也，出纳之吝谓之有司。'"（《尧曰》）

为政在于修德，这就把从政与修身联系起来了。虽说"不在其位，不谋其政"（《宪问》），但每一个人都与政治相关，并且在某种意义上说，每一个人都是政治的参与者。当他开始一种内部转变时，就意味着必然产生深远的影响；当他管理好了自己的家庭，促进邻里的和睦时，他就在促进政治的转变。

四、孔子礼学的超越层面

人类的经验总是有一定界限的，对这个界限的超越是人类本能性的企图。对人类经验界限以外的世界如何处理,这是每一种文化和哲学都不能回避的大问题。

在孔子以前,人们普遍认为在现实可经验的世界之上,有一个超越世界,这个超越世界高于且主宰现实世界。这个超越并主宰世界的,实际是"神"。这与孔子礼学中的超越层面相比,是相对蒙昧的宗教观。孔子对超越世界持一种现实感很强的怀疑态度,由此而发生了一种理性的超越观。这种超越与中西的各种宗教超越观相比,是普遍而内在的。

《雍也》篇:"樊迟问知。子曰:'务民之义,敬鬼神而远之,可谓知矣。'"孔子认为对鬼神这些没有实际经验的事物,要采取"敬远"的态度,不可将人生的幸福寄托在这些虚无缥缈的东西上。《述而》篇:"子疾病,子路请祷。子曰:'有诸?'子路对曰:'有之,《诔》曰:"祷尔于上下神祇。"子曰:'丘之祷也久矣。'"孔子并不认为向鬼神祈求保佑是有效的,他要求把注意力集中在人生的经验范围以内。《先进》篇载:"季路问事鬼神。子曰:'未能事人,焉能事鬼?'敢问死。曰:'未知生,焉知死?'"以人生为主,这是相当理性的。

以这种"敬远"的明智态度,孔子对超越世界做了理性的处理,首先表现在丧礼和祭礼中。丧礼是对人生归宿的处理,祭礼是对天地鬼神的处理。

人生终结之后,便进入超越世界。丧礼是对从现实世界到超越世界过渡的处理,人生正是通过丧礼与超越世界沟通而融为一体。《为政》:"孟懿子问孝。……子曰:'生,事之以礼;死,葬之以礼,祭之以礼。'"就是说当父母在世的时候,要按礼来侍奉他们;当父母去世的时候,要按礼安葬他们,以后还要按礼祭祀他们、追念他们。每个人在侍奉父母、安葬父母和祭祀父母的时候,都同时深刻体验到自己将来被侍奉、安葬和祭祀的情景。这样人生的经验界限就在丧礼和祭礼中被超越了。虽然人不能知道死后是否有知,但他死后的经验却在生前预先被体会到了,这便是超越。

因此,丧礼不仅对于死者十分重要,对生者来说同样重要。丧失亲人,这是一个人一生中最哀伤的时刻之一。丧礼并不是一套僵化的程式,它正是为了发挥丧亲之哀而出现的。《八佾》篇:"林放问礼之本。子曰:'大哉问!礼,与其奢也,宁俭;丧,与其易也,宁戚。'"《礼记·檀弓上》载:"子路曰:'吾闻诸夫子:丧礼,与其哀不足而礼有余也,不若礼不足而哀有余也。'"可见,哀戚之情感乃是丧礼的根本。一个人在履行丧礼时，重要的是让内心的情感流露出来。若只注意仪节的准确而忘了悲哀，那就是本末倒置了。悲哀是人类的情感之一种，它只有在丧失亲人的情况下才能达到最深的程度。《子张》篇："曾子曰：'吾闻诸夫子：人未有自致者也，必也亲丧乎！'"一个人只有经历了这种情感，他的人生经验才更丰富和深刻，他也就更有人性。但一个人在此时哀得过度，达到伤和毁的程度就有违丧礼之初衷了，用礼来节哀，才可至于哀而不伤。

同样，在祭礼中，着重要体现的是敬畏的情感。在行祭礼时，要很严肃，不可假装对天地鬼神尊敬，要十分真诚。祭祀不在于祭品的奢靡，而在于处处所体现的诚敬的真情实感。这是一种真正的本体论。按照古礼，人的一切都来自天地之神祇和祖先神，对他们行祭祀之礼，就是用行为来表达一种本体论。强调祭祀时的真实感情，正是要保存这种对本体的情感。在合乎礼的祭祀中，人们才能真正体会到整个生命被纯化而归根的经验。

祭礼也是现实世界秩序的象征，因此要严守祭礼的秩序，既不可越位，也不可祭他所不应当祭的，否则就是违礼。孔子说："非其鬼而祭之，谄也。"（《为政》）《八佾》篇："季氏旅于泰山。……子曰：'呜呼！曾谓泰山不如林放乎？'"这都是对违礼行为的批评。按礼而祭，就能培养人们对秩序的敬畏之情，也就是对上级的忠诚。

尽管要求严肃对待丧礼和祭礼，但孔子的目的仍然在于人生的幸福，他从来没有要求在丧礼和祭礼中完全地献祭。因此，有人认为孔子哲学中缺乏超越层面。实际上，孔子礼学的超越层面不限于丧礼和祭礼，他的超越是普遍的。

孔子的全部注意力都投注在现世的人生中。他认为人生不是罪恶的，也没有悲惨的最终结局，因此人就不需要把自己的一切交给其他任何上帝或鬼神来管理。人在现实的人生中，也并不妨碍他超拔于此。

孔子认为古礼的本质是仁，仁是礼之所出。这个"仁"有时又称作"道"。仁或道就是孔子之超越的所在。依据仁和道，人类就能即世俗而超越。"道"不是一种客观外在的事物或规则，而是内在于人生的。孔子说："人能弘道，非道弘人。"（《卫灵公》）这就否定了"道"的抽象性和客观性，"道"是与人的生命合而为一的。作为一个人，他不一定体现"道"，但"道"必须由人才能体现。

曾子正确理解了孔子的教导,他说:"士不可以不弘毅,任重而道远。仁以为己任,不亦重乎?死而后已,不亦远乎?"(《泰伯》)当一个人自觉到他弘道的人生使命时,他就开始了并不轻松的超越历程。

一个人首先要自觉到他的使命。孔子说:"不知命,无以为君子也。"(《尧曰》)这里的"命"是一种内在的引导,是一个人自觉到的责任。这种责任,是一个人对自己的责任,也是对家庭、社会和国家的责任,甚至是对整个宇宙的责任。当孔子说"知我者其天乎"(《宪问》)"吾谁欺?欺天乎"(《子罕》)时,他并不是在夸张地自大,这里的"天"和"我"是统一的。自觉到对"天"的责任,便是知命。

当一个自觉的人,努力地去履行"仁"时,他便是在弘道。在这个过程中,对物质生活的超越是自然而然的。孔子说:"君子谋道不谋食。耕也,馁在其中矣;学也,禄在其中矣。君子忧道不忧贫。"(《卫灵公》)一个人的注意力应该集中在"道"上,而不是担心自己生活贫困。孔子正是这样做的。《子罕》篇:"子罕言利与命与仁。"但是,"道"不是一个可以最终获得的目标,它是人的生活方式,只有按"道"来生活才是仁人。孔子说:"富与贵是人之所欲也,不以其道得之,不处也;贫与贱是人之所恶也,不以其道得之,不去也。君子去仁,恶乎成名?君子无终食之间违仁,造次必于是,颠沛必于是。"(《里仁》)一个人能做到安仁乐贫,他就超越了富贵。《泰伯》篇:"子曰:笃信好学,守死善道。危邦不入,乱邦不居。天下有道则见,无道则隐。邦有道,贫且贱焉,耻也;邦无道,富且贵焉,耻也。"这就超越了名利和权势。孔子说:"饭疏食饮水,曲肱而枕之,乐亦在其中矣。不义而富且贵,于我如浮云。"(《述而》)处在这样的贫困中,仍然生活得快乐,并不是因为贫困值得快乐,而是行其道、安其仁,自然而然产生的精神的愉悦。这不仅超越了一切物质,也超越了一切不义的事物、情感和欲望。这样的仁人,唯道是从、唯义是赴、唯仁而安,在特殊情形下,他也可以舍弃生命,做到"志士仁人,无求生以害人,有杀身以成仁"(《卫灵公》),他便超越了生命。

但是,孔子显然并没有全神贯注于超越。对他来说,超越是一个自然而然发生的过程,即行远自迩的过程。这样的超越毫无神奇特异之处。并且,孔子甚至特意地避免任何奇怪的言行："子不语怪、力、乱、神。"(《述而》)又《中庸》记载："子曰：'素隐行怪，后世有述焉，吾弗为之矣。'"他认为："道不远人。人之为道而远人，不可以为道。"并特别赞扬中庸之德："中庸之为德也，其至矣乎！民鲜久矣。"(《雍也》)又《中庸》："庸德之行，庸言之谨，有所不足，不敢不勉，有余不敢尽；言顾行，行顾言，君子胡不慥慥尔！"但是，正是这样的庸言庸行，其所达到的超越的程度，与佛教、道教、天主教、基督教等任何一家宗教所达到的超越程度相比，毫不逊色。并且，由于舍弃了适足以增人迷惑的奇迹，其超越也许更加纯净。

简要结语

古礼经由三代而汇集至孔子，使孔子作为个人竟成为中国文化的一线命脉。这实在是世界文化史上的奇观。作为中国传统文化的代表，孔子曾经遭到激烈的批判。这个遭到批判的孔子，显然并非历史上的孔子本人。要求孔子为其身后的事情负责，并不是公正的待遇。那种怀疑孔子生前就心怀叵测，要在他死后制造"吃人的礼教"的猜测，除了使怀疑者自己显得丑陋外，显然不能丝毫损害孔子本人的光辉。孔子的学说是以"礼"为中心还是以"仁"为中心，是曾经引起热烈讨论的问题。但现在看来，这对孔子的学说来说无论如何都不是最重要的。重要的是我们能从孔子那里得到什么。我们深信，在这个价值重构的时代，重新理解孔子是必要的。

The Rich Implication of Confucius' Rite

LI Xiaohong

(School of Public Administration, Zhengzhou University, Zhengzhou, Henan, 450001)

Abstract: Based on the obligation to revive ancient rituals, Confucius integrated into his own life enlightenment when he was conscious to practice and recast ancient ritual, endowed it with life connotation and further brought about his own theory of rite. Confucius' theory of rite is of so great a scale and such deep potential as to take on the important task of the cultural tradition, in which four levels involved, that is, the body and mind level, the society level, the politics level, and the transcendence level, are not mechanically separated, but mutually penetrated and integrated, and each level also has its unique value and significance.

Key words: Confucius; theory of rite; four levels; implication

孔子的礼学研究

李怡颖

(郑州大学 公共管理学院,河南 郑州 450001)

摘 要:在孔子的理论体系中,有关"礼"的思想是十分重要的内容。孔子根据时代要求对前人关于礼的思想,特别是周礼进行必要的扬弃,创立了独具特色的礼学思想体系,对后世影响深远。孔子礼学思想具有丰富的文化内涵,对礼的内容、礼的精神、礼的功能、礼的发展等均有所论述,在培育和弘扬社会主义核心价值观,推动中华民族伟大复兴中国梦实现的今天,只有深入阐释孔子礼学思想,才能弘扬其精神价值。

关键词:孔子;礼学;内容与精神;功能与发展

作为儒家学派的创始人,孔子根据时代要求对前人关于礼的思想,特别是周礼进行必要的扬弃,创立了自己独具特色的礼学思想体系,对后世影响深远。孔子礼学思想具有丰富的文化内涵,对礼的内容、礼的精神、礼的功能、礼的发展等均有所论述,在培育和弘扬社会主义核心价值观,推动中华民族伟大复兴中国梦实现的今天,只有深入阐释孔子礼学思想,才能弘扬其精神价值。

一、礼的内容

中国自古就有礼仪之邦的美誉。在孔子的理论体系中,有关"礼"的思想是非常重要的组成部分,占有举足轻重的地位。孔子十分重视"礼",那么"礼"是什么?在中国古代社会,"礼"事实上既指社会各阶层的人们应严格遵循的等

作者简介:李怡颖(1990—),女,河南驻马店人,郑州大学公共管理学院中国哲学硕士研究生,主要从事中国先秦哲学研究。

级制度,也指人们日常伦理道德生活中必须恪守的具体礼节、仪节或行为准则。概括说来,礼在我国古代指维持社会秩序的等级制度及相应的伦理道德规范。作为等级制度的"礼",是社会政治制度的体现,是维护社会等级、阶层秩序的规章制度,是政治上层建筑的一部分。作为道德规范,礼规定了统治者和被统治者或社会各阶层所应遵守的行为标准与规范,是指导人一切言行的准绳,具体内容包含了礼仪、仪节、礼法等。因此,礼从社会基本制度和具体行为规范两个层面实现了对整个社会秩序的塑造和维护。

那么"礼"从何而来呢?《说文》云:"礼,履也,所以事神致福也。"这表明礼最早是用来祭拜自然神灵和祭祀祖先英灵的礼仪规范。在古代,人们对许多无法理解和驾驭的自然力量加以神秘化,奉之为神灵,进而还将自己死去的祖先推崇为鬼神。对于神灵或鬼神,人们既崇敬又畏惧,既祈祷希望他们给自己带来恩赐、福祉和庇佑,又害怕遭受他们带来的警告、惩罚和灾难。为了表示对自然和祖先的尊敬,古人很早就意识到需要一种规范来约束人们的行为以示虔诚。人们若想得到神灵和祖先的恩赐、福祉和庇佑,就必须虔敬严肃地按照严格礼仪来祭拜,来履行应尽的义务。这就是礼的最初作用,可以看到,它已经起到规范思想和言行的作用,这种规范在社会上是被普遍认可的,对于个人可以起到威慑的作用。

随着时代的发展,人们的社会交往更加频繁、深入和复杂,这种情形要求"礼"必须进一步发展、丰富和完善,只有如此才能有效地规范、约束人们的思想和言行,促进社会的有序、和谐。《诗经·丰年》云:"以洽百礼,降福孔皆。"表明此后敬神纳福的礼节渐渐渗透到人们日常生活中的方方面面。随后,甚至出现了"三礼"等礼学专门著作,"礼"的影响遂逐步扩大。先秦礼制的规定是十分严苛的,它明确规范了身处不同等级的人们享有的权利和应尽的义务。《左传》云:"天有十日,人有十等。下所以事上,上所以共神也。故王臣公,公臣大夫,大夫臣士,士臣皂。"(《昭公七年》)因此,中国古代社会,按照礼制,人和人之间存在着不同的等级,任何人都不可僭越。

孔子意识到"礼"在社会上具有不可忽视的影响力,因而非常推崇礼。孔子身为殷商后裔又成长在周礼文化浓郁的鲁国,他对礼的推崇正是从周礼着手的。

孔子自称："夏礼，吾能言之，杞不足征也；殷礼，吾能言之，宋不足征也。文献不足故也，足，则吾能征之矣。"（《论语·八佾》，本文以下引《论语》，只注篇名）这是说，孔子虽然能说出夏殷二代的礼制，但其后代杞国和宋国已经不能作证，根本原因在于历史典籍缺失和了解历史的人太少。但他又强调说："周监于二代，郁郁乎文哉！吾从周。"（《八佾》）即他认为，周礼继承和借鉴了夏礼和殷礼，因而是在夏礼和殷礼的基础上建立和发展起来的，并且非常完备丰富。他强调，自己将遵从周礼。

孔子认为旨在提升人格修养的礼有一整套明确的行为规范，主要目标是消除人们的涣散、懈怠、放肆、粗陋等恶习，培养人们的从容、庄严、淡然、精进等品质。"礼"是涵养德行的行为准则，它强调了社会对人外在言行的规范和约束，同样也张扬了仁者对社会伦理的自觉维护。孔子在《论语》中反复强调为仁重在"克己复礼"，即要求人们依"礼"来清除自我的恶习，杜绝纵欲，以加强德行修养。为此，他甚至强调："非礼勿视，非礼勿听，非礼勿言，非礼勿动。"（《颜渊》）这是从反面全方位地规定视听言行都要按照礼的要求克服不良习惯。

一个人的人格修养需力求达到文与质的辩证统一。在孔子眼里，德行高尚的君子必须具备与其内在仁义品格相协调的举止风貌和礼仪教养，达到内在美与外在美的和谐匹配。孔子将内在美称为"质"，将外在美称为"文"。他说："质胜文则野，文胜质则史。文质彬彬，然后君子。"（《雍也》）即一个人仅仅有质却无文或质远胜于文，就会显得非常粗鲁蛮横；但仅仅有文而无质或文远胜于质，就容易显得虚浮无根而徒有其表，只有把两者完美地结合起来，才配称得上是真正的君子。

孔子身处文明社会的早期，原始的野蛮思想的残余仍有影响，因而在一部分人身上尚残留重质轻文的倾向。比如当时卫国大夫棘子成便对孔子文质并重的观点表达了不同的看法，他说："君子质而已矣，何以文为？"（《颜渊》）棘子成重质轻文的观点遭到了孔子弟子子贡的反驳。子贡认为文对一个人的全面修养也是非常重要的，为了更好地说明文、质问题，他打了一个比方：虎豹和犬羊长着不同的花纹，如果把它们有着完全不同的纹饰的皮毛全部拔掉，那么它们的兽皮便没有什么区别了。这个比方准确地表明了内容虽然决定形式，是首要的，但形式也不可忽略，它对内容起到积极的能动作用，而丰富、深厚的内容应该通过恰当、完美的形式来展示自己的价值，外表的粗陋不堪不仅不利于内容的完善，甚至会损害到它的真正价值。因此，内在美与外在美，或质与文是辩证统一的，重质轻文是不对的。

在外表仪态、处事风格上，孔子心中的两种不同人格即"君子"和"小人"有着云泥之别。对于君子，他强调："君子不重则不威。"（《学而》）即君子不庄重自然没有威严。"不重则不威"，当然不是指一个人要故意端着架子，耍着威风吓唬人，而是说要想成为君子就要持重威严，自己先做到自尊自重，别人才能从心底敬佩尊重你。与此形成鲜明对比的就是小人，小人通常在失意时假借外力虚张声势、狐假虎威，得意时又不懂含蓄，得意忘形甚至忘乎所以。孔子还说："君子义以为质，礼以行之，孙（逊）以出之，信以成之。"（《卫灵公》）意思是说，君子以合宜为根本，用礼节来实行它，以谦逊的言语说出来，以诚信的态度来完成它。这就是明确要求君子要展示让人愉悦的行为美、仪表美，达到辅助仁义的目的。在孔子心中，一个具有高尚道德品质的仁者，必定是行于世间态度庄矜，待人接物富有教养，面对众生举止儒雅，内外运筹注重礼仪的人。一位风度翩翩的谦谦君子，怎会不使人如沐春风、仿效敬仰呢？

任何理论如果只停留在说教上就不具有真正的可信度，从理论到理论最后只会沦为空谈。孔子非常清楚这个道理，于是他在传道的过程中不忘以身作则，以实际行动践行自己的理论，为弟子和世人树立了榜样，提供了指导和精神鼓舞。孔子对自己和弟子们甚至家人都有严格的要求，任何场合都十分注重相应的仪容仪表。《八佾》篇记载："子入太庙，每事问。或曰：'孰谓鄹（zōu）人之子知礼乎？入太庙，每事问。'子闻之，曰：'是礼也。'"在此，"鄹人之子"即孔子，孔子父亲叔梁纥曾任过鄹大夫，人称"鄹人"。孔子进入太庙每事必问，有人认为他不懂礼，而他则强调这恰恰就是礼。又如《季氏》篇记载："陈亢问于伯鱼曰：'子亦有异闻乎？'对曰：'未也。尝独立，鲤趋而过庭。曰："学诗乎？"对曰："未也。""不学诗，无以言。"鲤退而学诗。他日又独立，鲤趋而过庭。曰："学礼乎？"对曰："未也。""不学礼，无以立。"鲤退而学礼。闻斯二者。'退而喜曰：'问一得三，闻诗，闻礼，又闻君子之远其子也。'"

伯鱼是孔子的儿子，即孔鲤，陈亢问伯鱼是否在老师那里听到过什么特别的教育，伯鱼回答说没有。孔子教育自己的儿子要求他学诗、学礼，告诫他只有学诗才懂得说话，只有学礼才懂得立身。陈亢通过询问伯鱼，了解了这种情况后非常高兴，他认为他不仅听到了关于诗和礼的道理，而且还听到了君子不偏爱自己儿子、严格要求自己儿子的道理。

《论语》大量地记载了孔子的礼学思想，其中专门设置《乡党》一篇更是明证。《乡党》通篇大量细密地记录了日常生活中的饮食穿着和不同场合下言谈举止的礼节规范。如，"齐，必有明衣，布。齐必变食，居必迁坐"。在此，"齐"通"斋"，即斋戒沐浴的时候一定要有浴衣，浴衣要用布做成；而且一定要改变日常的饮食，居住也一定要搬离原先的地方。如，"虽疏食菜羹，瓜祭，必齐如也"，即虽然吃的是糙米饭青菜汤，也一定要先祭拜一下，并且祭拜的时候一定要恭恭敬敬，如同斋戒一般。如，"乡人饮酒，杖者出，斯出矣"，即行乡饮酒礼毕，要等年长者都出去了，自己才能出去。如，"问人于他邦，再拜而送之"，即托人给在其他诸侯国的朋友送礼问好，要向受托者拜两次然后送行。如，"见齐衰者，虽狎，必变。见冕者与瞽者，虽亵，必以貌"，即看见穿孝服的人，即使是很亲密的人，态度也一定要改变，表示同情；遇见戴着礼帽的人和盲人，即使经常见到，也一定要有礼貌。以上的例子不胜枚举，其规定看起来似乎有些烦琐，事实上正是这些细微之处体现出君子自我修养的实实在在的落脚点，今天读来仍然令人肃然起敬。孔子的众弟子性格各异，为了教导他们都成为君子，孔子则因材施教，如弟子子路性情直爽，过于直率有时难免流于野蛮粗俗，孔子就时常在这一点上批评教育他，引导子路要学文习礼规范言行。

孔子同样非常注意自己的仪容仪表、言行举止。他关于衣食住行、出入接物的言论和行为十分讲究，而且颇有心得，有趣的是，孔子结合自己的生活经验甚至多有创新。《乡党》篇记载了孔子在不同情形的公共场合的礼节表现，如，"孔子于乡党，恂恂如也，似不能言者。其在宗庙朝廷，便便言，唯谨尔"，即孔子在本乡里非常恭顺，好像不能说话似的，而他在宗庙里、朝堂上，有话就清楚而流畅地说出来，只是说得很少。又如，"朝，与下大夫言，侃侃如也；与上大夫言，誾誾如也。君在，踧踖如也，与与如也"，即孔子上朝时，如果君主还没有来，同下大夫说话时态度温和而愉悦，与上大夫说话时正直又恭敬；如果君主来了，显得恭顺而心中略有不安，行路非常安详。又如，"君召使摈，色勃如也，足躩如也。揖所与立，左右手，衣前后，襜如也。趋进，翼如也。宾退，必复命曰：'宾不顾矣。'"即如果鲁君命孔子接待外国贵宾，他面色庄重矜持，脚步也轻快起来，向立于两旁的人作揖，向左拱手或者向右拱手行礼，而衣服虽一俯一仰却很整齐，快步前行好像鸟儿张开了翅膀。贵宾离开后，一定向君子禀报"客人已经不回头了"。再如，"祭于公，不宿肉。祭肉不出三日。出三日，不食之矣"，即参加国家的重大祭祀典礼不会把祭肉留到第二天，对于别的祭祀典礼的祭肉不会留存超过三天，而如果存放超过了三天就不再吃。

综合上述，《论语》一书有关礼仪规范的记载细致入微，今天看来这些礼仪规范不免烦琐了些，实际操作中也容易流于形式，但仔细想来在孔子生活的春秋时期，一个去古不远的时期，发明、创造礼仪规范反映了人们内心深处对如何规范和协调社会关系的探求摸索。这种探索要求逐步摆脱粗俗野蛮的古老生活方式而讲求文明礼貌，反映了社会的文明进步。

二、礼的精神

在孔子的心目中，"礼"贵在其精神实质，而绝不是外在的种种"礼仪""礼节""仪节"，任何外在规矩都只是礼内在精神的自然表达。在孔子看来，只要礼的精神实质在，外在的规范甚至可以因时因地有所变通。这也正是礼的可贵之处：不是囿于形式而是更看重本质。弟子林放问何为礼之本。他回答说："大哉问！礼，与其奢也，宁俭；丧，与其易也，宁戚。"（《八佾》）即孔子不是在意礼的奢华而强调要简朴，至于在丧礼上，他认为与其草率简便不如内心怀有哀痛。总之，孔子更注重礼的内在精神，而不是礼的外在表现形式，如人的言语、神态、风度。当然，尤为重要的是，孔子思想中的"礼"本质上是以义为质的一种文化精神。

对孔子而言，礼是内在精神与外在形式的统一，即内容与形式的统一，前者是根本，后者则相对次要。孔子曾感叹："礼云礼云，玉帛云乎哉？乐云乐云，钟鼓云乎哉？"（《阳货》）即在他看来，礼并不等同于玉帛之类的礼器，乐并不等同钟鼓之类的乐器，它们只是表现礼乐的工具或手段罢了。事实上，如待人接物热情殷勤自然很好，但一旦发于私心做做表面功夫，流于技巧讨好于人，它就失去了礼的真正精神。在治理国家方面，孔子更强调国家的礼仪必须有其"以礼让为国"的本质，强调内容与形式的统一。因此，他说："能以礼让为国乎，何有？不能以礼让为国，如礼何？"（《里仁》）就是说，如果能以礼让的精神来治理国家，就不会有什么困难，而如果不能以礼让的精神治理国家，即舍弃国家礼仪的内容，那么，徒拘守那些仪节上的形式，实际上是没有什么作用的。因此，礼让精神实际上是国家礼仪的内在精神，对于治理国家具有重要意义。总之，孔子更强调礼的内在精神与外在形式的统一，两者相比，内在精神或内容则更重要。

孔子最推崇的德行是仁，在他看来，仁为礼之本。他曾强调："人而不仁，如礼何？人而不仁，如乐何？"（《八佾》）即如果人没有仁爱之心，纵使表面遵守礼仪、演奏音乐，也没有实质性意义。作为最具统摄意义的德行，"仁"的具体表现有很多方面，如恭、宽、信、敏、惠、知、勇、直、敬等，这些德目都要有具体的礼与之相应，也只有在礼的调节规范之下才称得上君子之德。礼的产生最初是为了表达对自然神和祖先神的尊敬，然而礼彰显了人的德行的美好，随着德目的丰富和完善，逐渐成为实现德目的规范，达到了内在精神与外在形式的统一。《论语》多处记载了孔子与弟子有关礼的内在精神与外在形式相统一的论述。例如，子贡说："贫而无谄，富而无骄，何如？"孔子说："可也。未若贫而乐，富而好礼者也。"（《学而》）即在孔子看来，与其虽然贫穷但不谄媚，不如虽然贫穷但很快乐；与其虽然富有但不骄傲，不如虽然富有且喜好礼。如，子路问怎样才是"成人"，即完人、全人或全才，孔子回答说："若臧武仲之知，公绰之不欲，卞庄子之勇，冉求之艺，文之以礼乐，亦可以为成人矣。"（《卫灵公》）孔子列举了臧武仲、孟公绰、卞庄子和冉求四人各自所长，认为如果一个人同时兼有这些所长，即智慧、克己、勇猛和才艺，再用礼乐加以修饰，就可以称得上是一个完人了。因此，在孔子看来，礼是高尚品德的外部表现，君子之礼在于内外统一，不可有表面无内涵，有形式无本质，而应是协调统一、内外呼应的两方面。外表存"礼"，内心无"德"，实乃伪君子，伪君子绝对不是君子。

礼不仅强调内在精神与外在形式的统一，而且作为规范人们言行举止的规则准绳，还体现着一定的标准或分寸。孔子虽然高度评价了管仲辅助齐桓公取得霸主地位造福齐国的成就，然而他认为管仲器量小，不懂得礼节，因为管仲处处模仿国君，如国君树塞门，他亦树塞门，国君有反坫，他亦有反坫。因此，他反诘说："管氏而知礼，孰不知礼？"（《八佾》）孔子认为管仲违背礼节的做法实际上破坏了君臣秩序，不符合标准或分寸。在他看来，人们若以礼来比照审视自己的言行，那么他的举止风度就会有礼可依；如果人们的行为合乎礼节，那么人们方方面面便会恰到好处；如果人人言谈举止合宜，那么整个社会秩序自然和谐稳定，国家自然也就安定太平。礼所以能够造就如此的景象，就在于礼规定了人们的言行举止时时刻刻应遵循的"分"，这个"分"明确了万事万物本身的合适位置及彼此间的恰当关系。孔子说："天下有道，则礼乐征伐自天子出；天下无道，则礼乐征伐自诸侯出。自诸侯出，盖十世希不失矣；自大夫出，五世希不失矣；陪臣执国命，三世希不失矣。天下有道，则政不在大夫。天下有道，则庶人不议。"（《季氏》）在孔子看来，制作礼乐以及发号施令，本应决定于天子，而不是诸侯，只有如此天下才能太平，而一旦由诸侯甚至大夫、陪臣决定，天下势必昏乱，而且国家势必加速灭亡。实际上，这是违背礼的必然结果。孔子非常强调礼乐制度有关天子与诸侯（或君臣）之间礼节上的等级规定。依照周礼，天子、诸侯、大夫、士在奏乐舞蹈时，具有不同的标准或规格，即天子用八佾，诸侯用六佾，大夫用四佾，士用二佾。所谓"佾"，是指古人奏乐舞蹈的行列，八人排一行称为一佾。八佾为最高等级，总共六十四人，只有周天子才有权使用。鲁国国君是周公后裔，为了回报周公之德，周成王特许鲁国可以享有"八佾"这种只有天子才能享有的特殊待遇。但在谈到鲁国季氏，即季平子时，孔子非常愤怒地指责说："八佾舞于庭，是可忍也，孰不可忍也？"（《八佾》）孔子所以特别愤怒，是因为季氏虽然把持鲁国朝政大权，但只是鲁国大夫，按照礼制规定他只能享有四佾的舞蹈，现在竟然使用八佾，完全是以天子身份自居，这是大逆不道的违礼行为。归根结底，孔子认为季氏用八佾舞蹈就是对周天子、对在高位者的蔑视，而超越身份地位的越礼行为是无法容忍的。在孔子看来，礼所规定的标准或分寸，并不是简单的折中妥协，其"恰当"是指"理"当如此。

孔子强调，礼所规定的标准或分寸，其内在的依据，归根结底是作为内在精神的仁义道德。比如，对于守丧之礼究竟应当坚持几年，孔子与弟子宰予（字子我，或称宰我）有过深入的讨论。《论语》记载："宰我问：'三年之丧，期已久矣。君子三年不为礼，礼必坏；三年不为乐，乐必崩。旧谷既没，新谷既升，钻燧改火，期可已矣。'子曰：'食夫稻，衣夫锦，于女安乎？'曰：'安。''女安则为之！夫君子之居丧，食旨不甘，闻乐不乐，居处不安，故不为也。今女安，则为之！'宰我出。子曰：'予之不仁也！子生三年，然后免于父母之怀。夫三年之丧，天下之通丧也。予也有三年之爱于其父母乎？'"（《阳货》）就是说，宰予认为三年守丧之期未免太长，其理由是如果君子三年不行礼仪则礼仪一定会荒废，三年不奏乐则音乐一定会混乱，既然旧谷吃完了，新谷也已经收获了，打火用的燧木轮又用了一回，因而守丧之期一年就可以了。孔子则认为守丧还不到三年就吃白米饭，穿锦缎衣服，做子女的不会心安的。尽管当他听到宰予说守丧一年也感到心安时，没有强制宰予必须守丧三年，而是任其自由，但他依然认为，君子的守丧，吃美味不晓得甘甜，听音乐不觉得快乐，住在家里不以为舒适，因而当宰予退出后，他谴责宰予不仁。在他看来，孩子出生三年后才能脱离父母的怀抱，三年的守丧期是天下共通的，宰予也曾在父母怀里享受三年之爱。归根结底，只有内在的仁德才能维护礼的规制或标准，对于守丧之礼而言，其精神实质就是以表哀痛之情来报答父母的养育之恩。

孔子强调礼的标准、规制，重点在于强调适宜，合乎分寸，因此，与此同时他也认识到凡事过于极端就会走向反面。孔子将各种美德与"礼"呼应，相互配合，他认为即使好的品格如果没有节制也会走向反面。例如，他强调："恭而无礼则劳，慎而无礼则葸，勇而无礼则乱，直而无礼则绞。"（《泰伯》）意思是说，只知道恭顺而不懂得礼法就会劳倦，只知道谨小慎微却不懂得礼法就会懦弱畏缩难当大任，只知道勇猛果敢而不懂得礼法就会鲁莽闯祸，只知道心直口快而不懂得礼法则会尖刻刺人。故有礼就是有"理"，恭、慎、勇、直等品质必须有"礼"的指导、规范，才合于"理"，才能站得住脚不会有过错。因此孔子提倡学礼知礼都是将视、听、言、动纳入规矩中，动静都合宜，从而坚守住自己安身立命不可逾越的规矩。

在孔子看来，礼不仅能够使各种美德达到适宜、适度的境界，而且按照礼的规范和要求亦能够使人增益仁德。例如，颜渊问仁，孔子回答说："克己复礼为仁。一日克己复礼，天下归仁焉。"（《颜渊》）即只要克制自己，一切都遵照礼的要求去做就是仁了，而一旦这样做了，天下的人都会称许你是仁人。因此，孔子认为"克己复礼"是实行仁德的途径。这也证明，礼和仁德之间始终存在着辩证统一的关系。不仅如此，孔子还认为礼对于人能够成为君子、立足天地之间具有重要的决定作用。《论语》终篇中，孔子强调："不知礼，无以立也。"（《尧曰》）也就是说，在孔子看来，知礼是人能够作为君子立足于天地之间的前提。

"立功""立言""立德"一直以来都是中华民族仁人志士向往的人生境界，这些追求如果没有礼的支撑就无所附着，就不能够实现。综合上述，在孔子那里，礼是内在精神与外在形式的辩证统一，具体说来，仁是礼之根本，是内容，正是仁德使得礼具有内在的道理，具有标准、分寸，达到适宜、适度的最佳状况，而礼节、仪文，即外在形式的礼，则是实现仁的途径，是使各种具体品德达到适宜、恰当的规范。对于一个君子或国家来说，只有实现礼的内在精神与外在形式的有机协调统一，才能维护和塑造更和谐的秩序。客观而言，孔子思想中礼的精神本质是一种积极向上、完善自我的精神。

当然，遗憾的是，后来的儒学对"礼"的推行渐渐偏离本来的面貌，倾向于强调循规蹈矩和繁文缛节，将礼的内容和推崇形式化、固定化，逐渐脱离了孔子所张扬的礼的精神，甚至渐行渐远，丧失了原来的精神实质和价值魅力。

三、礼的功能

孔子倡导礼或礼乐制度，其目的在于维护社会等级秩序的稳定以及伦常关系的和谐、和顺。孔子要求人们从内心深处亲亲、尊上、敬友、与人为善，就是为了让礼发挥维护社会等级秩序和伦常关系的功能。礼的功能的发挥，是通过人们学礼、知礼、习礼实现的，因而是扎根社会、融于社会，与社会环境相统一的。孔子所建构的理想人格"君子"，实际上就是一个生活在现实世俗社会生活之中，为人伦关系所制约，因而附着于现实人伦环境的人，同时更是一个自觉地在同世俗社会的深刻联系中展现自我的意志、情操、价值、理想，因而成就自己的事业和人生的人。可以说，孔子心目中的礼所以能够发挥维护社会等级秩序和伦常关系和谐的功能，就是通过君子这一特殊的主体而实现的。

礼的功能有很多。首先，礼有助于调节人与人之间的人伦关系。和谐的人伦关系是社会和谐的基础。在孔子看来，塑造和谐的人伦关系必须通过君子。他认为："君子和而不同，小人同而不和。"（《子路》）就是说，君子既追求人们彼此间的和谐，同时又不盲目附从，能够保持各自的独立性，然而小人只是盲目附从，却不能达到和谐。显然，君子的"和"既重视原则又重视团结，是基于对立统一原则上的和顺团结，小人之流的"同"是没有主见的盲目苟同、附从。因此，君子立身行事既讲求彼此协助合作又达到团结和谐的目的，而小人出发点不同其结果也恰恰相反，随波逐流、盲目附和。因此，孔子极力提倡"和而不同"的处事原则，反对"同而不和"的跟风习气。维护正常的父子关系或君臣关系，是维护人伦关系的重要方面。尽管孔子非常强调孝与忠，但是他认为如果不明确区分情况，而一味地听从父母、听从国君，实际上就不是真正的行孝，而是愚孝，不是真正的尽忠，而是愚忠。因此，在孝敬父母方面，孔子一方面强调"无违"，要"生，事之以礼；死，葬之以礼，祭之以礼"（《为政》），但另一方面强调"事父母几谏"，即如果他们有不对的地方须轻微婉转地劝止，并做到"见志不从，又敬不违，劳而不怨"（《里仁》），即虽然自己的心意没有被听从，仍然恭敬地不触犯他们，虽然忧愁但不怨恨。在对待人方面，孔子一方面强调"君使臣以礼，臣事君以忠"（《八佾》），另一方面也强调"忠焉，能勿诲乎"（《宪问》），即忠于他就要教诲他，而如果朋友或国君有过错，"忠告而善道之，不可则止，毋自辱焉"（《颜渊》），即忠心地劝告他，好好地引导他，如果他不听从，也就罢了，不要自找侮辱。他甚至说："事君尽礼，人以为谄也。"（《八佾》）因此，孔子强调只有礼才能调节和塑造人伦关系，特别是实现父母与子女之间、朋友之间或君臣之间的和谐关系，但是必须坚持君子独立性的原则，按照君子的处事原则和准则来行事。

其次，礼作为一种面向全社会的调节规范，发挥着塑造和维护整个社会等级秩序，使社会井井有条、上下有序的功能。孔子坚持礼治，他说："道之以政，齐之以刑，民免而无耻；道之以德，齐之以礼，有耻且格。"（《为政》）意思是说，如果君主以政令统治民众，用刑罚控制他们，老百姓只求能苟且保命，做到不触犯法律免于遭受刑罚，但并没有羞耻之心；而如果君主用道德教化百姓，依礼制引导他们，老百姓不但懂得礼义廉耻更会有归顺之心。特别是，如上所述，他认为礼让是国家礼仪的根本，只有坚持礼，才能实现国家的长治久安。孔子所倡导的仁义礼治思想，为其弟子和后学所继承和发展。如弟子有子说："礼之用，和为贵。先王之道，斯为美。小大由之，有所不行。知和而和，不以礼节之，亦不可行也。"（《学而》）即礼的作用最可贵之处就在于达到和谐，过去圣明君王治理国家其可贵之处就在于此，做任何事都要恰到好处；纵使有行不通的地方，为了恰当而求恰当，不用一定的规矩制度来加以节制也是不可行的。据《礼记》记载，孔子说："礼者何也？即事之治也。君子有其事必有其治，治国而无礼，譬犹瞽之无相与，伥伥乎其何之？譬如终夜有求于幽室之中，非烛何见？若无礼，则手足无所措，耳目无所加，进退揖让无所制。"（《仲尼燕居》）而据《孝经》，孔子强调："安上治民，莫善于礼。"（《广要道章》）即真正能安定社会，使人民能安居乐业的，没有比礼更好用的了。不管《礼记》《孝经》所载孔子之言论是否确实，但它们所表达的恰恰是儒家的思想是无可置疑的。在此，礼"即事之治"，就是把礼作为做事的办法，归根结底就是处理万事万物，使之井然有序的治理规矩。因此，在儒家看来，君子做事就要有做事的办法，治理国家如果不依礼制，就像瞎子走路没有人牵引，迷迷茫茫不知该往哪里走；又如终日摸索于黑暗之中的人，没有烛光无法看见道路。如果没有礼，就会让人们手足不知该往哪儿放，耳朵不知该听什么，眼睛不知该看什么，在社会上进退揖让都会没有规矩。当然，孔子的礼治思想认为，"礼"作为社会规范，不仅是国君治理国家、管理臣民的方法，也是对自身的规范和约束。孔子说："居上不宽，为礼不敬，临丧不哀，吾何以观之哉？"（《八佾》）即在孔子眼中，作为国君，必须成为知礼行礼的表率，行礼时必须恭恭敬敬。特别是在"治民"方面，他强调，"上好礼，则民莫敢不敬；上好义，则民莫敢不服；上好信，则民莫敢不用情"（《子路》）。在此，"上"指在上位者，一般指统治者，即统治者喜好礼，那么老百姓就不敢不尊敬；统治者喜好仁义，则老百姓就不敢不服从；统治者喜好诚信，那么老百姓就不敢不用情。总之，孔子认为，只有在上位者推崇礼并依照礼的规范来教化、役使民众，百姓才会心悦诚服，才能更容易听从命令。孔子所倡导的儒家仁义礼治的思想，与法家以严刑峻法治国的思想有着显著的区别。

最后，礼发挥着塑造君子理想人格的功能。君子是孔子所推崇的理想人格，在他看来，人必须通过加强道德修养才能成为君子。他指出："质胜文则野，文胜质则史。文质彬彬，然后君子。"（《雍也》）即君子不仅需要有内在的质，即道德品质，更要有外在的文，即外在的礼仪、仪文。类似，他还说："君子义以为质，礼以行之，孙（逊）以出之，信以成之，君子哉！"（《卫灵公》）因此，孔子指出了君子的修行途径："兴于诗，立于礼，成于乐。"（《泰伯》）即诗激发人的心智，礼使人立身于社会，乐使人所学得以完成。在孔子看来，人成为了君子是整个国家社会安定的重要基础。他说："君子博学于文，约之以礼，亦可以弗畔矣夫。"（《雍也》）即君子广泛地学习文献典籍，并以礼约束自己，就不至于离经叛道了。不仅如此，孔子还强调："君子学道则爱人，小人学道则易使也。"（《阳货》）即君子学习了礼乐则会爱别人，小人学习了礼乐就更容易听从指使了。当然，孔子认为，任何人都可以通过学礼、知礼、行礼而成为君子。在孔子的时代，"君子"除有理想道德人格这一含义外，还指卿大夫的子弟，由此，他甚至说："先进于礼乐，野人也；后进于礼乐，君子也。如用之，则吾从先进。"（《先进》）即在选人做官方面，由于儒家坚持"学而优则仕"（《子张》）的原则，因而孔子更主张让那些先学习礼乐的人当官，而不是选用那些先有了官位而后才学习礼乐的卿大夫的子弟。但无论如何，在孔子看来，只有不断加强道德修养，学礼、知礼、习礼，一个人才能真正成为高尚的君子，才能真正地立身于社会。事实上，孔子本人就是严格按照这种观念不断加强自我道德修养和人格提升从而成为一个高尚的君子的。例如，他的得意弟子颜回就感叹说："仰之弥高，钻之弥坚；瞻之在前，忽焉在后。夫子循循然善诱人，博我以文，约我以礼。欲罢不能，既竭吾才，如有所立卓尔。虽欲从之，末由也已。"（《子罕》）即孔子通过不断加强学识道德修养，终于使自己成为一个弟子们心目中的高尚君子，永远感召着弟子不断地学习。

综上所述，孔子深刻地认识到礼具有塑造和维护社会等级秩序，实现人伦关系和谐、社会关系和谐，塑造理想人格的功能，而这种礼治思想在中国古代社会成为重要的治国之道，为无数政治家和思想家所推崇。

四、礼的发展

客观而言，作为社会规范的礼或礼乐制度，是历史地形成和发展着的。孔子所推崇的礼并非凝固不变的，而是在传统周礼的基础上有所发展的。换句话说，孔子是以一种运动的、发展的、辩证的观念来看待礼的。例如，他强调："殷因夏礼，所损益可知也，周因殷礼，所损益可知也，其或继周者，虽百世可知也。"（《为政》）也就是说，殷商通过损益夏的礼仪制度而形成了殷礼，而周通过损益殷礼而形成了周礼，继承周朝的，也会通过损益而形成百世之后的礼。正是坚持这种运动、发展、辩证的观念，他认为可以预测礼的发展。因此，尽管孔子推崇周礼，但他绝没有把周礼看作亘古不变的永恒模式，相反，他认为每个时代都必须依据社会发展的要求进行必要的损益或扬弃。无疑，孔子对待礼的态度是科学的、值得肯定的。

孔子非常推崇周礼，甚至强调"吾从周"（《八佾》），但他并没有固守周礼，而是对周礼有所损益和突破。这样的例子有很多，例如，他说："麻冕，礼也；今也纯，俭，吾从众。"（《子罕》）即虽然"麻冕"合于旧礼制，但今天用丝料比较节俭，因而同意大家的做法。又如，按照旧礼制，"礼不下庶人，刑不上大夫"（《礼记·曲礼》），如前文所述，孔子却清楚地洞悉到如果统治者用政令来压制百姓，用酷刑来惩罚他们，他们只图能苟且求生，不触犯法律免于受刑，但不懂得礼义廉耻。因此孔子提倡用道德来引导百姓，依礼制来教化民众，让百姓既有羞耻之心又有归顺之心。这样孔子就把礼义教化下放到庶人当中。再如，虽然孔子推崇的礼与宗法制有着密切的联系，但他认为完全建立在宗法制度上的礼并非完美无缺，例如，宗法制度下选人用人往往存在任人唯亲的弊病。在消除任人唯亲弊病方面，晋国做出了表率，为孔子所欣赏。晋国是比较早地实行郡县制的国家，晋国灭原国之后就开始任用相当于县大夫的官吏。公元前514年魏献子执政后，进一步推广郡县制，派遣了许多县大夫。在这些官吏中，既有具有血缘关系的亲族子弟，也有其他才德兼具的"贤者"。《左传》记载："仲尼闻魏子之举也，以为义，曰：'近不失亲，远不失举，可谓义矣。'"（《昭公二十八年》）即在孔子看来，只有既不失亲又不失贤，才是仁义之举。孔子的这种主张，说明他对宗法制下的周礼任人唯亲的做法是有所修改和补充的。最后，值得指出的是，孔子设立私学，广招门徒，并入太庙观习周礼，抨击时弊，对周礼本身就是一种突破，因为按照旧时周礼的规定这些行为都是违逆礼制的。总之，孔子并没有固守周礼，而是用理性的态度来看待周礼，在礼的发展上主张有所扬弃。

当前，以习近平为总书记的新一届党中央正带领全党全国各族人民，为全面推进中国特色社会主义伟大事业，实现中华民族伟大复兴中国梦而奋斗。实现中国梦必须有效整合社会意识，加强培育和弘扬社会主义核心价值观，必须继承和发挥中国优秀传统文化和传统美德。习近平总书记强调："中华传统美德是中华文化精髓，蕴含着丰富的思想资源。不忘本来才能开辟未来，善于继承才能更好创新。对历史文化特别是先人传承下来的价值理念和道德规范，要坚持古为今用、推陈出新，有鉴别地加以对待，有扬弃地予以继承，努力用中华民族创造的一切精神财富来以文化人、以文育人。"[①] 孔子的礼学思想是中华优秀传统文化中的宝贵精神遗产，具有丰富的内涵，值得我们深入挖掘和阐释，我们只有"有鉴别地加以对待，有扬弃地予以继承"，才能弘扬其精神价值，以科学地培育和弘扬社会主义核心价值观，推动中华民族伟大复兴中国梦的实现。

A Study of Confucius' Ritual

LI Yiying

(School of Public Administration, Zhengzhou University, Zhengzhou, Henan, 450001)

Abstract: In Confucius' theoretical system, the theory of rite is of great importance. According to the requirements of times, Confucius created a unique ritual ideological system based on necessary sublation to predecessors' ideas on rites,

---

① 习近平：《培育和弘扬社会主义核心价值观》，《习近平谈治国理政》，外文出版社 2014 年版，第 164 页。

especially the rites of Zhou Dynasty, which has shown the far-reaching influence on the later generations. His ritual thoughts have abundant cultural connotations, which have been expounded from different aspects, such as the content of the ceremony, the spirit of the rite, the function of the etiquette and the development of courtesy and so forth. Nowadays, under the circumstances of cultivating and carrying forward the core socialist values, and promoting the great rejuvenation of the Chinese nation and the realization of the Chinese dream, only by deeply interpreting Confucius' ritual ideas can we carry Confucius' spiritual values forwards.

Key words: Confucius; Confucianism; content and spirit; function and development

论礼对中华文明的价值支撑

李晓龙

（中国人民大学 哲学院，北京 100872）

摘 要："礼"作为核心价值是中华文明的基因，根植于中国人灵魂深处，潜移默化地影响着中国人的思想行为方式，同时它也是传统文明价值与现代文明价值的"公约数"，是治疗市场经济下道德疾病的"良药"。培育社会主义核心价值观，实现中华民族伟大复兴中国梦，必须继承和创新中国传统礼义文化，发挥礼的价值支撑作用。

关键词：礼；传统文明；现代文明；市场经济；价值支撑

"礼"作为一种核心价值是中华文明的"基因"。在中国传统文化当中，"礼义"阐释的是以"仁"为核心的儒学思想，中国古代士人既"礼仁"又"礼法"，"以德治国"思想与"依法治国"思想共化于"礼"内。中华民族有着一脉相承的精神追求、精神特质和精神脉络，绵延数千年的"礼义"已经成为中国人文精神的核心，已经成为中华民族的基因，植根在中国人灵魂深处，潜移默化地影响着中国人的思想方式和行为方式。今天，我们建设现代的文明观，必须从中国传统文化中汲取丰富营养，否则就不会有生命力和影响力。在现代文明语境下，如何发掘"礼"的超时代价值，如何赋予"礼"新的时代内涵，完成"礼"的现代性语义转换，既是当今学界要重点关注、思考的问题，也是本文着力探究的问题。

作者简介：李晓龙（1989— ），男，河南商丘人，中国人民大学哲学院宗教学博士研究生，主要从事中国传统哲学与宗教学研究。

一、"礼":传统文明价值与现代文明价值的"公约数"

文明是人类物质世界与精神世界秩序化的产物,其永恒性的价值意蕴使传统文明与现代文明内在统一。文化的积极成果便是文明,文明同野蛮、愚昧和无知相对,标志着人类社会进步的程度和开化状态。《礼记·乐记》(本文以下引《礼记》,只注篇名)云:"是故情深而文明,气盛而化神,和顺积中而英华发外。"当人们的情感思想逐渐规范化、秩序化,文明便悄然而生。《尚书·舜典》云"濬哲文明,温恭永塞",其疏解将"文明"解释为"经天纬地曰文,照临四方曰明"。"濬哲"即智慧内化于人类的心灵,人类开始并不断以温良、恭让的思想方式与行为方式开展生产生活,一种礼化的秩序、规范的道德法则便以制度性的形式经天地、理人伦,贯穿于整个文明进程。南北朝刘勰在《文心雕龙》中说:"心生而言立,言立而文明。"随着人类思维的开启,思想通过文字和语言记录下来、传承下去,先人在生产生活中所总结的关于人伦关系的指导原则得以传播并发展,规范后人的言行。

"礼"让中华文明过早地摆脱宗教外壳,道德理性和人文精神使中华文明历久弥新。考古学家认为,人是能够使用工具的动物,人类的历史是从打制第一把石斧开始的。人类最初的文明产生于社会生产实践当中,在原始氏族部落时代,文明以"万物有灵观念"、"图腾崇拜"、"祖先崇拜"等宗教性形态出现。中华文明的最初形态同样带有宗教性,最早的礼法是从宗教禁忌、宗教祭仪等宗教行为方式中产生的。但中华文明不同于世界文明之处,在于其以极快的历史发展速度从"天命神学体系"这一文化母体中脱胎出来,随着"礼"的出现,过早地转化和消解了传统宗教的神学内容,改变了它的狂热和非理性成分,人文主义因素过早地成为了中华文明的主流。从这个意义上讲,与以宗教神性为主导的西方文明相比,以"礼"为核心的中华文明是早熟的。

"礼"的确立标志着中华文明的形成,"礼"所蕴含的伦理准则赋予中华文明的理性基调是永恒性的。"礼"的确立使人们自别于禽兽,逐渐形成文明的生活方式,《曲礼上》云:"夫唯禽兽无礼,故父子聚麀。是故圣人作,为礼以教人,使人以有礼,知自别于禽兽。"儒家认为,人最本质的特点是懂得礼,在社会物质生产实践过程中，人逐渐形成家庭、氏族伦理秩序，按照礼的要求来生活，远离"父子聚麀"的血缘婚姻，走向"同姓百世不婚"（《杂记下》）的时代，优生优育，不断进化。礼是人与禽兽在生活样态上相区别的主要标志，也是人"知自别于禽兽"、具有文化自觉的开始。中华文明以道德理性抑制人类原始野性，确立社会秩序，使中华民族摆脱蛮族状态。韩愈在《原道》一文中以礼说《春秋》："孔子之作《春秋》也，诸侯用夷礼则夷之，进于中国则中国之。"认为《春秋》大旨展示了当时礼与非礼、文明倒退与进步的交错互动的过程，中原诸国因"礼"而步入文明社会，摆脱野蛮落后状态。程子进一步阐发韩愈之说："礼一失则为夷狄，再失则为禽兽。"（《二程遗书》卷二上）以礼为标尺划分禽兽、蛮族、文明国家的原则，在文明冲突与融合的今天看来，依然有着重大的现实理论指导作用。经天纬地曰文，照耀四方曰明，礼正是发挥着经纬万邦、规范言谈举止的重大作用。从此意义上讲，礼正是中华文明的核心内容。周公制礼作乐，中国文化的底蕴得以确立。《左传·隐公十一年》载君子云："礼，经国家、定社稷、序民人、利后嗣者也。"孔疏："国家非礼不治，社稷得礼乃安，故礼所以经理国家、安定社稷。以礼教民则亲戚和睦，以礼守位则泽及子孙。""礼"内化于中华文明，并赋予中华文明以道德理性，中华民族的物质世界秩序与精神世界秩序的形成发展过程充满着理性自觉。礼是道德理性的具象化，故云："礼也者，理也。"（《仲尼燕居》）此理不是局部的、阶段性的道理，而是超越时空的真理，故又云："礼也者，理之不可易者也。"（《乐记》）

作为超时代核心价值的"礼"贯穿中华文明，以"礼"为轴心，中华传统文明是现代文明之根，而现代文明则是对传统文明的继承与发展。五千多年来，中华文明始终以道德理性为主导，以人文主义色彩为特质，以儒学"礼义"为内核，形成了"修身齐家治国平天下"的主流价值意识。中国人千百年来"修身齐家治国平天下"的人生逻辑和行为方式是中华文明在现实生活中的对象化产物。在中国，史书万卷，字里行间都是"家国"二字。无论社会变迁沧海桑田，不管乡野小农高官巨贾，人皆知"万物本乎天，人本乎祖"的规则，都遵循"敬天法祖重社稷"的古训。而无论是"修身齐家"还是"治国平天下"，不论是"敬天"还是"法祖"，"礼"皆是其价值支撑。礼是中国人立身的准则，知"礼"行"礼"

之人是践行道义、追求至善之人，也唯其如此方能获得社会角色，成为于家国有用之人。《左传》中记载着"礼"这种观念，如："礼，身之干也。"（《成公十三年》）"礼，人之干也。无礼，无以立。"（《昭公七年》）《礼记》言："修身践言，谓之善行。行修言道，礼之质也。"同样，礼是中国人经世治国的权衡、绳墨、尺寸，是衡量国情、世情的标准。"礼，国之干也。"（《僖公十一年》）"礼，政之舆也。"（《襄公二十一年》）"礼，王之大经也。"（《昭公十五年》）《礼运》云："礼者，君之大柄也。""礼，上下之纪、天地之经纬也，民之所以生也，是以先王尚之。"（《昭公二十五年》）荀子云："国无礼则不正。礼之所以正国也，譬之犹衡之于轻重也，犹绳墨之于曲直也，犹规矩之于方圆也，既错之而人莫之能诬也。"（《荀子·王霸》）在"礼"的价值支撑下，中国人形成家国合一的价值标准，怀着家国情怀设计了一整套规范性准则。在个人修养方面，中华文明要求每个人都要有"天下兴亡，匹夫有责"的责任感，要有"天行健，君子以自强不息"的奋斗意识，在道德层面要恪守"君子喻于义""君子坦荡荡""君子义以为质""言必信，行必果"的人生信条。在社会层面，中华文明构建了一套有利于社会和谐的基本准则，要求每个人"和而不同""与人为善""己所不欲，勿施于人""扶贫济困"，要求整个社会形成"出入相友，守望相助""老吾老以及人之老，幼吾幼以及人之幼"的良好风尚。在国家层面，中华文明要求国家当政者要以人为本、以德治国、以文化人，严守"大道之行也，天下为公"的铁律，恪守"民惟邦本"，践行"仁者爱人"。这些理念贯穿中华文明，今天，我们社会主义社会依然以家庭为基本单元，"家是最小国，国是千万家"，爱自己的祖国、爱自己的家庭是所有华人的共同情感。"礼"所涵盖的家国意识、家国情怀，是我们这个历久弥新的伟大国度的宝贵精神资源，是永不衰竭的价值理念，是中华传统文明与现代文明的"公约数"。未有我之先，"礼"已在焉；没有我之后，"礼"仍永存。多少沧桑付流水，常念"礼义"在心怀。如此，每个中国人短暂而有限的生命，便融入永恒与深沉的无限之中，汇集成永续发展永葆青春的动力。社会主义核心价值观是对"礼"最好的继承和发展，赋予了"礼"新的时代内涵。发扬和践行社会主义核心价值观方能使中华传统文明生生不息，兴旺发达。核心价值观就在我们的心中，就在家国之中。民族复兴中国梦，一定要有核心价值观的思想引领，一定要有"礼"的价值支撑！

二、"礼"：治疗市场经济下道德疾病的"良药"

无论东方还是西方，无论是发达国家还是发展中国家，都面临一个共同的问题——市场经济条件下的道德调节问题。现代化生活是把双刃剑，人们的物质生活水平提高了，可精神世界的观照却缺少了。快节奏、充满诱惑的现代社会使人心浮气躁，没有片刻安宁。社会上一部分人掉进了"拜金主义"的深渊，得了一种"迷心逐物"的现代病。人之所以安身立命靠的是对自身存在意义的终极关切，但现代化和市场经济不断放大人的外在物欲追求，刺激、放任个体对物质生活的过度享受，使人的内在性观照失落了，没有了金钱等外在性的异己物质条件，人仿佛不知自己何以为人。于是，"天下熙熙皆为利来，天下攘攘皆为利往"，"金钱至上"大行其道，"厚黑学""成功学"层出不穷。近利远亲、见利忘义、唯利是图、损人利己甚至"要钱不要命"的道德失范现象，在物质生活水平提高、人类进步的现代化浪潮中沉渣泛起。

市场经济推动社会生产力的发展，有巨大的进步意义。但是市场经济的道德调节有明显局限性：它本身是不分善恶的。正如叶小文先生指出："市场经济对道德是'二律背反'。一方面，资本追逐利润，个人追求物质利益，导致拜金主义——排斥道德；另一方面，社会整体追求公平、正义，市场规则要遵守，道德要自律——要求道德。这个病就难治了。"[①]于是，市场经济要逐利，就管不了道德法则，就管不了长远利益——"不义而富且贵，于我如浮云"变成了"不富贵而讲礼义，于我如浮云"。

中华民族伟大复兴的中国梦在文化荒漠中、在道德失范下是不可能实现的。我们的民族复兴亟盼文明的复兴，习近平总书记讲，中华民族创造了源远流长的中华文化，中华民族也一定能够创造出中华文化新的辉煌。"我们中国是文明古国，书香门第，再富也不能浮躁。沉静、从容、大气、平和，有其境界，是文化

---

① 叶小文：《民族复兴中国梦的文化根基与价值支撑——"核心价值观百场讲坛"首场报告》，《光明日报》2014年7月3日。

大国的气质。"①"周虽旧邦,其命维新。富起来更要'厚德载物'。民族复兴中国梦要有价值支撑。"②厚德可以载物,而何物可以载德呢?答案就是"礼"。在中华文明中一以贯之的"礼"承载着一个民族、一个国家的精神追求,体现着一个社会评判是非曲直的价值标准,面对现代化和市场经济带给现代文明的道德失范、信仰缺失,现代文明急切要求以"礼"成"义"、以"礼"制"利"、以"礼"促"和"。

现代文明要求以"礼"成"义"。礼又与"义"通,故云:"礼也者,义之实也。"(《礼运》)"义者,宜也。"(《中庸》)义与理贯穿万物,故凡有义与理之处即有礼在,礼可以统理万物:"礼也者,合于天时,设于地财,顺于鬼神,合于人心,理万物者也。"(《礼器》)礼与忠信、义理相通,在许多场合是互为表里的关系:"忠信,礼之本也;义理,礼之文也。无本不立,无文不行。"(《礼器》)荀子云:"道也者何也?曰:'礼义辞让忠信是也。'"(《荀子·强国》)这里的"义"指的是"正义""道义""忠义",是一个国家、一个社会形成的整体性的充满正气的精神面貌和时代气质。国无礼不兴,人无礼不立。市场经济没有道德约束,也不能健康发展。中国特色社会主义之所以能够加速推进,不断夺取新的胜利,其根本原因之一,就是能以"厚德"载市场经济、以"礼"规制市场经济。在中华文明中,再先进的思想和理念,离开了"礼"做载体都难以变成现实。《曲礼上》说:"道德仁义,非礼不成。教训正俗,非礼不备。分争辨讼,非礼不决。"要让"礼"渗透到社会生产生活的方方面面,通过"礼"的规制使政治、经济、法律、教育、社会、文化等各领域充满正能量,充满活力与朝气。道德仁义是最好的思想,只有以"礼"载之,才能成就。转变"见利忘义"的社会风气为"见义勇为"的时代风尚,只有以"礼"运作,才能齐备。听讼办狱、区别名分,只有以"礼"规之,才能促进法制建设、司法公正。在中华文明中,礼是道德、仁义的同义词,在国家层面以"礼"成"义",就是在强调市场经济下的"以德治国"。党的十八大

---

①叶小文:《民族复兴中国梦的文化根基与价值支撑——"核心价值观百场讲坛"首场报告》,《光明日报》2014年7月3日。

②叶小文:《民族复兴中国梦的文化根基与价值支撑——"核心价值观百场讲坛"首场报告》,《光明日报》2014年7月3日。

报告要求深入开展道德领域突出问题专项教育和治理，加强政务诚信、商务诚信、社会诚信和司法公信建设，要让"骗子过街人人喊打，信用不良寸步难行"。同时，以"礼"成"义"就是要倡导爱国、守法、敬业、诚信，要构建传承中华传统美德、符合社会主义精神文明要求、适应社会主义市场经济的道德和行为规范；就是要提倡修身律己、尊老爱幼、勤勉做事、平实做人，推动形成"出入相友，守望相助"的社会氛围。

现代文明要求以"礼"制"利"。叶小文先生曾生动地谈道："致富是大家的期盼，穷病穷病，都是穷出来的病，但是富怎么也富出来病了呢？改革开放极大地根治了穷病，但不能'富得只丢掉了魂，穷得只剩下钱'哪！不能搞得大家都心浮气躁不思进取，心烦意乱不知所从，心高气盛欲壑难填哪！"①《曲礼上》云："富贵而知好礼，则不骄不淫；贫贱而知好礼，则志不慑。"中华文明自古以来讲"富贵不能淫""穷且益坚，不坠青云之志"，就是要求人们无论贫穷还是富裕都不能在道德上滑坡、在信仰上缺失，无论多强大的金钱、美色等诱惑，都不能失落了人对内在至善价值的追求和对于人生终极意义的观照，否则，人就会被异化，就丢了人之为人的社会本质。孔子说："克己复礼为仁。一日克己复礼，天下归仁焉。为仁由己，而由人乎哉？"（《论语·颜渊》，本文以下引《论语》，只注篇名）"礼"之质即为"仁"，"仁"之本即为道德良心，人的内心中时刻都要有一杆评判是非曲直的"礼"的秤在，不能只顾自己利益而不顾他人利益、社会利益，不能只讲"私"而忘公，不能只一心渴望他人对自己付出而自己只享受不贡献。近利远亲、见利忘义、唯利是图、损人利己甚至"要钱不要命"的做法是一个人对自身对社会不负责任的做法，是应受到整个社会谴责与鄙夷的。正所谓"非礼勿视，非礼勿听，非礼勿言，非礼勿动"（《颜渊》），人在物质利益面前不能丧失诚信与良心，君子爱财取之有道，不义之财分文莫取。

现代文明要求以"礼"促"和"。在国家层面，中国自古以来为"礼仪之邦"，以衣冠文物标榜国家文明的中华民族在人类历史上为促进世界和谐、文明交融做

---

① 叶小文：《民族复兴中国梦的文化根基与价值支撑——"核心价值观百场讲坛"首场报告》，《光明日报》2014年7月3日。

出过重大贡献。当今,作为负责任的大国,和平崛起的中国正赋予"礼乐文明"新的时代内涵,为世界和谐贡献新的力量。习近平同志在定位我国国家形象时,就对我国"礼乐文明"新的时代内涵做了全面而丰富的概括:中国是一个"历史底蕴深厚、各民族多元一体、文化多样和谐的文明大国",是一个"政治清明、经济发展、文化繁荣、社会稳定、人民团结、山河秀美的东方大国",是一个"坚持和平发展、促进共同发展、维护国际公平正义、为人类做出贡献的负责任大国",是一个"对外更加开放、更加具有亲和力、充满希望、充满活力的社会主义大国"[1]。在社会层面,孔子在《学而》篇中将和谐思想与"礼"相联系,认为"礼之用,和为贵";孟子认为"天时不如地利,地利不如人和",并阐明和谐的社会状态应该是"老吾老以及人之老,幼吾幼以及人之幼";康有为在《大同书》中提出"人人相亲,人人平等,天下为公"的理想社会方案。当今,影响社会和谐的问题还有很多,既有物质方面的也有精神方面的,"礼之用,和为贵"的价值理念要求我们"要把保障和改善民生放在更加突出的位置,加强和创新社会管理,正确处理改革发展稳定关系,团结一切可以团结的力量,最大限度增加和谐因素,增强社会创造活力,确保人民安居乐业、社会安定有序、国家长治久安"[2]。在个人层面,当前,随着市场经济及西方观念的影响,中国传统价值观念受到强烈冲击,社会心理问题多发,整个社会呈现出一种"焦虑""空虚"的氛围。尤其是长期以来存在的贫富差距问题,更是在社会心理上造成了一种普遍的"不平衡心态",给很多人带来了"剥夺感",造成了极少部分人的极端心理和长期狂躁易怒情绪,进而引发了各类刑事犯罪问题和自杀问题。而孔子的"约之以礼"(《雍也》),孟子的"仁之实,事亲是也;义之实,从兄是也……礼之实,节文斯二者是也"(《孟子·离娄上》),正是表述了礼对人的感情的约束功能,表述了礼对人实现自我身心和谐的调节作用。"约之以礼"的理念要求我们"加强和改进思想政治工作,注重人文关怀和心理疏导,培育自尊自信、理性和平、积极向上的社会心态"[3],努力将每个人塑造为理性积极、文质彬彬的"君子"。

---

[1] 习近平:《习近平谈治国理政》,外文出版社2014年版,第162页。
[2] 《中国共产党第十八次全国代表大会文件汇编》,人民出版社2012年版,第14页。
[3] 《中国共产党第十八次全国代表大会文件汇编》,人民出版社2012年版,第30页。

如何让"礼"在现代文明当中生发新的价值与素材？解决好这个问题，对于当今弘扬和践行社会主义核心价值观具有重大的理论意义。当下，我们中国特色社会主义核心价值观的思想文化底蕴有两个根据：一是中华民族厚德载物、自强不息的核心精神；二是中国文化多元融合、海纳百川的内在本质。张岱年等学者曾将中华民族文化的核心思想和理念概括为"仁爱孝悌""谦和好礼""诚信知报""精忠报国""克己奉公""修己慎独""见利思义""勤俭廉正""笃实宽厚""勇毅力行"[①]。像这样的思想和理念，不论过去还是现在，都有其鲜明的民族特色和其永不褪色的时代价值。张先生所提出的十个关键词正是以"礼"为实质而展开的中国传统文化的核心价值，此文化形态不只是少数人所掌握的精英文化、贵族文化，还是涵括大众文化、各族文化、基层文化的历史性整体。在文化建设意义上，我们的核心价值观必须在中华文明的历史性土壤中确立，我们的文明基因根植于"礼"。我们生而为中国人，最根本的是我们有中国人的独特精神世界，我们提倡的社会主义核心价值观，就充分体现了对中华优秀传统文明的传承和升华。

On the Value of Rite for Chinese Civilization

LI Xiaolong

(School of Philosophy, Renmin University of China, Beijing, China 100872)

Abstract: As a core value, the "rite" of Confucian is the gene of Chinese civilization. It is rooted in the soul of the Chinese people, which has influenced Chinese people's thinking and behavior. Meanwhile, it is the "common divisor" of both traditional civilization values and modern civilization values, and the "effective drug" that cures "moral disease" from market economy. To foster core socialist values and realize the Chinese dream of the great rejuvenation of the Chinese nation,

---

① 张岱年、方克立主编：《中国文化概论》，北京师范大学出版社2004年版，第212～219页。

we should inherit and innovate the traditional Chinese "rite", and make use of the value of rite.

Key words: "Rite" of Confucianism; traditional civilization; modern civilization; market economy; value support

儒家礼制的生态学意蕴

冷天吉　李震南

（河南师范大学　政治与公共管理学院，河南　新乡　453000）

摘　要：传统儒家礼义文化具有道德规范和法律制度的双重功用，其中在规范和协调人与自然之间关系方面存在着许多禁忌。这些禁忌体现了先民敬畏自然、感恩自然、保护自然、谐和自然的价值理念，蕴含着深刻的生态学意蕴。解决当代环境问题，既不能单纯依靠科技进步，也不能单纯依靠法律建设，还必须大力提高人们的道德自觉，以高度的道德信仰科学地确立人与自然之间的关系。在此，儒家礼制所蕴含的生态学意蕴，具有重要的启示意义。

关键词：儒家；礼制；生态学意蕴；当代价值

中国传统儒家礼文化中存在着各种各样的禁忌，其中有许多是规范和协调人与自然界或者自然物之间关系的禁忌，体现了先民敬畏自然、感恩自然、保护自然、谐和自然的价值理念。儒家礼文化的经典文本中，建构了许多涉及天地山川动植物的礼仪制度，虽然这些礼制充满了神秘性，但蕴含着深刻的"生态学"意蕴。

一

在儒家思想占统治地位的中国传统社会中，儒家之礼具有道德和法律的双重功用。《礼记·曲礼上》（本文以下引《礼记》，只注篇名）："入竟而问禁，入国而问俗，入门而问讳。"在此，"竟"同"境"。"禁""俗""讳"都是

作者简介：冷天吉（1964—　），男，河南新乡人，河南师范大学政治与公共管理学院教授，哲学博士，主要从事科技哲学研究。李震南（1986—），男，河南师范大学新联学院讲师，硕士，主要从事科技哲学研究。

新地方或其他邦国、家庭的礼的禁忌、风俗和避讳，它表明人只有在遵从和顾及了其他邦国或家庭的风俗、禁忌和避讳，在做或不做的情况下才被认为是有礼的人。

人为什么要尊礼、行礼？其内在的根据是什么？这是对礼存在的合法性的追问。儒家认为，自然的和谐就是礼的源泉。换句话说，礼的根据不在人类自身，而在于天地之中，天地万物和谐有序、生生不息就是礼的根源。作为儒家礼制文化的经典文本，《礼记》主要阐述了这一问题。《乐记》篇构造了一个自然万物和谐的系统："天地䜣合，阴阳相得，煦妪覆育万物，然后草木茂，区萌达，羽翼奋，角觡生，蛰虫昭苏，羽者妪伏，毛者孕鬻，胎生者不殰，而卵生者不殈，则乐之道归焉耳。"即天地交感，阴阳和谐，万物生长其中，草木繁茂，动物无论是角生还是羽生、无论是胎生还是卵生都不殰不殈，生生不息，故而宇宙之内，天地之间，万事万物构成了一个和谐的系统，一切动植物在这个系统之中演奏着生生不息的交响乐。

宇宙万物所以融洽共存、生生不息，在于其各自遵循内在的条理，而人作为万物之一物，也有其在天地之间生存的内在条理，即礼。从根本上说，万物生长和人生存的内在条理或礼，皆根源于天地。《礼运》篇云："是故夫礼必本于大一，分而为天地，转而为阴阳，变而为四时，列而为鬼神，其降曰命，其官于天也。其礼必本于天，列而之事，变而从时，协于分艺。"即礼是天道的体现，随着天道的分化而具体展开为天地的交感、阴阳的和谐、四时的有序、鬼神的吉凶等。《礼器》篇亦云："礼也者，合于天时，设于地财，顺于鬼神，合于人心，理万物者也。"天地自然、阴阳四时、山川草木、鸟羽禽兽各有其序，人类不仅生活在这有序的空间中，并且也依赖这些有序的万物生存，因此人类必须遵守天地自然生生不息的序理，并把这种天地自然之理落实到自身理念和行为上："是故夫礼必本于天，殽于地，列于鬼神，达于丧、祭、射、御、冠、昏、朝、聘。故圣人以礼示之，故天下国家可得而正也。"（《礼运》）

既然儒家之礼的存在根据来自天，那么，儒家之礼调节的就不仅仅是人与人之间的社会关系，它还内在地调节着人与天、人与地、人与万物的关系。因此，在现存的各种礼仪谱系中，儒家礼天敬地、祭山祀水等成为其礼仪活动的一个重要特征。《郊特牲》篇："地载万物，天垂象，取材于地，取法于天，是以尊天而亲地也。"

儒家所以强调对天地的祭祀之礼，与中国的农耕文明有关。农耕文明下的中国先民在具体的生产生活实践中，很早就认识到了人与天（自然）的内在关联，认识到了人的生命、生活、生产、生存、命运与天的先在性的关系，"故天降膏露，地出醴泉，山出器车，河出马图，凤皇麒麟皆在郊棷，龟龙在宫沼，其余鸟兽之卵胎，皆可俯而窥也"（《礼运》）。在古人看来，农耕文明时代人类的一切都是天地恩赐的结果，天地不仅孕育了人，也孕育了草木鸟兽等自然万物，正是天地自然万物为人的生命、生存提供了可能，因此人不仅要遵从天地自然秩序，更要学会感恩天地自然，感恩为人类直接提供生命的祖先父母，感恩为人类直接提供食物的山川、鸟兽、草木。"故先王秉蓍龟，列祭祀，瘗缯，宣祝嘏辞说，设制度。故国有礼，官有御，事有职，礼有序。故先王患礼之不达于下也，故祭帝于郊，所以定天位也；祀社于国，所以列地利也；祖庙，所以本仁也；山川，所以傧鬼神也；五祀，所以本事也。……故礼行于郊，而百神受职焉；礼行于社，而百货可极焉；礼行于祖庙，而孝慈服焉；礼行于五祀，而正法则焉。故自郊、社、祖庙、山川、五祀，义之修而礼之藏也。"（《礼运》）

二

礼是什么？在现代语境中，礼实质上规定了人类思想与行为上的"应该"与"不应该"。"应该""不应该"体现在具体的语境中则有程度的不同：作为规劝语，它是道德；作为限定语，它是禁忌；作为强制语，它是法律。在儒家各种对天地万物的祭祀礼仪中，人们对自身的行为规定了什么是"应该"的，什么是"不应该"的。

儒家之礼莫重于对天地的祭祀。那么，儒家的"天""地"到底具有怎样的意义呢？从"天""地"本义讲，就是自然意义的天、地。但由于远古社会人类生存能力的低下，人类对置身其中的自然界既不能完全认识，也不能有效控制，于是人们便把自然之天地神秘化、人格化，形成了神格化了的"天""地"。同时，儒家又认为，人的德性和德行来自"天""地"的德性和德行，人间的公平正义来自上天的公平正义，儒家的"天""地"又具有了道德或法律上的意义。因此，儒家的天地具有三种意义：自然之天地，神格之天地，道德法律之天地。

基于儒家对天地的理解，儒家的天地祭祀之礼实质上就内在地含有了人类在天地自然、天地之神、天地之德面前行为上的限制，而这三者都体现了人类对天地的敬畏之情。天地不仅为人提供了生命需要的物质，也为人提供了生存的有序空间，因而天地是可敬的。同时，对可敬的天地人们并不能主宰、控制，相反，人们总是被天地那种神秘的力量所控制，因而天地又是可畏的。可敬的事物，人们必须待之以礼，才会为人带来吉祥；可畏的事物，人们也必须待之以礼，才会使人避免灾祸，因而人们在天地面前要有所禁忌。天地祭祀之礼就蕴含着这样的禁忌："夫礼，先王以承天道，以治人之情，故失之者死，得之者生。"（《礼运》）

当然，在早期儒家那里，天地是一个整体的概念，并没有我们现在厘清的三种分别。但是，正是在这混沌整体的概念中，我们看到了儒家天地祭祀之礼的实质，即人类对天地自然力的敬畏和崇拜。天地内在地孕育着生万物、养万物、生生不息的神奇力量，当这种神奇力量后来被人认识时，它就是自然的内在规律以及所呈现于人类面前的自然力。儒家对天地的敬畏实质上是对天地自然力量的敬畏，儒家之礼中的祭天祀地之礼实质上是对天地自然力的膜拜。因此，儒家祭天祀地之礼中对人所设置的种种限制实质上是一种对天地自然的禁忌。

三

在儒家那里，礼仪不仅仅是简单规定人行为的道德准则，而且是一种社会建制，即礼仪是社会政治制度的核心内容。国家的政治、军事、农业生产等活动都与祭天祀地敬祖先的礼仪活动分不开。国家不仅设置了礼仪机构，而且还设置不同等级的礼制官员，实行科层制管理。

儒家早期经典《周礼》以儒家理念为指导，汇总或建构了一套完整的西汉以前的官制体系。行天地自然万物之礼、顺天地自然万物之时被作为一种具体的政制、礼制确定下来。在这个体系里，有许多不同等级的官员职掌有关山川草木鸟兽等自然事物，他们的职能就是引导人们如何顺应天地自然万物之时，禁止人们做违背天时地宜的事情。如六官之一的地官职掌教典，其职责就是对国土上动物、植物资源有详细的了解和安排:"大司徒之职……以天下土地之图,周知九州之地域广轮之数,辨其山林、川泽、丘陵、坟衍原隰之名物。"他的下属职掌着国土自然资源某个具体方面的事务,如山虞"掌山林之政令。物为之厉而为之守禁",林衡"掌巡林麓之禁令而平其守,以时计林麓而赏罚。若斩木材,则受法于山虞,而掌其政令",川衡"掌巡川泽之禁令而平其守。以时舍其守,犯禁者,执而诛罚之。祭祀、宾客,共川奠",泽虞"掌国泽之政令,为之厉禁。使其地之人守其财物,以时入之于王府,颁其余于万民。凡祭祀、宾客,共泽物之奠",迹人"掌邦田之地政,为之厉禁而守之。凡田猎者受令焉,禁麛卵者,与其毒矢射者"(《周礼·地官司徒》)。这些官员无论等级高低,其共同的职责是按照自然物的时令变化,通过祭祀等礼仪,告知人们什么是应该做的,什么是被严格禁止的,以赏罚的手段调节人对自然资源的利用。儒家以国家政制的形式对自然资源进行的管理,本身蕴含着法制意义,但当加入了祭祀等内容后,其顺自然时变的活动则进而具有了礼仪的特征。

《月令》篇以四季十二个月为时间线索,以日月星象的变化为空间架构,具体描述了生存于时空之维中草木鸟兽的体征,提醒包括天子大臣在内的所有人在每时每处应该做什么、不应该做什么。如在孟春之月,日在营室,此时的主宰之帝是大皞,神明是句芒,自然征候是东风解冻,蛰虫始振,鱼上冰,獭祭鱼,鸿雁来,天子应居住明堂东面,立春时节到东郊举行迎春之礼;还要在第一个辛日祭祀上天,并亲率诸臣演示耒耜劝农耕作。此月最应注意的事情是"禁止伐木,毋覆巢,毋杀孩虫、胎夭飞鸟,毋麛毋卵,毋聚大众,毋置城郭,掩骼埋胔。……毋变天之道,毋绝地之理,毋乱人之纪"。《月令》篇在宏大的时空之维中结合自然的变化,给人们的生活生产做了详细的规约,这种规约既有来自自然的要求,也有来自神灵的感召。在双重力量之下,人类之情既有对神灵自然的敬重,又有对神灵自然的畏惧;人类行为既有对神灵的祭祀,又有生活生产的作为。

《月令》篇实质上描绘了农耕文明下的先民生活生产禁忌图,剥去对天帝地祇敬畏的外衣,彰显出的则是人们对天地自然存在的敬畏,是一幅地地道道的农耕生活生产禁忌图。

四

儒家祭天祀地的活动特别强调"时"。而这种重"时"的理念正是来自先民对"天时""地宜"的遵循、感恩和敬畏的认识。"礼也者，合于天时，设于地财，顺于鬼神，合于人心，理万物者也。是故天时有生也，地理有宜也，人官有能也，物曲有利也。"（《礼器》）农耕文明下的先民通过仰观俯察很早就认识到了天地自然与人的生活生产的内在关联，认识到与人类生存紧密相关的采集、狩猎、播种、收获都要受到天地运行的时节性控制。自然力量对人的控制主要体现于时节对人的控制上。遵从天地时节就是遵从天地之意，违背天地时节就是冒犯天地之灵。"顺时"与"时禁"不仅成为祭天祀地之礼中的重要内容，也成为人类生产活动中的一个重要准则。

在儒家祭天祀地的礼仪中，"时"成为一个中心话语。其他所有的祭祀之礼都要按时而祭，不能违时而行，否则就会遭受天谴。"礼，时为大，顺次之，体次之，宜次之，称次之。尧授舜，舜授禹，汤放桀，武王伐纣，时也。……天地之祭，宗庙之事，父子之道，君臣之义，伦（顺）也；社稷山川之事，鬼神之祭，体也；丧祭之用，宾客之交，义也。羔豚而祭，百官皆足，大牢而祭，不必有余，此之谓称也。"（《礼器》）礼具有"时、顺、体、宜、称"的特征，诸特征中，"时"是首要的。

儒家强调"礼，时为大"，不仅仅强调礼的时间意义，它实质上强调的是礼的变动性，即不同时节、不同地点要施行不同的礼祭天祀地。而礼的时节性、变动性也不是人主观随意制定的，而是由客观物事的外在条件和内在规律所决定的，即礼的时节规定性出自客观存在的"天时""地宜"，而"天时""地宜"指天地自身所蕴含的变动规律。在历史上，"尧授舜，舜授禹，汤放桀，武王伐纣"事件体现了时间上的先后顺序，但说这是"时也"的时候，实指这种社会变迁背后蕴含着社会发展规律和社会发展条件。因而，儒家所强调的礼之"时"不仅指决定礼具体变迁的自然存在和社会存在，更主要的是指背后决定礼之为礼的天地自然规律和社会规律。

面对礼之"时"背后的自然存在和社会存在、自然规律和社会规律，人们只能"顺"，而不能"违"。顺的意义并不是让人们简单地追逐时间之流，而是要求人们要根据具体的存在、变动而行礼。"故礼之不同也，不丰也，不杀也，所以持情而合危也，故圣王所以顺，山者不使居川，不使渚者居中原，而弗敝也，用水、火、金、木、饮食必时。"（《礼运》）山者居山、渚者居川就是顺，而山者居川、渚者居中原则是违背了"天时"和"地宜"，同时也就违背了"礼"。

五

儒家之礼虽然注重社会人伦之礼，但礼的根据则在天地之中。祭天祀地祠祖先成为儒家礼文化中的首要之礼。在祭天祀地的礼仪中，儒家面对天地自然的神奇力量，为人类的行为设置了种种限制，形成了儒家礼文化中特有的自然禁忌。而这种自然禁忌在当前社会具有重要的生态伦理学的意义。

谈儒家自然禁忌具有生态伦理学意义，主要指其中所蕴含的生态伦理理念，并不意味着儒家的自然禁忌就是生态伦理学思想。早期儒家生活的先秦时代，自然环境不像现代这样糟糕，儒家自然禁忌中的生态理念不是在面对糟糕的自然环境下形成的，而是在朴素的天人合一的整体自然观下形成的。在儒家看来，人既是天地的产物，也是天地间的存在物。与其他动植物相比较，人不过是天地间最灵秀的动物罢了，"故人者，其天地之德，阴阳之交，鬼神之会，五行之秀气也"（《礼运》）。人的这种秀气主要表现为人拥有德行和人的知性。德行使人有责任感，人既然凝聚了宇宙之秀气，就应该对这个宇宙世界有所担当，"为天地立心"不仅仅指成为天地的主宰者，重要的是担负起使这个世界生生不息的责任。人的知性使人能够意识到这种责任，即具有责任的自觉。人不仅要意识到自我的存在，也要意识到我与他、我与物的共在是自己存在的条件。人只能意识到自己在宇宙中的责任，意识到我与他、我与物的共在是自己存在的条件，才会对为自己提供生存环境的天地、提供生存物质的自然、提供生命体的祖先父母，产生感恩之心、敬畏之情、仁爱之意。儒家之礼所表达的正是人类这种感恩心、敬畏情、仁爱意。因此，儒家之礼是建立在天人一体、人物共在基础上的，礼为人所设置的自然限制即自然禁忌也是建立在天人一体、人物共在理念之上的，而这种理念正是生态伦理学的首要理念。

儒家之礼表征的不仅是人与人之间的关系，也表征了人与天地、人与万物之间的关系。对天地及天地之间的山川、草木、禽兽按时祭祀的行为，凸显的是儒家对人以外自然万物的生命关怀和道德关怀。当人按时节行祭天祀地之礼时，天地在人们心目中是具有人格的生命体；正像人在自己祖先灵位前、在自己的父母前行礼一样，天地是人类万物的祖先，是人类赖以生存的衣食父母。人在祖先、父母面前的敬肃和节制，也适宜于人对天地的态度和行为。另一方面，当儒家要求按动植物的生物节律采集、狩猎的时候，动植物在儒家的心目中绝对不是一个无生命的物体，而是一个与人一样具有情感的生命体。对生命体要给予生命的尊重，要给予道德上的关怀，不仅是儒家推己及人、推人及物的仁爱情怀，也是现代生态伦理学孜孜以求的理念。

自然的神魅是自然禁忌的前提，正因为自然神魅的存在，人类的情感才有所敬，人类的行为才有所畏，人类在自然面前的禁和忌得以产生。儒家礼文化要求对天地及山川、草木、禽兽行祭祀之礼，源于人对天地、山川、草木、禽兽的敬畏之情。而敬畏之情的产生则源于自然的神魅。自然的神魅源于自然生万物、养万物的神奇力量。当人类既惊叹于自然神奇的力量，又不知此神奇力量如何形成和发作的时候，自然的神魅就产生了。自然的神魅的意义在于，它使人类在自然面前知道感恩、肃然起敬和节制行为，使人类对自然的贪欲有所收敛。返自然之神魅成为当代生态伦理的一个主要理念诉求。

近代以来，由于人类主体意识的觉醒、知性力量的发现，以及资本社会对利润的无限贪求，人们借助科学技术的手段撕去了蒙在自然之上的神秘面纱，开始了对自然的疯狂掠夺，造成了人类生存环境的极大破坏。面对千疮百孔的自然，人类靠什么来拯救它？对于此问题，人们纷纷寻找解决的途径。一部分人认为，既然环境破坏与科学技术有关，解铃还须系铃人，环境问题还须科学技术来解决。但是事实证明，作为双刃剑的科学技术从来就不是完美的。况且科学技术正负价值的发挥最终依赖于人。另一部分人认为，解决环境问题要靠人的道德自觉，只要人有了保护自然的道德自觉意识，环境问题也就解决了。但是现实中一个个"公地悲剧"的涌现，打破了这种迷梦。最后，人们开始寻找法律的途径，认为只要加强环境保护法的建设，就会从根本上解决这个问题。但是，地方保护主义的流行为这种途径亮起了黄灯。环境上的地方保护主义不仅存在于乡与乡、县与县、地区与地区、民族与民族之间，甚至还存在于国与国之间。到目前为止，人类在保护自然的许多方面还没有达成一致。

事实上，越来越多的人认识到，解决当代环境问题是一个系统工程，在这个工程中，科学技术是手段，道德是范导，法律是外部强制力。然而，这种认识还存在着问题，因为其中缺少了信念。信念是建立在信仰追求基础上的。有了信仰，才会产生理念。人类在自然面前缺少了信仰，自然就成为低下庸俗的满足人类贪欲的东西，没有了任何神圣感。要培育人类对自然的信念，树立对自然的神圣信仰，传统文化、思想、宗教中所蕴含的自然禁忌无疑是既成的资源。特别是在中华社会文明中，传统儒家礼文化下的自然禁忌理念在现实中应该更有其价值。

The Ecological Implication of Confucian Ritual

LENG Tianji, LI Zhennan

(College of Political Science and Public Administration, Henan Normal University,

Xinxiang, Henan, 453000)

Abstract: Traditional Confucian ritual culture has the dual function of moral norm and legal system.Mmany taboos exist in regulating and coordinating the relationship between human and nature. These taboos reflect the value of our ancestors' respecting nature, appreciating nature, protecting nature and harmonizing nature, which holds profound ecological implication. Solving the contemporary environmental issues can merely rely on neither scientific and technological progress, nor the legal construction. It still needs to improve people's moral consciousness, and scientifically establish the relationship between man and nature with a high degree of moral belief. So, the ecological implication of Confucian ritual has an important enlightenment.

Key words: Confucianism; ritual; ecological implication; contemporary value

礼义研究

传统中道思想的传承与礼义精神的现代重构

魏 涛 周亚梦

（郑州大学 历史学院，河南 郑州 450001）

摘 要：中道思想是传统儒家开辟出来的具有鲜明中国特色的文化路径，它融宇宙论、道德论、方法论、修养论为一体，成为儒释道最终的汇归点，并在当代赢得普遍的世界认同。中道思想对中国社会的影响体现于对"中庸"的理解和践行，关键在于做到"执中""用中"，"以礼为治"和"以礼为教"都贯彻了中道思想。在中华民族伟大复兴之际，在培育和践行社会主义核心价值观和中国精神之时，非常有必要重建礼义精神，重树"礼仪之邦"的国家形象，以彰显"文明之邦"的风采，而且其关键在于能够把中道思想融入其中。

关键词：中道思想；中庸；礼义精神

礼、义本为儒家等学派的两个价值与道德范畴，其连用在先秦文献中已经比较多见。"礼义"连属，作为一个词组，所表示的含义就有"礼义廉耻""礼仪教化""隆礼贵义""以礼治国"等。"礼义"是治国安邦要提倡的核心价值观，是社会文明秩序的集中体现，是国民或公民在社会公共生活中应该履行的基本道德义务，是社会教化的重要内容。中国几千年来一向以"礼仪之邦"著称于世，受到世界各国的仰慕和尊敬。可是近代以来，国人特别是一些激进知识分子在"五四"时期，将国家落后的原因归咎于传统文化，对"礼教"给予猛烈批判，认为礼教一无是处，必欲尽除之而后快，礼义传统遭受重创。实际上这种批判是过于情绪化的。不重

作者简介：魏 涛（1978— ），男，陕西长安人，郑州大学历史学院副教授，哲学博士，硕士生导师，国际儒学联合会理事，主要从事张载关学与宋明理学研究。周亚梦（1990— ），女，河南登封人，郑州大学历史学院思想政治教育硕士研究生。

视礼义之教，使我们与"礼仪之邦"渐行渐远，国人的道德形象和国家形象在世人面前受损。在经历了百年曲折坎坷之后，在中华民族出现文化复兴曙光的新形势下，在实现中国梦的过程中，我们越来越深刻地体会到对国人进行礼义之教和重塑中国礼仪之邦的国家形象的重要性，为此，就必须重申礼义的价值，重建当代的礼义精神。而这里的关键，则在于要把握传统礼义的根本精神——中道。

一、传统思想的精粹在于中道

首先，中道思想是传统儒家为中国文化所开辟出来的一个鲜明的中国特色的文化路径。在清华简《保训》中，李学勤先生首先认定这是周文王临终时训诫太子的"遗言"，这位太子就是周武王姬发。人们惊奇地发现，周文王临终时谆谆嘱托的竟然就是一个"中"字。他要求了解民情、了解人生，深入社会、认识社会，从而准确把握矛盾，尽量处事以中。《逸周书·五权解》记载，武王临终时，同样希望儿子尽力做到"中"。于是，他对辅佐成王的周公说："先后小子，勤在维政之失。"要他勤勤恳恳，力求避免政治上出现偏失。武王还强调，希望儿子"克中无苗"。"苗"通"谬"，即谬误、偏失。意思是尽力做到适中无邪，以"保"成王在位。武王接着说："维中是以，以长小子于位，实维永宁。"既要"保"其在位，又要"长"其于位，使他在王位上尽快成长起来。怎么成长？就是要"维中是以"，"以"的意思是"用"，即维中是用。文王、武王以后，周人认真遵行了"中"的思想。西周时期，"中道"思想很受重视。周人重视"中道"，是因为他们以"中道"为"人道"。《逸周书·武顺解》有一个重要论述，反映了那时人们的观念："天道尚左，日月西移；地道尚右，水道东流；人道尚中，耳目役心。"显然，此后孔子儒家的"中道"哲学与《保训》里的"中"应该是一脉相承的。孔子"祖述尧舜，宪章文武"，对历史文化站在历史的高端上进行了系统的凝练和提升。用梁漱溟先生的话说，"孔子以前的中国文化差不多都集中在孔子的手里"[1]。孔子所继承的前人成果，其精髓恐怕应该就是"中道"思想。从尧舜时代到西周时期的文王、武王，这个"道统"传承直接影响了孔子的思想

---

[1] 梁漱溟：《东西文化及其哲学》，《梁漱溟全集》（第一卷），山东人民出版社1989年版，第472页。

学说，直到子思作《中庸》，将孔子儒家的中庸思想传承下来，发扬光大，凝聚了中华两千多年的思想成果。唐宋时期，思想家们说的"道统"便是"中道"的传承统绪。"二程"把儒家的中道观推及广大精微完备严密的极致之境，并对后世产生了巨大的影响。朱熹在《中庸章句》前言中说："子程子曰：'不偏之谓中。不易之谓庸，中者，天下之正道；庸者，天下之定理。' 此篇乃孔门传授心法，子思恐其久而差也，故笔之于书，以授孟子。其书始言一理，中散为万事，末复合为一理。放之则弥六合，卷之则退藏于密。其味无穷，皆实学也。善读者玩索而有得焉，则终身用之，有不能尽者矣。"（《四书章句集注》）可见，儒家学者对中道理论是何等重视。朱熹通过注释《中庸》等"四书"，在沿着周、程、张的中道观前进的同时，阐发了自己的中道观，使之更加严密完善。周程张朱之后的儒家学者，沿着他们的思维路径继续前进，使中道作为大本、达道至德，而日臻完整，深入人心。于中可见儒家的宇宙论与道德论、方法论、修养论的统一性、相融性[①]。通过中西哲学的比较显现，孔子把中庸、亚里士多德把中道都视为一种至高的美德。孔子对中庸思想极为推崇，他在《论语·雍也》（本文以下引《论语》，只注篇名）中，认为中庸是至德，是道德的最高境界。孔子推崇中庸，要求君子的道德修养既不能"过"也不能"不及"，主张"君子矜而不争，群而不党""君子贞而不谅""君子惠而不费、劳而不怨、欲而不贪、泰而不骄、威而不猛"，就是说，做任何事都不能过度。亚里士多德在伦理观上把中道视为一种美德。他认为，美德就是既能使人成为善人，又能使人圆满地完成其功能的品性，这种品性也就是中道或恰到好处。在"中"的问题上，古希腊文化埋藏有相应的因子，但在后来的西方文化中并未占主流，也未产生重要的社会影响。而中国传统的中道思想却广泛影响了社会生活的方方面面，形成了一个在庞朴先生看来独具中国特色的"一分为三"的辩证法。

其次，中道思想是儒释道思想的最终汇归点。《尚书·大禹谟》中有"人心唯危，道心唯微，唯精唯一，允执厥中"的"执中"之论，此为后世儒家学者视为儒家道统的"十六字心传"，产生了巨大的影响。"中"为总括全文的极致，即"道心"

[①] 姜国柱：《儒家的中道观》，《南京政治学院学报》1998年第1期。

为大中至正的最高原则,"从容中道"的最佳功能。罗汝芳在《近溪语录》中解释道:"虞廷说'道心唯微夕,微前难见,所以要精,精则不杂,方才能一,一则无所不统'"(《明儒学案》卷三十二),故能"允执厥中"。这个解释是符合"中道"原意的。"中庸"作为道德论方法论,是孔子儒家思想的核心。在佛教中国化过程中,正是那些大德高僧尤其是早期的中观派,有效地实现了与中国本土以中道思想为核心的儒家思想的融合,才开创了中国历史上第一次外来文化中国化的成功范例,作为大乘佛学的两大基本潮流之一,其创立人为大乘佛教思想家龙树。龙树哲学的中心论题是"空"。空在原始佛教中就有流露的含义。但龙树赋予它中道的含义。所谓中道介于有与非有的断定之间。所说道理,不堕极端,脱离二边,即为中道。龙树的思想广泛,深远地影响了后世佛教理论的建构。道家思想的创立者老子在《道德经》中提出了很多耳熟能详的理念,如天网恢恢,疏而不失;千里之行,始于足下;上善若水,天长地久;无为而治;以柔克刚,柔弱胜刚强;天下万物生于有,有生于无;有无之相生;清静可以为天下正;无为而无不为;祸兮,福之所倚;福兮,祸之所伏;治大邦,若烹小鲜;图难于其易,为大于其细;不敢为天下先;哀兵必胜;善胜敌者,不与;知者不博,博者不知;知者不言,言者不知;等等。这些至今仍有现实的借鉴意义。道家思想的核心即在于"贵柔"和"无为",这里的贵柔和无为,不是绝对的柔和无所作为,而是倡导要把握万事万物的尺度,遵循事物自身的运行规律,把握好有与无之间的尺度,进而去发挥人的主体性。在这个意义上,它与儒家的中道思想无疑具有相通性。因此我们说,无论是儒家、佛家还是道家,实际上都是要强调在认识世界和改造世界的过程中要把握好分寸,掌握好火候,即都在自觉地践行着中道思想,避免极端化的思想倾向。这也成为宋明以来儒释道三家能够会通的重要原因。中国思想史发展到后期,可以讲既没有纯粹的儒家,也没有纯粹的佛家和道家,借由中道思想的路径,它们在自觉不自觉地走向合流与融通。

最后,中道思想为中华文化赢得了广泛的世界认同。在近代东西方文化的交汇交流中,曾经有人如林语堂向西方介绍"孔子的智慧"。1988年1月,"第一届诺贝尔奖获得者国际大会"在法国巴黎举行,75位参会者(包括52名科学家)经过四天讨论得出重要结论:"人类要在21世纪生存下去,必须回头2500年以前,去汲取孔子的智慧。"①提出这一结论的是瑞典物理学家汉内斯·阿尔文博士。不论阿尔文博士对孔子儒学了解多少,但孔子儒家的社会主张、政治理想是人所共知的。他们向往"天下为公,讲信修睦",希望人们"己所不欲,勿施于人",要求人们互相关爱,尽力做到"不独亲其亲,不独子其子",尽力做到"泛爱众"。孔子相信"道不远人",无论是政治主张还是伦理学说,孔子往往从浅近的道理出发。有人认为孔子只有一些老练的道德说教。其实,正如中国的《周易》不太容易读懂那样,真正读懂孔子也不是轻而易举的事情。有现代西方学者经过比较后认为,由于孔子学说的影响,伟大的中华民族事实上比世界上其他民族更和睦和平地共同生活了几千年,认为孔子的思想方法比较简单,尽管不会让人马上喜欢它,但实际上其中却蕴含着比人们第一眼所看到的更多的智慧。孔子的智慧来源于他对以往历史的总结。历史给了孔子一个制高点,在他的时代,似乎没有人比他更有仁德,也没有人比他更博学、更睿智。他与常人所不同的,就在于他立足更高,所见更远。他思考人性、思考人道,同时也思考天地之道,他整体、系统而动态地观察世界。从他敬仰的"先圣""先王"那里,他看到了"允执厥中",看到了"中道"。通过继承、凝练与提升,孔子达到了他认识世界的最高境界。不理解"中庸",就难以真正了解孔子。近些年中国文化在走向世界过程中所开创的一个又一个良好的局面,除与中国的综合国力日渐提升有很大关系外,中道思想价值的越来越被认同则成为其中一个重要的原因。

二、中道思想与传统礼义精神的践行

中道思想作为中华文化对人类文明的突出贡献,对中国社会所施发的影响往往通过"中""时中""中庸""中和"等概念在社会实践中的具体活动展示出来。这中间最关键的就是历朝历代人们对"中庸"的理解与践行。对于"中庸",历代学者都做出过很多解释。"中庸"十分神奇,也并不复杂,甚至可以说十分简单,因为"中庸"就是"执中",就是"用中"。无论从《易经》,还是借助新出土的地下文献(即郭店楚简《五行》),都证明"中庸"即"用中"。那么,怎么用

---

① 顾彝:《关于诺贝尔与孔夫子的一点说明》,《中国文化研究》2002 年第 2 期。

中呢？笔者以为，可以从"以礼为治"和"以礼为教"两个层面来做一个把握。

一方面，中道思想深刻地影响了传统社会以礼治国的实践，指导了"以礼制中"为主导的社会治理思想的形成与完善。宋代以前，孔子故里曲阜孔庙的大门名曰"中和门"，后更名为"大中门"，可以想象宋代人心目中孔子"中道"思想的极其重要地位。孔子的"中道"思想之所以受到重视，是因为它是一种行为方式，是指导人们的重要思维方式，具有重要的、普遍的指导意义。无论为人处世还是治理国家，"中道"的应用体现在"以礼制中"。西周时期用"中"来教养国中子弟，其实就是教育引导他们"守礼"。同样，人的行为符合"中道"，也就是明理修身，循道而行。《逸周书》说"人道尚中"，同时说"人道曰礼"。礼，自然就是事物的道理，《孔子家语》说："礼也者，理也。"《礼记·礼器》也说："礼也者，合于天时，设于地财，顺于鬼神，合于人心，理万物者也。"把握"人道"，就应该了解事物的本质，了解社会和人生的发展规律。不然，要做到中也只是空想。人们要守礼、要修身，就是需要把握好行为的尺度和原则。如儒家特别提倡敬、恭、勇，这些都是优良的品质，值得提倡，应当践行，但也不能简单化。孔子说："敬而不中礼，谓之野；恭而不中礼，谓之给；勇而不中礼，谓之逆。"敬，做过了头，就流于粗野；恭，做过了头，就流于奉承或者诏媚；勇，做过了头，就流于忤逆。所以，孔子说："夫礼，所以制中也。"以礼制中，就是以"礼"（即"理"）为行为准则，做事遵从客观规律。把握这一方法，就要"不过"，也不要"不及"；要不偏不倚，不保守，不冒进。例如"信"与"恭"，孔子弟子有子说："信近于义，言可复也。恭近于礼，远耻辱也。因不失其亲，亦可宗也。"（《学而》）人生境界高的人，不会像"硁硁然小人"，而应像孟子所说，"言不必信，行不必果，唯义所在"。又如"和"，有子说："礼之用，和为贵。先王之道斯为美，小大由之。有所不行，知和而和，不以礼节之，亦不可行也。"这就是说，不能为"和"而和，要以礼节"和"。这也是"中"的要求。每一个人刚出生时都天真无邪。随着年龄的增长，人对外部世界产生了一种认知。在外物的诱导下，"好"与"恶"的情感产生了。人被外物所"化"往往是无休无止的，如果是这样，"好"与"恶"的情感就应该有所节制，不然就会滑向危险的边缘。这个"节"能够作为人"情欲"与"天理"之间的平衡，以防止"人化于物"，防止"灭天理而穷人欲",避免产生人间的罪恶。这个"节"就是"礼",处理得当即是"中"。

另一方面,作为致力社会和合的中庸思想指导了中国传统教化实践并产生了重要影响。为了使人们的行为符合社会规范,孔子强调"以刑教中"。所谓"以刑教中",不是指单纯地强制性地以刑罚强迫人们遵守"中道"的要求。正如孟子所说政治治理中"徒法不足以自行"的道理一样,"以刑教中"还具有树立典型、正确引导的意义,而且这应该是"中道"方法教育中重要的方面。从实质上讲,"中庸之道"就是修身之道,也是君子之道。孔子主张仁政德治,他教育弟子,非常强调个人修养,教以诗书,导以孝悌,用仁义礼乐加以引导和启示,以成就道义、德行。这是人具体的修行方式与途径。《中庸》说:"喜怒哀乐之未发,谓之中;发而皆中节,谓之和。"心里对外界的正常反应是喜怒哀乐,这是人情之"中";其表达时有度有节,其结果被称作"和"。人心里面的那个"中",是人正常的情绪与心境,它的正常、适度、有节的表达,才会得到"和"的结果。而"发而中节",决定于心里的那个"中"。没有"中",就没有"和"。在儒家看来,人之执中,首先应当"知中"。要正确对待升迁进退。因为"上下无常""进退无恒",重要的是不断"进德修业",关键的时候才能"及时"抓住机遇。其次,要在道德践履中达中、致中。中庸之道作为传统儒家修行的法宝,其基本点在于教育人们自觉地进行自我修养、自我监督、自我教育、自我完善,把自己培养成为具有理想君子人格的人,其理论的基础在于人道应当符合天道,将天人合一,尽心、知性、知天,做到将人的理性与情感统一起来,完善自己内心的品德和智慧,在此基础上处理好各种人际关系,进而使天下国家达到太平和合的理想境界,实现"天地位焉,万物育焉"的和谐愿望。"中和"之境的"和谐"不是暂时的,它建立在"礼"的牢固基础上,具有相对的稳定性。儒家既主张"以和为贵",同时又强调"以礼节和"。礼贵得"中",知有所"节"则知所"中",能得中庸之常道,不偏不倚,恰到好处。无论对个人、家庭还是社会、国家,乃至整个世界,"和"都极其重要。要保持"和",重要的是守礼、有道,遵循共同的行为准则。人有恒心,坚守德行,才能与周围的人相处融洽。

三、中道思想的价值彰显与礼义精神的当代重构

任何时代，民众、社会、国家都离不开社会教化与核心价值观的确立与弘扬，这是整合社会秩序、培养公民素养的必要措施。在探讨建立当代中国核心价值观、进行公民道德建设的过程中，我们要吸取人类文明的一切优秀成果，其中自然包括中华民族的优良传统。在中国古代，凡是重视外王即社会治理的学派都比较重视"礼义"精神的教化培养。在中华民族伟大复兴之际，在努力弘扬优秀传统文化、培育弘扬社会主义核心价值观与中国精神之时，非常有必要重建礼义精神，重树"礼仪之邦"的国家形象，以彰显"文明之邦"的风采，这里的关键在于能够把中道思想融入其中，不断推进当代中国精神的建构。

第一，以中道思想为衡准，推进等差伦理与平等伦理在当代人们道德践履中的统一。当代中国，平等价值观深入人心，而传统的等差伦理精神却被丢弃殆尽。应该看到，历史上的平等观念显然有其进步意义，但在人与人的生存与交往中，又不可能是完全相同的。不同、差异或者说不平等、有等差是一种更趋真实的人际关系状态。实际上，现实的人伦关系必然是等差和平等的统一，平等只是相对的，而等差则是绝对的。在理论上，恩格斯在《论权威》一文中指出，"一方面是一定的权威……另一方面是一定的服从，这两者，不管社会组织怎样，在产品的生产和流通赖以进行的物质条件，都是我们所必需的""所以，想把权威原则说成绝对坏的东西，而把自治原则说成绝对好的东西，这是荒谬的"。"权威和自治是相对的东西"。[①]承认在社会生活和人际关系中要有权威的存在，这实际上就是承认了人与人关系中现实的不平等。如果人与人真是完全平等的，那就不用再倡导平等价值观和伦理观了。因此，我们只能坚持平等与等差的统一。人与人之间的伦理义务只能在承认个体差别的基础上，倡导人从各自的角色出发主动承担起自己的伦理义务，建立起合理的相待之道。我们自"五四"以来只注重批判等差伦理的不合理性，如它维护了封建等级制度和专制，压抑了晚辈和下位者个性的发展，是"大利于长上而不利于幼下的"[②]。这种批判对于建立当代的平等价值观

---

① 《马克思恩格斯选集》第 3 卷，人民出版社 1995 年版，第 226 页。
② 蔡尚思：《中国传统思想总批判》，上海古籍出版社 2006 年版，第 50 页。

发挥了重要的启蒙作用，功不可没，但似乎少有人反思这其中的片面性[①]。说等差伦理观维护了封建等级制度和封建专制，这种观点与其说是一种批判，不如说是一种历史描述，因为一定的社会基础总要产生相应的伦理观。即便说等差伦理压抑了幼下的个性，可能有这方面的因素存在，但也不尽然。中国伦理的等差精神强调各按自己的伦理身份而尽自己的伦理义务，实际上处于上位的人不仅有地位和价值的尊荣，也有其更为深重的伦理责任，或者说，等差伦理是一种旨在强调各自角色责任的伦理。而在传统伦理中将其落到实处的就是礼。楼宇烈先生认为："'礼'是让我们辨明社会中每个人的身份，明白与这个身份对应的责任和义务，然后按照所应承担的责任和义务去做人、做事。"[②]这句话虽然是在说"礼"，实际内容却准确地阐释了"礼义"化作人的道德品质的精神实质，也是中国所谓"礼教"所要达成的最终目的。因此，"礼教"或"礼义之教"是"成人的礼教"，使人成为一个真正的、有道德的人，由这样的人组成的国度必然会成为一个"礼仪之邦"和"文明之邦"。反过来说，如果国家所倡导的价值观不能变成国人的伦理精神与行为，那就成了一纸空文。如父尊子卑、父主子从，已有"父父"是说父亲首先要像个父亲，尽父亲的责任，才会有"子子"，子女也得像个子女，即尽自己爱敬忠顺的孝道义务。几十年来，片面强调平等带来的负面影响随处可见，现在子女都成"小皇帝"了，"家严家慈"都变成"我家老爷子、老婆子"了。为什么当代社会会出现那么多杀亲案、灭门案、杀师案，甚至一个单位的副手杀正手、妻子害丈夫等人伦颠倒的事？原因可能有很多，但与我们一味强调平等伦理观或许有一些关联，因为人们不知道自己在人伦关系中是谁了，不知道自己的名分是什么，责任又是什么，因此才犯上作乱，人伦颠倒，礼崩乐坏。这里的关键在于偏离了礼义的精神实质即"中道"。

第二，弘扬礼让精神，谨守中道，抑制过分竞争。西方价值观强调个体本位、个人利益最大化，权利优先，必然鼓励竞争。竞争价值观是以资源的有限性作为假设前提的，竞争是将对方置于与自己对立而非合作的立场上考虑问题的。如果竞争不能以道德的手段（由于利害关系，这种概率可能是很高的）进行，就变成

[①] 肖群忠：《礼仪之邦与礼义精神的重建》，《江海学刊》2014 年第 3 期。
[②] 楼宇烈：《儒家的礼乐教化》，《光明日报》2013 年 5 月 27 日。

了明火执仗的利益争抢。礼义之教并不绝对排斥竞争，而是要区分正当与非正当、文明与野蛮之竞争。《八佾》篇云："子曰：'君子无所争，必也射乎！揖让而升，下而饮，其争也君子。'"即是说竞争也必是君子之争。当今社会的过分竞争已使国人心浮气躁、心力疲惫。争抢带来了普遍的道德缺失，人际关系紧张，社会风气败坏。中国近年来开车的人越来越多，随之而来的就是交通事故频发。统计数据显示，我国每年因车祸死亡人数近6万人，伤近60万人，十多年来一直居于世界首位，成为中国人第四大死亡肇因。在城市生活中，交通事故为什么频发？就是因为中国人没有普遍的规则意识，一些人道德素质低下，更为深层的原因就是这种争抢的价值心理，任意变道抢在别人之先插队，毫不顾及别人的路权和心理。中道精神的贯彻与落实，将使得人们相互之间本着礼让精神，形成一种和谐、优雅的人际关系，避免在竞争中两败俱伤，实现社会资源效益的最大化，实现社会和谐发展。

第三，将传统的中道思想融入社会主义核心价值观的培育与践行中。20世纪初叶，孙中山先生曾提出了"新八德"，即忠孝仁爱、信义和平。它不同于宋代提出的"旧八德"，即孝悌忠信、礼义廉耻。有人研究得出结论，认为宋代强调家族本位，因此，孝悌受到重视，而在民国初年，我中华民族备受外族欺凌，因此，以忠为首德，体现出以国为本的导向。从上述分殊思维的角度看，忠孝仁爱属于个体层面的德行，而信义和平则是人与人、国与国之间交往所应遵守的道德规范。到了1934年，国民政府在南昌发起"新生活运动"，在"八德"的基础上，加上了"四维"即"礼义廉耻"，成为他们长期推广的核心价值观，简称"四维八德"。显然，"四维"是借用管子思想，从政治层面提倡的核心价值观。当时政府试图以"四维"整合思想、规范社会、振兴民族。这在特定时期确实发挥了一定的积极作用。但在推进传统价值观进行时代转换的时候，其实并没有很好地把握其与西方现代思想之间的关系，所以在国民道德的提升方面并没有发挥重要的推动作用。当代中国，正在进行社会主义核心价值观的凝练、倡导、培育、践行，我们更要注意协调好各种思想资源之间的关系。礼义精神所倡导的实质价值导向与伦理义务，具有鲜明的民族性，是我们民族的优良文化道德传统，对针砭、克服当代社会由于西方文化价值观所带来的消极影响具有重要意义。如果将西方的价值观不加分析地全盘吸收,而拒斥中国传统精神,这样的核心价值观会与中国的历史经验与民众的文化心理相脱节,甚至造成误导。如一味地强调自由、平等这些西方的基本价值,可能仅会增强人的权利意识、个人意识;但倡导中国的礼义等差精神,则能增强人的他者与义务意识。建构中国当代的核心价值观,不能脱离中国实际、抛弃中国的优良传统,应坚持古为今用,洋为中用,吸取古今中外的一切合理因素,"要把中国梦所代表的主流意识形态,与中国的传统文化及世界一切先进文化资源结合起来"[1]。有人说我们的社会主义核心价值观将传统的仁义礼智信的价值观已经完全否定了,这是误解。社会主义核心价值观的24字,多数用的就是中华传统语言,如富强、文明、和谐、爱国、诚信、敬业、奉献等,只不过说法与古代不完全相同,如和谐之于和合,诚信之诚、信。虽然从形式上好像看不到传统的表达,其内容都在社会主义核心价值观中进行了充分的吸收,但又结合时代特点进行了新的创造和提升,赋予原有的价值观念以新的含义,传统"五常"之仁、义、礼、智、信,实际上成为整个社会主义核心价值观的重要思想渊源。习近平总书记在今年的五四讲话和国际儒联第五次代表大会开幕式上的讲话中将儒家的正心、诚意、格物、致知、修身、齐家、治国、平天下与社会主义核心价值观及其他异域文明进行了融通式解读,让我们看到社会主义核心价值观为中华优秀传统文化注入新的时代内涵,实现了中华优秀传统文化的创造性转化。以中道思想协调好中国传统文化、马克思主义、西方思想三者之间的关系,作为社会主义国家的现代礼仪之邦的打造才不会走向偏失,从而有效抵制文化保守主义和全盘西化论。

开展礼义教育,重建当代的礼义精神,是要在社会主义核心价值观培育和践行中汲取中华传统中道思想的丰富资源,为社会主义核心价值观的培育和践行披荆斩棘,获得更加有力的民族文化支撑,进而真正彰显出价值观重构的中国特色。"礼仪之邦"实际上就是指"文明之邦"。当代中国,欲成为文明大国而不仅是经济强国,还必须汲取传统中道精神,再塑"礼仪之邦"之文明风范,弘扬"礼仪之邦"国之精魂,使中华民族能以"文明之邦"的形象屹立于世界民族之林。

---

[1] 王蒙:《寄希望于文化》,《光明日报》2013年8月19日。

The Inheritance of Traditional Golden Mean Thought and the Modern Reconstruction of Ritual Spirit

WEI Tao　ZHOU Yameng

(School of History, Zhengzhou University, Zhengzhou, Henan, 450001)

Abstract: The golden mean thought deriving from the traditional Confucianism is a cultural path with distinctive Chinese characteristics path. Combining with the cosmic theory, moral theory, methodology and cultivation theory, it has become the point to which Confucianism, Buddhism, Taoism eventually return, which has won widespread recognition in contemporary world. The ideological influence of the golden mean thought on Chinese society in the understanding and practice of "golden mean" lies in "holding the mean", "employing the way of the mean", and applying the doctrine of the golden mean thought to both the process "rites severs as rules" and "rites servers as teachings". In the great rejuvenation of the Chinese nation, in fostering and practicing socialist core values, it is necessary to rebuild ritual spirit, restore the national image as "the nation of rites" to highlight "the nation of civilization", but its key is to integrate the doctrine of the mean thought into them.

Key words: golden mean thought; golden mean; ritual spirit

浅议孔子仁礼思想

——兼谈当今民间礼义乱象及对策

杨学法

（河南省儒学文化促进会安阳分会，河南 安阳 455000）

摘　要：孔子思想体系的精神实质是以仁为中心的仁礼的辩证统一，即仁是内容，礼是形式，两者相辅相成，密不可分；其辩证关系是，仁是主体或主导，仁重于礼，同时仁又受礼的制约，两者相互依存，相互促进。孔子仁礼思想对塑造中国"礼仪之邦"做出了卓越贡献。当今中国社会，传统礼义文化传承的同时，亦出现了许多乱象，尤其在民间呈现愈演愈烈之势。因此，有必要全面揭示民间礼义乱象产生的深层根源，采取积极的对策，尽早消除乱象，以促进社会主义精神文明建设和道德建设。其中，弘扬以儒家礼义思想为主导的优秀传统文化，是道德建设的重要途径。

关键词：孔子；仁礼；民间；礼义乱象；对策与建议

一、孔子的仁礼思想

孔子思想体系源远流长，博大精深，其中心究竟是什么？这引起了学界长期的争论：有的认为是仁，有的认为是礼，有的认为是仁礼的统一，即仁礼说。笔者拙见，孔子思想体系是以仁为中心的仁礼的统一，比较恰如其分。

孔子思想体系是以仁为内涵，以礼为形式的仁礼统一体系。无论从《论语》中或是从孔子的生平活动中都可以证实，孔子一生尽在习礼履仁，且从未把二者

作者简介：杨学法（1942—　），男，河南内黄县人，安阳市人大常委会原副主任，河南省儒学文化促进会副会长，安阳分会会长。

割裂过。事实上，仁与礼在西周便已是一对密不可分的统一体，文王重仁政，周公"制礼作乐"，说明西周已是中国古代的文明朝代。难怪孔子赞叹曰："郁郁乎文哉，吾从周！"（《论语·八佾》，本文以下引《论语》，只注篇名）

孔子对仁礼关系的最大发展，是在新的人际关系中建立以仁为核心的礼，从而使礼从形式上的礼仪，质变为以仁为内涵的礼义。春秋时期奴隶制社会彻底崩溃，早期封建社会的经济经过西周的酝酿后已经形成新萌芽的生产关系，奴隶正在向农民转化，到春秋时期已基本成为农民，身份发生了质变，人际关系也开始了新的飞跃。在此新形势下，孔子适时提出仁爱思想，提升了人的价值，充实了礼的内涵，提出了以仁为重的仁礼关系，为建立以仁为内涵、以礼为表现的儒家思想做出了不朽的贡献。同时，也对新的生产关系的建立及生产力的发展起到了重大的促进作用。因此，孔子新的仁礼关系的建立是具有历史的积极意义的。

孔子仁礼关系的新内涵是突出人的自身价值及社会价值。首先，从仁的内涵来看，"仁"及"儒"都含有贵人的意义。仁字即由"人"及"二"字构成，《说文》："仁，亲也，从人从二。"人与人之间要相亲，"推己及人"包含着贵"人"及对他人的爱。儒字由人和需组成，则有众人所需之意。孔子重人，反映了"以人为本"的思想，仁的本意为人。正如《中庸》所说："仁者，人也。"皆表明人是仁的第一对象。一是仁的基本内涵是以仁为核心的爱人、为人及立人。《论语》载："樊迟问仁。子曰：'爱人。'"（《颜渊》）提出仁者爱人，是孔子划时代的巨大贡献，标志着人爱文明的超越。尤其孔子提出"泛爱众，而亲仁"（《学而》），说明孔子的爱众，已超越了血缘的爱，要求爱的社会化，标志着人的价值观的升华。孔子又曰："己欲立而立人，己欲达而达人。"（《雍也》）自己的立和达，离不开他人的立和达。这就说明孔子的仁爱既是家庭的，更是社会的。二是孔子的仁爱的第二个基本意义包含着孝爱和孝道。孔子说"弟子入则孝，出则弟"（《学而》），孔子的弟子有子说："孝弟也者，其为人之本与！"（《学而》）表明爱人是建立在血缘亲情之爱基础上的，从而使仁爱不仅有最强的人本主义精神，而且有高度的人情味。家庭是社会的细胞，孝悌乃人伦之本，首先要有孝道才谈得上仁爱，因为仁爱是孝悌的社会化和政治化。孔子高度强调孝道，增强了仁爱的物质基础，同时也丰富了礼的内容，无仁无以谈礼，无孝同样无以谈礼，孝是人间的第一美德。孔子倡举的孝爱为仁爱、仁礼的流传和发展打下基础。三是孔子仁的第三个基本含义是为国以仁、为国以礼。孔子曰："民之于仁也，甚于水火。"（《卫灵公》）即言老百姓需要仁，如同需要水火一样重要，说明仁为民众、社会、国家的第一需要。"为国以礼。"（《先进》）孔子为国以仁、"为国以礼"的提出，其重大意义在于把儒家伦理提高到了治国理政极高的境界。难怪孔子认为达到仁的境界是极不容易的。正如孔子所说："志士仁人，无求生以害仁，有杀生以成仁。"（《卫灵公》）在为国以仁的前提下，孔子强调德政，从而使仁不仅生活化，而且政治化。孔子说："为政以德，譬如北辰，居其所而众星拱之。"（《为政》）孔子特别强调德之重要。上述说明孔子的仁既是其思想体系的最高理论范畴，又是道德修养的最高境界。

其次，我们再看礼的基本内涵。礼的第一内涵"为仁"。孔子对礼的复兴，第一措施便是强调仁为礼的最基本的内涵。《论语》有109处强调仁。孔子曰："人而不仁，如礼何？"（《八佾》）没有仁，何谈礼？加强了礼的内涵，对礼的价值的提高起到了重要的作用。孔子加强仁的目的还在于突出礼不能只作为形式，子曰："礼云，礼云，玉帛云乎哉？"（《阳货》）即如果不加强仁的实质，空有其礼，也不过金玉其外，败絮于内而已。礼的第二内涵为"正名"。孔子曰："君君、臣臣、父父、子子。"（《颜渊》）正名即君、臣、父、子各守其位，各尽其职，如果"君不君、臣不臣、父不父、子不子"那就"名不正"，名不正则"言不顺""事不成""礼乐不兴则无所措手足"，各种正常的关系和秩序就乱套了。所以，孔子认为正名是礼的根本，正名是治世治国之道，名不正则"天下无道"。孔子的正名虽然是维护封建宗法等级制度的，但在历史上对国家的安定和统一客观上起到了积极作用。礼的第三个基本含义是"克己"。孔子首先提出："克己复礼。"（《颜渊》）克己，指对自身行为的约束，所谓"约之以礼""礼者敬而已也"。因为礼的全面含义是敬别人和别人尊自己，两方面的统一是完整的礼。要别人尊自己，那就得自己先有约束、自爱。对"克己复礼"的含义，孔子做了重要的解释，即"非礼勿视，非礼勿听，非礼勿言，非礼勿动"（《颜渊》）。礼的第四内涵亦即最高含义为"为国"。孔子提出"为国以礼"（《先进》），这体现了礼的最高境界。孔子还强调说："不能以礼让为国，如礼何？"（《里仁》）

所以他说："不知礼，无以立也。"（《尧曰》）借以突出"立于礼"的重要意义。"为国以礼"的提出，是儒家礼政治化的象征，对中华文明的创立和发展起到了重要作用。综上所述，孔子的仁礼说是超越了血缘宗族关系的仁礼，是高度组织化、社会化的伦理，奠定了儒家伦理的核心。

孔子的仁礼思想学说认为，仁与礼是一个统一体，其中又以礼为形式，仁为内容，二者相辅相成，密不可分。其间的辩证关系是以仁为主体或主导，仁重于礼，但仁又受礼的制约，二者互相依存，又相互促进。孔子仁礼说，两千年来始终成为儒学思想体系的中坚，为中国成为举世闻名的"礼仪之邦"、文明古国做出了卓越贡献。

二、民间礼义乱象及其原因

"礼"经夏、商、周三代沿革，到西周时代已经比较完善。孔子遵从的就是周朝的典章礼制，这是他的政治理想。有学者认为，从某种意义上说，孔子是为"礼"而生，并为"礼"奋斗了一生，这是颇有道理的。邹昌林先生在《中国礼文化》中认为，文明产生在有国家之前，礼仪产生在有文字之前，文化的传承不仅依靠语言、文字，还依靠礼仪。中华文化作为唯一没有间断的原生文化，是以礼为标志和根源的。礼义文化是中华传统文化不可或缺的重要组成部分，是中华民族重要的文化基因之一，世世代代流淌在中华儿女的血液里，生生不息，传承至今。中华民族具有五千年卓越的道德文化史，并保持了近两千年德治传统，道德伦理、礼义文化在中国漫长的社会文明进程中长期占据着中心地位，道德礼义的力量不可低估。

在当今社会，从主流来看，传统礼义文化是得以继承发扬并不断发展的。其为社会文明、社会和谐、安定团结发挥着巨大作用，这是毋庸置疑的。改革开放的创新实践，创造了中国社会前所未有之"伟大变局"。然而，我们的物力强大了，心力却出现某种弱化的迹象。眼下，一些失德败德现象层出不穷，正面临着道德滑坡；同时在社会上，特别是民间出现了礼义缺失，其乱象种种，具有愈演愈烈之势，令人担忧。这主要有以下几种表现：

一是重要传统节日，如春节、清明节、中秋节等，从其形式上继承下来得多，其主要文化内涵、精华传承下来得少。其重要礼义内涵应是祭天、地，祭祖先，孝敬父母长辈，事师长，走亲访友，邻里和睦，感恩教育。而当前之状况多以"吃"和"吃请"为主，春节变成了"饺子节"，中秋节变成了"月饼节"，清明节变成了"烧纸节"。其礼义内涵缺失，致使传统节日的文化内涵有些变质、变味。

二是重要传统礼仪或失传，或被扭曲，弄得不伦不类，不中不"洋"。如"礼始于冠"。"冠礼"就是成人礼，真正的"礼"是从"冠礼"开始的。这本来在古代乃至近代都是对青少年进行成人教育很重要的一个礼，是对人生这一节点进行教育的极好机会和形式，然而却失传了。再如，"礼本于昏"。婚礼一直延续至今。随着时代的变迁，婚礼从内容到形式都有很大的变化，这是情理之中的。然而，纵观当今之婚礼，可说是五花八门、乱象丛生。有的用仿古式骑马迎娶，招摇过市；有的动用豪华车队，炫耀富贵；有的本不信洋教的人家不恰当地把西方教堂式婚礼"引进、嫁接"过来，不中不西，不土不洋，贻笑大方。婚礼最根本的内涵应是感恩父母，践行双方的承诺，完成身份的转变，担当其相应的责任。然而，这些却被淡化、弱化了。再如，"葬礼"，乱象亦然。我国历史上曾有"厚葬"之习俗，本应加以改革。眼下，在一些地方，特别是经济较为发达的地区"厚葬"之风盛行，有的人健在就提前投巨资选购所谓风水好的墓地，修建豪华陵墓；有的挥金如土置办陪葬品。前年网络上曾爆料，山西某个煤老板的父亲去世，竟然购买两部豪华宝马轿车作为陪葬品，埋在地下，真乃无知、愚蠢、可悲！

三是不少基层单位开业、开工、奠基、剪彩、庆典等礼仪过多过滥，铺张浪费严重。近几年来，盲目崇尚并追求过"洋节"的青年人也愈来愈多，比如什么"情人节""圣诞节""平安夜"，其实他们中多数是出于好奇心，赶所谓潮流，并不懂得其真正意义和内涵，如此等等。

上面所述传统节日、重要礼仪、基层礼仪活动，当前具有一个共同的特点是讲排场、图阔气，大操大办、大吃大喝，请客送礼、铺张浪费；更有甚者，借机敛财、变相行贿受贿，成了滋生腐败的温床。这些现象给我们传承礼义文化以严重的挑战，必须引起全社会的关注和重视。

造成上述礼义乱象的原因是相当复杂的，主要有以下几点：

第一，目前我国正处于社会加速转型的关键期。东、西方两种文化碰撞、交流，使我们的社会文化多样，思想多元；我国社会主义法制建设取得巨大成就，但现代化法制秩序建设仍有明显的漏洞，对公民的现代公共道德教育，包括礼义教育，仍然滞后；社会基本结构的变化，包括家庭结构的变化，对人们的伦理道德、礼义教育也会产生重大而复杂多样的影响，比如：离婚率上升，农村劳动力大量向城市转移，空巢老人、留守儿童等现象大量存在，对青少年道德、礼义成长已造成不良影响。

第二，优秀传统文化传承教育普遍弱化，特别是针对幼儿及青少年的扎根连根教育、"立德树人"教育严重缺失。学校、家庭、社会三位一体的伦理道德、礼义教育尚未形成，存在着脱节，甚至相互割裂的现象，没有形成合力效应。

第三，从仁礼统一的观点看，我国面临严重的道德困境，势必存在礼义困境。随着商业浪潮的不断冲击，金钱取代知识、文化、道德而成为现代社会的"第一价值"，甚至是"唯一资本"，很多人经受不住强烈的物质实利主义和世俗享乐主义的诱惑，致使道德观念、意识和情感逐渐淡薄以至消沉、沦丧，哪里还有什么礼义可言！

第四，当前的电视、网络各种媒体及手机等的负面影响不可低估，特别是对青少年的道德、礼义教育冲击颇大。有些中小学生迷恋于网络而不能自拔，青少年犯罪率有增无减；还有相当一部分热衷于玩手机、电脑、游戏机，而影响学习与进步。

三、治理民间礼义乱象的几点对策与建议

出现某种道德困境、礼义乱象，在社会转型期是不可避免的，问题的关键是诊断病根，认真应对，标本兼治，采取多种措施遏制消除道德滑坡的负能量，增加道德向上的正能量，重新恢复我们作为礼仪之邦的道德荣耀，这是我们既定的方向与目标，也是"中国梦"的应有之义。

如何治理当今民间礼义乱象？经过认真思考，笔者拟提出如下几点对策与建议：

其一，要切实强化礼义文化的普及、教育和宣传推广工作。各级各类学校在贯彻落实教育部颁发的《关于完善传统文化教育指导纲要》的过程中，应当把礼

义文化作为一个重要内容来抓，务求实效。要把礼义文化教育融入社会主义核心价值观教育及各类公民道德教育之中，常抓不懈。要通过多种形式、多种渠道广为宣传礼义文化，在社会上造成浓厚的礼义氛围。我们社会急需道德礼义先进群体的公共示范和社会引领，"榜样的力量是无穷的"，要更多地树立先进典型，增加正能量。

其二，要着力改造传统礼义仪式，不断创新丰富礼义的形式和内涵。我国有悠久的历史和灿烂的文化，中华民族文化传统道德精神体现在传统节日当中，节日体现人民群众对美好生活的追求。传统节日的文化内涵核心精华部分在当代应当充分发掘利用，继承发扬。但是，对于那些有封建迷信色彩的、腐朽的、过时的、过于烦琐的东西应当摒弃，加以改造，使其更符合社会主义先进文化发展的需要，更符合现代社会发展潮流。特别是一些讲求排场、大操大办的形式主义，借机请客送礼、铺张浪费，搞不正之风的现象，应当简化或禁止，不能任其泛滥蔓延。中央规定简化"迎来送往"形式，出台八项规定等，都是具有重大意义的举措，传递出社会的正能量，体现了时代的要求，必须坚决贯彻执行。

其三，要积极探索建立和规范与社会主义核心价值观相适应的礼义理念和礼仪制度，体现并传播社会主义核心价值观。制度化的"仪式"来源于国家对"礼"的规范和引导，也发展了礼仪制度。建立和规范社会主义礼义思想和礼仪制度是一项长期的重要任务，是一项系统化工程。要挖掘和阐发我们民族优秀的传统文化，要求创新礼仪的形式和内涵以及符号，彰显中国共产党的正确领导和中国特色社会主义道路、制度、正能量。为达此目标，需要总体设计，详细规划，分步实施。基层单位应结合实际，积极探索，勇于实践，敢于创新，不断总结新鲜经验，在一定范围内实验推广，逐步加以提升、完善。

其四，建议并呼吁各级各类传统文化社团组织要在弘扬传承礼义文化的征程中率先垂范，以身作则，发挥示范引领作用。道德礼义文化的养成和传播不是一种简单的知识传播，而是一种知行合一、"见诸行动"的示范引领。尽管开始时人数较少，其作用与影响不可低估。我们分会拟在适当时候，组织一定力量对现有的各类礼仪公司现状进行调研，发现存在问题，提出解决对策，供当地政府及其相关部门决策参考，同时积极探索与礼仪公司建立合作关系，共同学习提高，促进礼义文化的传播，不断提升其管理运营水平的途径与方法，实现互惠互利双赢。

"信为道元功德母"（《华严经》），信仰是力量的源泉。近年来，以习近平为总书记的党中央对于传承弘扬优秀传统文化高度重视，发表了一系列重要讲话。我们党对道德建设问题（包括礼义）有充分的认识和自觉，并相继出台了一系列重大举措，认真付诸实施，各地都取得了可喜的成绩。我们要对道德礼义文化建设充满信心。希望就在眼前，前景无限美好。

On Benevolence and Courtesy of Confucius' Ideas
——With regard to Today's Folk Ritual Chaos and Its Countermeasures

YANG Xuefa

(The Anyang Branch of Henan Province Confucianism Culture Promotion Agency, Anyang, Henan, 455000)

Abstract: The spirit of Confucius' ideology is the dialectical unity of benevolence and rite centered on the former, namely benevolence is the content of Confucius' ideology and rite is its form. They both are complementary and inseparable. Their dialectical relationship is that benevolence above rite is the subject or dominance, but at the same time, rite restricts benevolence. Both are with mutual interdependence and promotion. The benevolence and courtesy of Confucius' ideas has made outstanding contributions to shaping the land of ceremony and propriety. In today's Chinese society, people have inherited the traditional ritual culture. Meanwhile there has been a lot of chaotic phenomena that have had the tendency to continually go worse, especially in the folk. Therefore, it is necessary to fully reveal the deep causes of folk ritual chaos and take the positive countermeasures to eliminate the mess as soon as possible so as to promote the socialist spiritual civilization construction and moral construction. Among them, it is the important way to build the moral construction by carrying forward the excellent traditional culture dominated by the Confucian ritual thoughts.

Key words: Confucius; benevolence and rite; folk; ritual chaos; countermeasures and advice

康百万庄园中的礼仪文化及其现代价值

郭长华

(洛阳师范学院 马列理论教研部,河南 洛阳 471000)

摘 要:中国传统礼仪文化渗透到社会生活的方方面面。始建于明末清初的康百万庄园,是历代康氏家族传承儒家礼仪文化的重要场所和载体,在宅院布局、器物用度、楹联、匾额、雕塑、影壁中所蕴含的礼仪文化,向人们传递着尊老敬长、尊师重教、和睦兴家、立身处世等礼的文化蕴含。挖掘其中的有益因子,并努力做好其现代转化工作,对于我们今天构建和谐社会、优化社会风尚、加速社会主义现代化建设进程是具有积极借鉴价值的。

关键词:康百万庄园;礼仪文化;现代价值

中国传统文化博大精深,数千年来薪火相传,至今仍然蕴含着极其丰富的精神营养。作为中国传统文化特别是儒家文化重要组成部分的"礼仪"文化,不仅存在于浩瀚的历史典籍之中,而且渗透到了人们生活的方方面面,成为人们识别忠奸、辨析善恶、判断美丑的"生活之尺",就连民居建筑也都被打上了"礼仪"的深刻烙印。本文拟对传承于康百万庄园中的礼仪文化作一初步分析,以就教于方家。

一、中国传统文化中"礼仪"的基本内涵

"礼仪"是中国传统文化特别是儒家文化的重要组成部分,其内容十分丰富,但其核心内容主要包括仪式、规矩、制度等几个方面。

(一)作为"仪式","礼仪"就是指"仪节""仪式",即"行礼的仪式"。

作者简介:郭长华(1964—),女,河南南召人,洛阳师范学院马列理论教研部副教授,主要从事邓小平理论研究。

如"射礼""觐礼""享礼""聘礼""朝礼""籍礼""冠礼"等。而且,各种"仪式"都有其内在的规定性。《论语·八佾》云:"祭如在,祭神如神在。子曰:'吾不与祭,如不祭。'"这里孔子所强调的就是祭祀的仪式要肃穆、敬重。

(二)作为"规矩",是指礼乐制度。西周时期,尚未形成完备的法律规范体系,社会各个阶层的人们所必须遵守的行为规范也一般被称为"礼仪"。这时的"礼仪"是兼具法律和道德双重功能的。《中庸》有言:"礼仪三百,威仪三千。"可见在西周时期,三百六十种官职等级各有各的必须履行的岗位职责和必须遵循的礼节规范,正所谓"无规矩不能成方圆"。孔子就鲜明地主张社会各阶层的人们都必须"依礼"而行。在《论语·八佾》篇中,孔子曾十分尖锐地抨击季氏不守"礼制"、僭越秩序的错误行为:"八佾舞于庭,是可忍也,孰不可忍也!"因为在"普天之下,莫非王土;率土之滨,莫非王臣"(《诗经·小雅·北山》)的"家天下"的社会结构中,只有天子才能享用至高无上的"八佾"之舞,其他人只能依据自己的社会职分、等级安排生活内容。

(三)作为"制度","礼仪"是指治理天下的方式方法,也就是用"礼仪"来治理国家。《论语·为政》云:"道之以政,齐之以刑,民免而无耻;道之以德,齐之以礼,有耻且格。"用今天的话说就是,如果用法律和刑罚去约束人的话,人们也许会为逃避惩罚而使自己的行为合乎社会规范,但却不会有羞耻之心,必然缺乏道德自觉;如果用礼仪、道德去教化、引领人们的行为,那么就能使人们发自内心地遵守之。这样既可以使人际关系、社会秩序和谐有序,更可以完成人们内在心灵的自我升华。

"礼仪"在中国传统文化里,既有法律之意义,又兼具道德之蕴含。作为人们必须遵循的行为规范,早已渗透到中华民族生活的方方面面,在家庭的世俗生活中也表现得林林总总。比如,家庭成员的居所大小、方位安排、物品用度、言谈举止等都必须体现出长幼有序、尊卑分明的"礼仪"秩序;佳日庆典、婚丧嫁娶、迎来送往等,都有着严格的"礼仪"定式;家庭管理、教化子女、家人等都必然始终以"礼仪"为圭臬。这种礼仪文化为一些家族、家庭世代传承,至今对后世子孙依然产生着广泛的影响。一些世代名门望族,由于其庭院得到了较好的保护,更是如此。在这样的整个庭院里,不论是楹联、匾额,还是题字、绘画,不论是雕刻、装饰，还是陈物、设景，都体现出浓郁的"礼仪"文化，真可谓一字一画蕴"礼仪"，"一物一景"寓教化。

二、康百万庄园建筑中的"礼仪"文化

巩义市是中原大地闻名全国的百强县市，处于"郑州—巩义—洛阳工业走廊"核心，为省直管市，先后获得"全国综合改革试点县市""全国乡村城市化试点县市""国家卫生城市""国家园林城市""中国优秀旅游城市"等殊荣，而其辖区内始建于明末清初的康百万庄园更为世人所瞩目。康百万庄园属于全国重点文物保护单位，是河南省保存较为完好的古代民居群落，其规模之宏大，保存之完好，内藏文物之丰富，在中原地区都是仅见的。走进庄园，从院落布局到庭院命名，从房舍规制到物品陈设，从楹联、匾额到雕刻、绘画，随处可见其浓厚的礼仪教化的历史遗迹，并能从中领悟到康家长盛不衰的内在奥妙。依其所蕴含的意义，康百万庄园建筑中的"礼仪"大抵可做如下分析：

（一）宅院布局、物品用度中的尊卑差等之"礼仪"。荀子明确指出："礼者，贵贱有等，长幼有差，贫富轻重皆有称也。"（《荀子·富国》）正是这种长幼有序、上下有别、男女尊卑、内外差等的"秩序文化"，才使得中国的宗法礼制历经数千年而不衰。在康百万庄园里，不论是建筑布局，还是物品陈设，以及生活在庄园中的人们之日常用度等，处处都彰显着尊卑等级的礼仪文化色彩。特别是在建筑布局上，"礼仪"的"等级秩序"之文化精神表现得可谓淋漓尽致，是严格遵从厢不压正、西不压东、男尊女卑等礼制规范的。以寨上主宅区为例：在东院中轴线的制高点处是庄园的最主要建筑，是族中长辈的居所，其地基明显高于其他房屋的地基，相较于其他房舍该房也明显要更高、更敞亮一些，以此凸显长辈的尊贵。东厢房是兄长的居所，所以又要比弟弟居住的西厢房高一些。康家小姐居住的"绣楼院"与其他院所相比就显得狭小了许多。为了强化"男尊女卑""三从四德"的封建礼教思想，长到一定年龄的康家小姐则被安排在二楼的"绣楼"上，使其"大门不出，二门不迈"。专门用来招待宾客的客厅安排也同样有所区别：东花厅是用来招待男宾客的，所以要比用来招待女宾客的西花厅略高一些。就连家里所雇用的下人也要分出个尊卑来：侍奉长辈的佣人与侍奉公子、小姐的佣人，

不论是居所安排还是日常用度，都有明显区别。

（二）楹联、匾额中的尊师重教之"礼仪"。尊师重教是中华民族的传统美德。康家之所以能够长期繁盛兴旺，达到"头枕泾阳、西安，脚踏临沂、济南；马跑千里不吃别家草，人行千里尽是康家田"的盛景，与其族人历来高度重视家庭教化是密不可分的。在康百万庄园现存的建筑实物中随处可见康家历代族人尊师重教之遗风。

楹联、匾额处处彰显着对子女、家人教导化育之重视。如康百万庄园"花楼重辉"院的过厅外的楹联是"志欲光前唯是读书教子，心存裕后莫如勤俭持家"；该院上房的楹联则是"入户问家声礼乐诗书孝悌千秋岁，卷帘看春色椿萱棠棣芝兰满庭芳"；"克慎厥猷"院的楹联是"处世无他莫若为善，传家有道还是读书"；"经腴史华"院的楹联是"依墨绕书林，求知，求学，求教；借章探史翰，解意，解科，解题"。此类楹联在庄园内随处可见。相关的匾额则如"博学仁风""万金济赓"等。就连院所命名也多与尊师重教相联系，如"书带生庭"院、"经腴史华"院等。

（三）雕塑、影壁中的和睦兴家之"礼仪"。"和合"之道是中国传统文化的基本价值准则，古语亦云"家和万事兴"。在康百万庄园现有的建筑遗存中，有大量记载康氏家人父子相爱、兄弟相亲、妯娌和睦、善待下人等的文物遗存。在"克慎厥猷"院，其门额是语出《尚书·周书·蔡仲之命》的"克慎厥猷"，意思是做人要谨慎小心、唯忠唯孝、克勤不息。其楹联"处世无他莫若为善，传家有道还是读书"所传扬的同样是睦家、齐家、兴家之道。这里还有一对做工细腻、雕刻精巧的门枕石，分为上、中、下三层。最上一层是一对憨态可掬、祥和慵懒的卧狮，而非常见的威武雄壮之狮。这也恰好说明在康家庄园里祥和、温馨之氛围充盈其间。连看门的狮子也无须威猛。第二层则是一组栩栩如生的人物故事雕刻，其主题是"妯娌和睦""宾客欢宴"等，这组雕刻作品所彰显的文化价值无一不是与"和睦""兴家"密切相关的。第三层所雕刻的是一组寓意吉庆、富贵的或花卉或祥兽图案。

在康家人看来，仅有家庭内部的和睦团结还不够，还必须做到善待家丁、仆役，关爱邻里朋友，只有如此才能够真正做到上下齐心、内外团结，才能够共图兴家之大业。康百万庄园中的"谊重桑梓"匾就是康氏16代传人康无逸数次举办赈灾等社会公益活动，众乡邻深感其情谊而送的。特别值得一提的是庄园中的"叶氏井"。走进康百万庄园寨上主宅区的大门，首先映入眼帘的就是这口古井。它记载着一段不同寻常的故事。据记载，康家发达后，宅院不断扩大。可家道已经败落的邻居叶家不愿意将自家的井让给康家。这时虽然康家已是有财、有势的豪门大族，但并未因此而强取豪夺，而是在很长时间里与叶家和睦而居，水井也长时期为全村人所共同使用。这种不依仗财势欺人的友善待邻精神，正是传统礼仪文化的精髓。

（四）"镇园之宝"所体现的立身处世之"礼仪"。在康百万庄园里有一块被誉为"中华名匾"的镇园之宝——"留余匾"，其上就记载着康家的"昌家之道"：作为父母长辈，不能只贪图自己的享受，更应当"留有余，不尽之福，以还子孙"；作为商人，讲诚信，求双赢，重情谊，则是康家的为商之道，真正做到"留有余，不尽之巧，以还造化"；作为官员，自应恪尽职守，为国分忧，为民谋福，做到"留有余，不尽之禄，以还朝廷"。在庄园中收藏有很多体现历代康家子孙优异表现的文物，如"轻财义举""德泽齐鲁""毁家纾难""德懋行芳"等匾额就是最好的例证，每一块匾额的背后都有着生动而又感人的为国分忧、为民谋福的故事。

只要我们走进康家庄园，放眼远观，俯身细察，便随处可见康家历代子孙在创业兴家过程中以"礼仪"为规范、以教化为己任的印记。从一定意义上可以说，康百万庄园就是一部生动的传统礼仪文化的教科书，是一个典型的传统礼仪文化的生活范本。

三、康百万庄园建筑中礼仪文化的现代价值

虽然历史的脚步已经走进 21 世纪，当下的经济、社会、政治、文化条件与康家当年已完全不同，已经发生了根本性的变化，但是历史不能割断，它是在继承和扬弃中向前发展的。正是从这个意义上说，总结和缕析康百万庄园建筑中的礼仪文化，至今仍有其特定的现实意义。

第一，弘扬传统的礼仪文化有利于引导人们特别是青少年个体素质的提高。守礼仪、知进退是中国传统礼仪文化的重要体现。加强对青少年的教育和培养关乎国家的前途和命运，正所谓"少年智则中国智，少年强则中国强"。康百万庄

园中礼仪文化载体多元，生动形象，内容丰富，对其进行缕析、总结和阐扬，有利于引导人们特别是青少年树立正确的人生观，真正做到"非礼勿视，非礼勿听，非礼勿言，非礼勿动"（《论语·颜渊》）。国人特别是千千万万的青少年若能做到"各安其位""各守其职""各尽其责""各尽其力"，必是国家之大幸、民族之大幸。

第二，弘扬传统的礼仪文化有利于引领社会风尚的进步。社会风尚的进步既有赖于国家政权的有力推动，也离不开社会成员的积极参与。康百万庄园中这种重礼仪、讲秩序、尊师学、能担当的礼仪文化，在当今的社会生活中显得尤其可贵。在社会转型期，受到多种因素的影响，一些人难免心绪浮躁、行为失范，导致道德约束弱化、法纪观念不强、担当意识薄弱，这必然会对公序良俗构成挑战。弘扬传统礼仪文化，有利于改善社会个体的道德心境，有利于匡正社会风俗。正如《礼记》所言："礼之教化也微，其止邪于未形，使人日徙善远恶而不自知。"（《经解》）

第三，弘扬传统礼仪文化有利于推动旅游事业的发展。旅游事业发展的生命力在于旅游景点所承载和传承的文化精神。优雅的文化格调、丰富的文化内涵、有效的传播手段，是古民居旅游开发成功的关键。因为，游客来到景点除看热闹、观美景外，更要去领略其中所蕴含的文化意义，去吮吸其中的文化营养。正所谓"会看的看门道"。因此，深入地总结和缕析旅游景点中优秀的文化因子，不断创新其传播途径，努力开拓其新的传播载体，必定会大大增加其文化魅力，进而促进旅游事业的健康发展。

当然，我们也必须鲜明地指出，无论传统的礼仪文化在中国历史发展进程中曾经发挥过怎样的积极作用，它毕竟是历史的产物，有其特定的形成和发展背景。在当今社会中，我们必须清醒地认识其中所包含的已经落后于时代，甚至已经成为社会前进的阻碍力量的文化因子，比如"男尊女卑""三从四德"等都是与时代之要求格格不入的。我们必须对其做好缕析和甄别工作，坚持摒弃其糟粕，汲取其有益因子，以为今天所用。唯此，才能在继承和弘扬中华民族优秀传统礼仪文化的基础上，建设中国特色社会主义的文化强国。

The Ritual Culture in Kangbaiwan Manor and Its Modern Value

GUO Changhua

(Department of Marxism, Luoyang Normal College, Luoyang, Henan, 471000)

Abstract: Traditional Chinese ritual culture has infiltrated everywhere in people's life. Kangbaiwan Manor, built in between the late Ming and early Qing Dynasty, is an important cite and carrier through all ages of Kang family inheriting Confucian rituals. The rituals, embodied in housing layout, utensils, couplets and plaques, sculpture and painting etc. show such cultural implications as respect for the old and the teachers, prosperity of the family by harmony, getting on in life, etc. Exploring the good of it and making efforts to do the modern transformation will have great value in the construction of harmonious society, optimization of social customs, acceleration of the construction of socialist modernization.

Key words: Kangbaiwan Manor; ritual culture; modern value

试论汉传佛教佛门礼仪的宗教内涵及价值意蕴

张 倩

(中央民族大学 哲学与宗教学学院,北京 100081)

摘 要:礼仪是中国传统文化的瑰宝。汉传佛教同样重视礼仪,汉传佛教礼仪一方面来自佛教本身的戒律仪规,有古代印度社会风俗的痕迹;另一方面佛教仪式也有着深刻的宗教内涵和时代背景,体现出重要的宗教功能,在佛教徒的修行生活中起着非常重要的作用;佛门礼仪也是佛教徒信仰生活的重要体现,是僧团联系信徒的重要渠道,是提高佛教徒凝聚力的源泉。

关键词:汉传佛教;佛门礼仪;宗教内涵

中华民族素以礼仪之邦饮誉四海,以崇尚道德教化扬名八方。礼仪从它产生起就与宗教结下了不解之缘。宗教活动中产生的诸如情感体验的深入、灵魂的升华、想象力无约束的腾飞、超越现实的精神境界的满足、理性与非理性的交织等心理活动有重要的社会互动作用。美学家斯托洛维奇在分析宗教与音乐的关系时曾指出:"如果人类的艺术发展可以没有宗教的神圣化,那么宗教没有艺术活动作为它的侍从就从来不会存在。"[①]宋代大儒程伊川曾去佛寺,见僧出堂威仪,叹曰:"三代礼乐,尽在是!"(《居士分灯录》)可见礼仪摄化之功。佛教自东汉传入汉地已有近两千年的历史,佛陀所制定的戒律的摄持为佛法的住世与弘扬发挥了积极作用。正如道宣律祖所说:"佛法二宝,赖僧弘传。僧宝所存,非戒不立。"

作者简介:张倩(1986—),女,河南柘城人,中央民族大学哲学与宗教学学院宗教学博士生,主要从事佛教文化研究。
① [爱沙尼亚]斯托洛维奇:《审美价值的本质》,凌继尧译,中国社会科学出版社1984年版,第107页。

(《四分律删繁补阙行事钞资持记》）佛门礼仪在摄受人心、表端庄严的同时，也在协调着人际关系，规范着人们日常的行为，从而使人类社会规范、有序地运转。庄严的佛门礼仪是佛教法事仪轨中不可或缺的重要组成部分。虔诚、清净、庄严的威仪具有极强的感化力量，能够在法事仪轨的进行当中培养佛教徒对于佛、菩萨的信心与恭敬，以及对于众生无量的悲心与慈念，并由此而引发佛教徒内心的至真、至诚、至善与觉悟，潜移默化地促使他们通过自身不断的努力修行去追求道德的完美和精神的崇高。

一、佛门礼仪的理论溯源

佛教在中国化的历程中，创立了大量的法事仪轨。佛教流布中土之后，佛教的各种仪式也随之得以传播。东晋法显法师西游印度时，在摩揭提国巴连弗邑村目睹了当地的行像仪式：

> 年年常以建卯月（二月）八日行像，作四轮车，缚竹作五层，有承栌偃戟高二丈许，其状如塔。以白毯缠上，然后彩画作诸天形像，以金银琉璃庄严。其上悬缯幡盖，四边作龛，皆有坐佛菩萨立侍。可有二十车，车车庄严各异，当此日境内道俗皆集，作倡伎乐，华香供养。婆罗门子来请佛，佛次第入城；入城内再宿，通夜燃灯伎乐供养。国国皆尔。①

西域行像在佛生日以外也有举行的，7世纪时玄奘赴印度留学到屈支国（即今库车）时，曾见到行像的仪式，据其《大唐西域记》卷一《屈支国》记载：

> 大城西门外，路左右各有立佛像，高九十余尺，于此像前，建五年一大会处，每岁秋分数十日间，举国僧徒皆来会集，上自君王，下至士庶，捐废俗务，奉持斋戒，受经听法，竭日忘疲。诸僧伽蓝庄严佛像，莹以珍宝，饰之锦绮，载诸辇舆，谓之"行像"，动以千数，云集会所。

而这种行像仪式在中土则得到了完全的继承。宋朝赞宁法师在《大宋僧史略》中介绍：

---

① 章巽编：《法显传校注》，上海古籍出版社1985年版，第103页。

四月八日。乃是为佛生日也。行像者，自佛泥洹，王臣多恨不亲睹佛，由是立佛降生相，或作太子巡城相。

历代传到中土的佛教仪式还很多，比较常见的除行像外，还有燃灯仪式、斋会等。古代礼仪所涉及的范围十分广泛，几乎渗透到社会的各个方面，对实现人与人、人与社会的和谐起到了巨大作用。中国古代的"礼"和"仪"实际上是两个不同的概念。"礼"是制度、规则和一种社会意识观念；"仪"则是"礼"的具体表现形式，它是依据"礼"的规定和内容，形成一套系统而完整的制度。在中国古代，礼仪的含义有广义、狭义之分。广义的礼仪，几乎是"礼"的代名词，它包括典章制度、朝政法规、生活方式、伦理风范、治国根本、做人本分等。狭义的礼仪，主要指人际交往中为了维护正常社会秩序而逐渐形成的一系列行为规范。礼仪是人类为了维系社会的正常生活秩序要求所有成员共同遵循的一种行为规范，它既表现为外在的礼貌、礼节，又表现为内在的道德修养。礼仪的概念可以追溯到遥远的夏商时代。《诗经·庸风·相鼠》一诗写道："相鼠有皮，人而无仪。人而无仪，不死何为？相鼠有齿，人而无止。人而无止，不死何俟？相鼠有体，人而无礼。人而无礼，胡不遄死？"《诗经》所反映的历史时代，为公元前11世纪到公元前6世纪，即自西周初期到春秋中叶。由此可见，在两千余年前，华夏民族便是一个名副其实的"礼仪之邦"。在诸子百家中，以儒家的创始人孔子对"礼"的贡献为最大。在《论语》中包括礼义、礼仪、礼制、礼法内容的"礼"出现频率仅次于"仁"。他从修复周礼开始，成为"礼"的理论之集大成者，而记述其言行思想的《论语》的核心是"知礼""克己复礼，天下归仁"，礼是仁的目的与最终结果。礼的实际作用决定了它成为后代统治者治理天下的主要依据。从春秋以来，历代的统治阶级都对"礼"的作用推崇备至，综览历代的经史子集，"礼"的内容随处可见，规定也极为详细具体。这些古代之礼既体现了"天子"的尊严神威，又对维护社会伦常秩序、促进社会和谐有不可忽视的积极意义。

二、佛门礼仪的特征内涵

佛教作为一种伦理为主要特征的世界性宗教，在当今的道德建设方面理应充当重要的角色，其"诸恶莫作，众善奉行，自净其意"①的教育目标为其道德性宗教打上了深深的烙印。我们知道宗教的特征不仅要有深刻生动的理论说教，而且要有形象、有效的实践演示，撇开实际效果不说，单就演示本身而言，就是礼仪创建、完善、深化的过程。从佛陀最初传教时的不拘形式、不重礼仪，到大乘经典中大肆渲染那种形象生动、富有诗意的说法场景，再到密教修行中曼陀罗的描绘及众多法器的供奉、手印的结持，印度佛教礼仪经历了一个从无到有、从有到繁的演变过程。佛教礼仪是佛教教化功能的外在行为表现。邓小平同志要求我们，"大胆吸收和借鉴人类社会创造的一切文明成果"②。1991 年 7 月 1 日，江泽民同志在庆祝中国共产党成立七十周年大会上的讲话中说：中华民族是有悠久历史和优秀文化的伟大民族，我们的文化建设不能割断历史，对传统文化要取其精华，去其糟粕，并结合时代的特点加以发展，推陈出新，使它不断发扬光大。礼仪，作为佛教教理弘扬和传播的基本形式，是佛教吸引和团结信众的必备要素，也是佛作为宗教不可或缺的重要组成部分。佛教礼仪按照不同的表现形式可以分为普佛、禁忌、献祭、祈祷等。比如在初一、十五或者佛教节日举行盛大的供佛仪式，在重要的佛教节日通常举行供斋仪式，在用言语和行为向神明表达颂扬、感恩的同时，很多信众乃至普通游客，都可以享用到斋饭。在进行佛教礼仪的过程中，信教的人群便直接地受到了教化。即或一般人，在进入佛教的大小庙宇寺院，看到佛教举办的仪式、听到诵经和庙宇中的鼓乐声，也被那种庄严肃穆所感染。佛教礼仪的基本特征主要表现在以下两个方面：

（一）庄严端庄、摄受力强。比如在第三届世界佛教论坛中，第十一世班禅大师是以中国佛教协会副会长的身份来参加的，他身披深红色袈裟，站在佛顶骨舍利宝塔前方的主讲台边，以温和坚定的语调进行演讲，举止庄重优雅，声音浑厚，摄受力强大，并在发言中不时抬头望向台下信众，历时约 5 分钟的精彩演讲赢得了现场热烈的掌声。中国佛教协会第九次全国代表会议 2015 年 4 月 19 日在北京开幕，开幕式前，举行了"祈祷国泰民安、世界和平法会"。法会由学诚法师主持，

---

① 散见于许多经典中，如《增一阿含》《四分律》（卷三十五）、《有部毗奈耶》（卷五十）等。
② 《邓小平文选》（第三卷），人民出版社 1993 年版，第 373 页。

传印长老、第十一世班禅额尔德尼·确吉杰布、祜巴龙庄勐长老共同主法，场面庄严宏阔。佛教是一种哲理性较强的宗教，丰富的人生哲理、透彻的思想解析，是佛教立足于世界的生命源泉。但是深刻的哲理必须通过有效的传播手段才能为世人知晓，于是中外历史上出现了许许多多为弘法而献身的高僧大德，朱士行、昙柯迦罗、法显、义净、玄奘等成为有口皆碑的法门龙象，但是，佛法的流传远不止取经、讲法这么单一，更有无数的弘法者活跃在不为人知的环境中，这些无名英雄所依靠的就是倡导和实现隆重的佛教礼仪，对信徒进行艺术感染和情感教育，使他们从佛教礼仪的事相中领悟到佛法真谛，发起对佛教的深厚感情和真诚信仰。

（二）情景交融，有声有色。佛教的教化对象是一切有情众生，因而情感在佛教弘传过程中历来是受到重视的。情是内在的，而景是外在的，礼仪尤其是大型法会，一定要有可看性，因而景致又显得非常重要。佛教礼仪中，诸如各种坛场的布置、水陆送圣、浴佛仪式等，都有着美妙的景致，丝毫不亚于戏剧的效果。且法会举行中，梵呗声声、钟鼓阵阵、供物丰厚、僧相庄严，可谓情景交融、声色俱佳，教化效果可想而知。

三、佛门礼仪的宗教内涵

不论汉传佛教、藏传佛教还是南传佛教，佛教仪式都有着重要的宗教功能，在佛教徒的修行生活中起着异常重要的作用。制定一切法事仪轨的根本目的就是为了有助于佛教徒的修行，因此佛门礼仪的由来都有深刻的宗教内涵和时代背景，而并非走过场式的、可有可无的表面形式，切不可轻视之。

所有的佛教仪式，都不是随意而设的。如一切法事仪轨之前，须恭敬供养三宝，其理论根据在佛典中屡有提及。亦可见于《大般若波罗蜜多经》第三卷：

若菩萨摩诃萨。欲以种种胜善根力，随意能引上妙供具。供养恭敬尊重赞叹一切如来应正等觉。令诸善根速得圆满。

《佛说花积楼阁陀罗尼经》亦云：

若复有人于此塔所，以香泥涂地作曼拏罗。施设花鬘涂香烧香然灯志心供养。乃至持一花一灯以为供养。或持帚拂除去尘垢。或以一掬水用为洒净。如是之人以志心故获福无量。

佛陀以悯念众生的无量悲心，用种种方式使得众生断除贪嗔痴烦恼，渐趋解脱。

在释迦牟尼佛的时代，僧徒每天主要的修行生活就是坐禅、诵经，没有照本宣科的章程，也没有戒牒之类的身份证明文件。在佛教初传时期，不仅没有仪轨制度，就连僧徒的生活起居等一切活动，也没有像后世统一的"清规"之类的规章制度。然而，汉传佛教在其发展过程中，逐渐产生了多种多样的佛门礼仪。佛门礼仪的出现和丰富的佛教礼乐制度，标志着佛教徒的修行从自觉行为到强制行为的转变。

佛教博大精深，其中任何一种修行仪式都有非常深刻的含义，就连看上去非常简单易行的仪式也都具有特别的意义。比如，供水表示心要像水一样纯净；供花表示要有奉献精神；供果提醒人处处有因果；供灯表示心中应时时生起菩提心，让一切有情都远离无明黑暗；供香表示"戒香扑鼻"，以严持戒律作为对佛的最好供养。其实诸佛、菩萨本身并不需要什么供养，最重要的是借由这样的方式来培养修行人对三宝的信心、恭敬心；通过供养，也可以拓展人的心量，渐渐消除悭吝之心。木鱼的音声，意为熄灭心中的嗔恨；引磬的音声，意为觉醒和消灭愚痴；鼓的音声，意为灭除贪心、私心。总之，佛教借由种种的方式来帮助人们打开心扉、培养优良的道德情操，使之趋向真善美的境界。

四、佛门礼仪的价值内涵

佛门礼仪可以说是对佛教教理、教义的提纲挈领式的梳理与总结。如梁代志公和尚所作的十卷《慈悲梁皇宝忏》，所含内容非常丰富，包括皈依三宝的意义及方法、断疑、对佛法生起信心、忏悔、发菩提心、发愿成就世间出世间的功德、举经典中的因果故事说明作恶的过患、说明地狱的痛苦、解怨释结、自我庆幸、劝请大众报恩三宝、愿众生成就一切功德、为六道一切众生礼佛、回向的意义与方法、发愿六根清净、发愿具足无量诸行法门、嘱菩萨依本誓愿力流通持忏悔法门等。

孔子讲"不学礼，无以立"（《论语·季氏》），并告诫人们"齐之以礼，有耻且格"(《论语·为政》)。佛门的礼就是戒,而戒是最圆满的礼仪。"清规"戒律语出《释门正统》:"元和九年,百丈怀海禅师始立天下,禅林规式,谓之清规。"原指佛教寺院所订立的仪规和戒律,因佛教十分注重修持方法,提出"善导"的理念,主张"精勤修福,守护戒律,威仪不缺,遵行规则",强调"应持五戒、八戒及具足戒,身心精进,不求断结修十善法"(《弥勒上生经》)。这对人们不无启发。其中的"五戒"为不杀生、不偷盗、不邪淫、不妄语、不饮酒,对人们养成良好的秉性有积极影响。佛教的其他戒律比较严格,许多内容超过常人所能接受的程度,这也是为了"修持"。佛教的日常礼仪对出家人身心的受持和定力的培养作用很大,日常活动皆有律仪的规定,比如佛教的早晚课诵,各种法会,庄严肃穆。比如说出坡劳动,一人带队,线性前进,端庄大气,威严可贵。佛门礼仪虽然是通过人的音容笑貌、言谈举止和服饰打扮等外在形式来表现的,但它却是人格魅力的辐射、内在气质的焕发,是一种可品味而难以言传的综合素质的体现,它融精神境界、道德风范、文化素养、才情趣味为一体,是一个人内慧外秀的统一。一个人只有从内在加强了道德修养,才能外现出良好的礼仪素养,表现为能控制自己的行为、待人诚恳、言谈举止进退分寸适度,讲究文明礼貌。因为礼是"天之经也,地之义也,民之行也"(《左传·昭公二十五年》)。佛教礼仪是佛教徒信仰生活的重要体现,是佛教徒表达宗教感情的重要手段,而且在实践佛教礼仪的过程中,通过事相、感性的感染力,让佛教徒能够领会佛教的智慧与哲理,陶冶佛教徒的心灵,有助于传播和强化佛教信仰。同时,佛教礼仪是僧团联系信徒的重要渠道,加深佛教徒之间的感情,是提高佛教徒凝聚力的源泉。

关于宗教的社会功能与作用,历来纷争不已,随着宗教社会学研究的兴起,把宗教放在社会大系统中去考察,人们发现宗教的社会功能与社会作用是不容忽视的,宗教的有些功能是其他社会组织和团体不能替代的。佛教徒在实修中,唯有发起忘我利他的心,去面对生活中的一切人和事,方能发扬佛陀觉人救世的精神,接引更多的人趋向佛法的真理和智慧。佛教仪式是佛教徒修行的重要手段。举行佛教法事仪轨,能够团结大众、强化佛教徒的宗教信仰和宗教感情,使之逐渐向佛教的真理和智慧接近。

（一）佛门礼仪的克己利他，提升个人的道德素质对社会行为具有规范和导向作用。"克己"，包括克制欲望、行为和意识。佛教认为，人之所以陷入生死轮回之中，是因为人有烦恼，而烦恼之源为贪，要消除烦恼必须克制自己的贪欲，克制自己对财富、权力、地位和名声等的过分欲望。"利他"也是大乘佛教所强调的。大乘佛教认为，自己与他人并不相互对立，而是相互融合、相互影响的。因此，自己的解脱与他人的解脱不能分开，利他就是利己，爱众生就是爱自己。礼仪使人们学会约束自己，也使人们知道了该如何约束自己。正如《礼记·曲礼上》所言："夫礼者，所以定亲疏、决嫌疑、别同异、明是非也。道德仁义，非礼不成；教训正俗，非礼不备；分争辩讼，非礼不决；君臣上下，父子兄弟，非礼不定；宦学事师，非礼不亲；班朝、治军、莅官、行法，非礼威严不行；祷祠祭祀，供给鬼神，非礼不成不庄。"

（二）佛门礼仪的常乐我净，熄灭贪嗔痴，是个人和谐的催化剂，能协调人与人的矛盾，促进社会的和谐共荣。和谐社会的构建，实现个人自身的和谐是基础。2006年8月6日，温家宝在赴解放军总医院病房祝贺季羡林先生95岁生日时曾与季老谈及人的和谐问题，认为"和合故能和谐"，人内心和谐，就是主观与客观、个人与集体、个人与社会、个人与国家都要和谐；个人要能够正确对待困难、挫折、荣誉等，也就是要时刻保持平常心，净化身口意，熄灭贪嗔痴。人自身的和谐是社会和谐的出发点和最终归宿。建设社会主义和谐社会关键在于以人为本，体现人的价值，发挥人的主观能动性。要实现个人的自身和谐，需借鉴佛门礼仪的要求加强个人的德行修炼，还需要以"前面打无名，后面常忏悔"精神勉励自己。首先，要做到"忏悔"，佛门礼仪非常重视人的自我反省，在为人处世的过程中，自己的一言一行都要三思而后行，做到发现自己的不足，要虔诚忏悔，改正自己的错误。其次，要做到"自爱"，老子曾以江海处下而为百谷王的事实，告诫人们不要"自矜""自伐""自是"。说的就是一个人什么时候都要自爱，自我尊重，培养独立的人格、良好的习惯、健康的品行。只有做到了爱自己，才能更好地爱别人，为别人着想，社会才能少点冲突，多点关爱。最后，要做到"随喜"，看到他人行善，做功德，要有随喜心。说话，让人欢喜，佛教认为世界的一切事物没有不变的本质，只是相对的存在。即万物无自性，缘起性空。大乘佛教称为我空、法空，即人无我，法无我，启发人们消除对"自我"的执着、对外物的追逐、对贪欲的痴迷。在现代人类道德困境下，有助于消解"自我中心主义"，建立人与人之间友爱和谐的关系；消除民族间的歧视和仇杀，建立各民族的相互尊重和价值认同。

（三）佛门礼仪中讲法从恭敬处求，以恭敬仁爱之心促进大和谐。"恭敬之心，礼也"（《孟子·告子上》）。尊重他人，是人与人交往的基本条件，敬人者敬己，只有尊重他人才能获得他人的尊重。在人与人交往中我们要保持平等的原则，不能以大欺小，以强凌弱。要有宽恕之心，在人际交往中每个人都可能犯错误，只有人们怀有一颗宽恕之心去原谅他人，社会才会少点冲突，人与人的交往才会多份真诚和友爱。要有仁爱之心，人的一生中，在不同阶段会遇到各种各样的困难，需要得到他人的关爱和帮助，关心他人，帮助他人，为社会大发展大和谐做出贡献。

（四）佛门礼仪的勤修戒定慧，调适人与自然的矛盾，树立人类与大自然和谐发展、共存共亡的自然观和人生观。人类科技的发展带来物质文明的高度繁荣，满足了人们日益膨胀的欲求，但也带来了始料不及的问题，如资源短缺、环境污染、生态破坏等，导致地球生态系统面临严重失衡，制约全球经济的可持续发展。珍爱自然、尊重生命是佛教的基本精神。佛教强调众生平等，万物皆有佛性，众生皆能成佛，对众生要有普遍的无差别的爱心，认可非人类生命的生存权利和存在价值。

佛门礼仪有其发展完善的历史过程，从佛教两千年的发展来看，佛门礼仪的作用举足轻重，在建设和谐社会的进程中，如何有效借鉴佛门礼仪的精华，需要佛门四众弟子的共同努力。祈愿有更多的学者深入到佛门中来，挖掘佛门智慧，让佛教文化熠熠生辉，佛光普照大地。

On the Implication and Connotations of Buddhism Ritual in Chinese Buddhism

ZHANG Qian

(School of Philosophy and Religion, Minzu University of China, Beijing, 100081)

Abstract: Ritual is a treasure of traditional Chinese culture, and Chinese Buddhism also attaches great importance to the ritual. On the one hand the Chinese Buddhism ritual with the traces of ancient Indian social customs has its ritual precept, and on the other hand it plays a very important role in Buddhist monastic life with profound religious connotation and historical background as well as the important religious functions. Buddhism ritual is an important manifestation of the Buddhist religious life, the important channel for Sangha to contact believers and the source of Buddhists to improve cohesion.

Key words: Chinese Buddhism (Han-Chinese Buddhism); Buddhism ritual; religious connotations

先秦义观念述论

申绪璐

(杭州师范大学 政治与社会学院,浙江 杭州 310036)

摘　要:"义"是中国传统文化的一个核心精神,但它在先秦时期有一个形成和发展的过程,儒、墨、法三家对义的认识各有侧重。就儒家来说,孔子认为义是君子理想人格的本质性要求;孟子从性善论出发坚信义是人的天然本性,是人之所以为人的根本;荀子则从性恶论出发认为义是后天人为的结果。但总体而言,三家在义利问题上都主张义具有优先地位。墨子认为义是社会的根本原则,甚至是上天意志的体现,在义利问题上强调义利统一,义即利。法家看到人们趋利避害的本然趋向,亦提出要在上层的为政者中实行礼义的道德原则以进行约束,但是认为礼义的原则始终只具有次要的辅助性作用。先秦诸子百家对义的阐释,使义与仁、礼、智、信一起成为中国传统社会的核心道德原则,全面深刻地理解义的实质和内涵,科学地规范义利关系,对于市场经济时代伦理道德建设具有重要启示意义。

关键词:先秦;义;儒家;墨家;法家

"义"是中国传统文化的一个核心精神,直至现在我们依然使用仁义、忠义、义勇、情义、侠义等词语用于表示对人的积极评价,甚至有学者指出,仁与义是古代文化中两个重要的"遗传密码"。"义"与"仪"最初是一个字,即只有"义"字。《说文解字》中解释"义(義)"为"义,己之威仪也。从我羊"。这清楚地说明"义"属于造字六法的会意字,表明自己的威仪,其原意本于"我"与"羊"

作者简介:申绪璐(1982—),男,河南新乡人,杭州师范大学政治与社会学院、国学院讲师,哲学博士,主要从事先秦德行伦理、宋明理学思想研究。

字。甲骨文中"义"字的造型同样是上"羊"下"我"。甲骨文"羊"字的字形就是一个羊头，在祭祀的礼仪中使用。而"我"字甲骨文中作"𢦏"，本义是一种长柄并带有三齿锋刃的开口。甲骨文中"义"字的造型表示把一个羊头挂在长柄三叉开口的开口上，从中有了一种"威仪"的体现。"义"字本来就属于宗教祭祀的礼仪活动，故与后来专门表示礼仪的"仪"字相通。

"义"字的用法至周代，其意思已经独立出来。《礼记·中庸》中说："义者，宜也。"汉人解释"义"，认为其是"裁制事物使合宜也"。段玉裁注《说文》，提出"义"字"谓仁及人，义必由中断制也"。"义"表示对事物和行为的调节，使其变得适当、恰到好处。用义调节事物以使其变得正确、适宜、合理，渐渐地义字又延伸出了应该、必须的意思，即对于各种事物我们都应当以义的准则进行裁制和调整，使之变得最为适宜合理。在这个意义上，现代汉语中经常使用"见义勇为""义不容辞"等词语。

从繁体的"义（義）"字来看，上面为"羊"。在古人那里，羊表示美好、善良的意思，比如汉字里美、善等字的上面都是"羊"。故宋代人徐铉注《说文解字》说，"（義）与善同意，故从羊。"渐渐地，义字所表示的适宜、善良、美好，逐渐地演变成道德的象征，最终"义"字成为人之道德品质的一个重要概念。《周易》中提出"立人之道，曰仁与义"（《周易·说卦》）。仁、义合在一起，成为了中国传统文化中最为重要的道德品质。下面，本文将主要围绕先秦儒家、墨家、法家有关义观念的思想，并着重围绕义利关系的问题，予以讨论。

一、孔子论义

孔子重视仁，同样也重视义，义是儒家的理想人格君子所必备的品德。孔子提出："君子义以为质，礼以行之。"（《论语·卫灵公》，本文以下引《论语》，只注篇名）君子内在的本性应当符合义，外在的行为应当符合礼。义是君子道德的本质性要求。孔子还提出："君子之于天下也，无适也，无莫也，义之与比。"（《里仁》）对于天下之事来说，君子没有什么是必须做的，也没有什么是绝对禁止的。对于君子来说，一切的行为是否正当合理，就是要以"义"作为标准，看看自己的行为是否符合义。

孔子的弟子子张问如何崇尚道德，孔子回答："主忠信，徙义，崇德也。"（《颜渊》）另外，孔子说自己所担心的有四件事情，即"德之不修，学之不讲，闻义不能徙，不善不能改"（《述而》）。自己道德品质没有得到修养，学问没有时常讲习，听到了义即正确的事情却没有去做，缺点却没有去更改，孔子说这些都是他每天担忧的事情，其观点之一即为知道该做的事情之后就应努力地实行。孔子指出"见义不为，无勇也"（《为政》）。义才是最重要的，看到应当做的事情而不去做，这是真正怯懦的表现。

义利之辨是中国传统思想中的重要部分，也是有关儒家君子修养的一个重要问题。除了"君子喻于义"，即以义的准则来规范自己的行为外，孔子的另外一个要求就是做到"见得思义"（《宪问》）。孔子指出人有"九思"："视思明，听思聪，色思温，貌思恭，言思忠，事思敬，疑思问，忿思难，见得思义。"（《季氏》）对于君子的修养来说，应当时时反省的九件事情，其中一条即"见得思义"。"见得思义"的要求，孔子在其他的地方还提到，士即理想的为政者，应当"见危致命，见得思义，祭思敬，丧思哀"（《子张》）。能做到这几点的话，这个人就能算得上一个合格的为政者。

孔子反复要求，在面对利益的诱惑、获得好处之时，其背后还应当有另外一个标准，即义的准则。人都有谋求利益的欲望和要求，本无可厚非。但是儒家的君子要能够做到在利益的诱惑面前，考虑获得这样的利益是否符合义。孔子非常赞同公明贾所说的，面对利益之时，应当"义然后取"（《宪问》）。孔子自己也说过，"不义而富且贵，于我如浮云"（《述而》）。孔子并不反对人们追求富贵，但是对于达到富贵的手段，每个人要选择符合义的标准。"义然后取"，还是唯利是图、不择手段，这也正是孔子眼中的君子、小人之别。

义利之辨经常给人一种印象，即按照义来做就意味着个人利益的牺牲。在儒家看来，义利之辨针对的只是义利冲突的特殊情况。甚至儒家认为，遵循义的准则才是永恒的法则，才能够导致最终的圆满。而以利益为导向的话，即使能够获得一时之利，但长远来看终归会带来更大的危害。所以，按照义的准则而行动，才能给人带来真正的利益。孔子提出"隐居以求其志，行义以达其道"（《季氏》）。一个人要实现自己的理想、抱负，只有按照义的要求，才能最终成功。对于具体的事情来说，孔子的大弟子有子亦指出，"信近于义，言可复也"（《学而》）。对别人做出承诺，牢守信用，这些都应当以义为前提。只有符合义的准则，这些承诺和信用才是可以实现的承诺和信用，否则不过是孔子所言的"言必信，行必果，硁硁然小人哉"（《子路》）。孔子还认为能够做到通达、达观，是人们所追求的理想境界。如何能够做到达，孔子回答弟子子张说："夫达也者，质直而好义，察言而观色，虑以下人。在邦必达，在家必达。"（《颜渊》）于国、于家都能通达，在孔子看来首要的就是能够做到"质直而好义"，即本性正直，各种行为都努力符合义的标准。可见，对于个人来说，义的准则不仅仅是对行为的一种约束和规范，还是对人的正确引导和规范。

最后，孔子指出对于国家的治理来说，义的标准同样是不可或缺的。孔子称赞郑国的贤人子产，"其行己也恭，其事上也敬，其养民也惠，其使民也义"（《公冶长》）。子产自己的行为能够做到恭敬，对待上级能够做到尊敬，对待民众能够想到让人民得到实惠，最后则是指派人民做事的时候，能够出于公义而非私利。同样，关于如何能够成为一个好的为政者，孔子说道："上好礼，则民莫敢不敬；上好义，则民莫敢不服；上好信，则民莫敢不用情"（《子路》）。为政者能够重视礼节，那么人民自然会尊敬他；为政者的行为符合道义，那么人民对于他的命令就不得不服从；为政者谨守信用，那么人民自然也会对他寄托情感。总而言之，在孔子的思想中"义"不仅是君子必备的品德，也是对于日常行为的引导和规范。

二、孟子论义

孟子继承孔子的思想，并在理论上给予总结和提升。对于孔子强调的仁义之道，孟子进一步指出仁义不仅仅是君子的道德要求，就其本质而言，这是每个人天生具有的，是人之为人的根本。孟子提出每个人都有良心、良能，并举例说，每个小孩子都知道热爱自己的父母，这就是仁，仁的表现就是关爱他人；等到小孩子长大之后，他还知道去尊敬自己的兄长，这就是义，义的表现就是对别人，尤其是对上级的尊敬。由此，孟子认为，作为人的良知、良能的仁义都植根于每个人，而所谓的君子则不过是将这种对别人尊敬与热爱之心推广到天下众人罢了。

仁与义是儒家最强调的两种品德。有关仁义的看法，在湖北出土的郭店楚简中，人们发现了明确的"仁内义外"之说法。简单来说，即仁的品德强调内在的德行修养，而义则强调由内而发的外在行为的正当性。在之后的孟子那里，同样有类似的看法。孟子提出："仁，人之安宅也；义，人之正路也。"（《孟子·离娄上》，本文以下引《孟子》，只注篇名）孟子还说："夫仁，天之尊爵，人之安宅。"（《公孙丑上》）"仁义忠信，乐善不倦，此天爵也。""仁，人心也。义，人路也。"（《告子上》）"夫义，路也；礼，门也。"（《万章下》）仁，孟子将其比作自己安适的房间，只有符合仁的标准，人才好像找到自己的最本原、最根本的家。义，孟子将其比作外面的道路。人的出行，要到达远方，一定要沿着正确的道路。孟子说，义就是人在行动时最正确的道路。只有找到大道，沿着正确的道路前进，人才不会迷失、出现差错。孟子说："居仁由义，大人之事备矣。"（《尽心上》）只要能够做到这两点，人的品行就可以端正。可见，与孔子的看法一样，孟子认为义不仅是人内在的道德品质，同时也是对人的行为最好的引导和规范。

儒家除了重视仁义之德，对于义利之辨亦时时保持警惕。孔子提出"君子喻于义，小人喻于利"及"取之以义"的观点。《孟子》一书的第一章，记载了孟子与梁惠王之间的一段对话。魏国在梁惠王的祖父魏文侯和父亲魏武侯的治理下，曾经是战国初期实力最强大的国家。但是到梁惠王时期，"东败于齐，长子死焉；西丧地于秦七百里；南辱于楚"（《梁惠王上》）。相继败于齐国、秦国，丧地辱国。最后都城迁至梁（今河南开封），称谓亦由魏变为梁。梁惠王晚年，孟子前往拜见。梁惠王见面即问孟子："不远千里而来，亦将有以利吾国乎？"孟子回答："何必曰利，亦有仁义而已矣。"（《梁惠王上》）孟子指出如果国君好利的话，下面的大臣、士庶人等也必然好利，那么为了获得利，人们不择手段，甚至有可能杀死父兄、上级以取而代之。"臣弑其君者有之，子弑其父者有之。"（《滕文公下》）相反如果人人都讲仁义的话，子女会孝顺父母，下级会尊重上级，显然不会出现弑君篡位的事件。因此，孟子主张，从一个国家治理的根本而言，首要的应当以"义"为根本原则，而绝非"利"。

孟子提出，中国历史上最大的善人大舜与恶人盗跖的区别，就在于是以仁义之善为导向还是以利益为导向。孟子提出，"鸡鸣而起，孳孳为善者，舜之徒也；

鸡鸣而起，孳孳为利者，跖之徒也。"每天早晨公鸡一打鸣就起床，如果他是为了善，为了仁义的话，那么就是舜一样的善人。相反，如果他每天清晨起床，所考虑的只有利益，这样的人就是盗跖一样的恶人。善人与恶人的区分，就在于"利与善之间也"（《尽心上》）。具体而言，我们行为的根本动机和目的，是以仁义为导向呢，还是以利益为导向？显然，只有其根本的动机和目标都是仁义，这样的行为才是正当和持久的。

在孟子的思想中，还有一点对中国的传统社会影响很大，就是孟子提出的"浩然之气"。孟子说自己擅长的就是"我知言，我善养吾浩然之气"。什么是浩然之气？孟子说："其为气也，至大至刚，以直养而无害，则塞于天地之间。其为气也，配义与道；无是，馁也。"（《公孙丑上》）浩然正气的表现是"至大至刚"，是最高的人格修养境界。浩然正气是与义和道一致的，故其于天地之间，无论从事任何事情，都用之不竭，无往不胜。那么如何得到浩然之气呢？孟子强调"是集义所生者"（《公孙丑上》）。在我们的日常生活中，时时刻刻以义的标准来规范自己的行为，渐渐自然能够培养出一股浩然正气。对浩然正气的追求，在中国历史上激励着无数的仁人志士为此义无反顾地进行各种正义事业。

三、荀子论义

荀子乃先秦儒家思想之集大成者。他继承并发扬了儒家仁、义等主要观念。不过在一些概念的解释方面，荀子表现出自己的思想特色，而且有着不同于孔、孟的理解。荀子与孔、孟虽然都主张仁义是人之为人的基础，但是与孟子的性善论不同，荀子则是站在性恶论的立场上，提倡仁义的原则。荀子认为，仁、义、礼、智等德行并非与生俱来的，而是人为的。人的本然状态是为了满足吃、穿等自然需求而进行的争夺。但是这样的争夺会带来人类社会的自我破坏，不利于整体利益的发展。为了避免相互之间的争夺，人类社会有了仁、义、礼、智等道德品质，这些都是为了维护整体的社会秩序而创造的。

荀子指出，"义与利"对于每一个人而言都是很重要的。尧、舜这样的圣人也不可能完全去除人们的利心，而桀、纣这样的暴君在位，人民依然会有好义之心。问题的关键在于，是好义之心克服欲利之心，还是欲利之心战胜好义之心。因此，如何使人们的好义之心战胜欲利之心，以此实现治世，显然成为了荀子的义利思想中最为重要的问题。荀子主张，其关键在于上层的君主和为政者。君主能够重义克利，则下层的民众自然会仿效；而君主好利妨义的话，下层民众自然眼中只有利。由此可见，与孟子对梁惠王所说"何必曰利，亦有仁义而已矣"一样，荀子同样主张："天子不言多少，诸侯不言利害，大夫不言得丧，士不通货财。"（《荀子·大略》，本文以下引《荀子》，只注篇名）在上的为政者重视义而不轻言利，由此以教化民众，民众才能够以好义之心克服欲利之心。

荀子提倡"以义克利"，而且与孔子一样，荀子提出古之贤人虽然"贱为布衣，贫为匹夫"，甚至温饱不足，但是仍然坚持"非礼不进，非义不受"（《大略》），即理想的古之贤人即使在非常艰苦的环境下，依然能够做到以义克利。荀子认为，"好利恶害，是君子小人之所同也；若其所以求之之道则异也"（《荣辱》）。由此，荀子主张，"先义而后利者荣，先利而后义者辱。荣者常通，辱者常穷"（《荣辱》）。只有先义后利，以义制利，才能得到最大的荣誉。荀子具体区分了狗彘之勇、贾盗之勇、小人之勇与士君子之勇，前三者都是为了饮食、货财之利等而胆大妄为，唯有"士君子之勇"，可以做到"义之所在，不倾于权，不顾其利，举国而与之不为改视，重死持义而不桡"（《荣辱》）。循义而为的士君子，才能够真正地做到不为权、利所诱，甚至将整个国家交给他，乃至在生死面前皆毫不动心，这是荀子真正推崇的品格。

综上所述，虽然在人之本性的认识上，荀子的观点有别于孟子，认为人的本性即好利恶害的欲望，会导致人与人相互地争夺。但是，荀子非但没有否定义的观念和原则，反而更加强调义在个人道德修养以及维持社会秩序中的重要作用。荀子主张"先义后利""以义制利"的观念，虽然出发点和孟子有所不同，但是维持国家秩序、实现理想社会的目标都是一样的。由此，重义轻利的主张，成为了传统儒家义利观的基本立场。

四、墨子论义

韩非子总结先秦的诸家学派，认为"世之显学，儒、墨也"（《韩非子·显学》，本文以下引《墨子》，只注篇名）。甚至有人评价，对于仁、义两个概念，儒家重仁，墨家则更为重义。墨子提出："万事莫贵于义。"（《贵义》）这样的区别，似乎仅仅是对仁义的不同侧重，但其实蕴含了对于仁义的不同理解。古汉语中，一个汉字经常有不同的写法，墨家文献中使用的"义"字就不是上"羊"下"我"（義），而是上"羊"下"弗"（羛）。"弗"含有"去我"的意思，这个"义"字更多地表示对他人的关心和帮助。

墨家重视义。墨子强调，"天下有义则生，无义则死；有义则富，无义则贫；有义则治，无义则乱"（《天志上》）。义的原则体现了墨家理想的社会形式。在墨家看来，义是社会中最为根本的原则，决定着个人与社会的存亡、生死、贫富和治乱。事实上，墨家所提倡的义就是对他人的无私帮助，在社会上表现为人与人之间的相互帮助。在墨家思想中，另外一个重要观念即"兼爱"，就是要求没有差别地关心、热爱所有人。兼爱思想，与墨子所说的"义"，即"无我"的观念是一致的。墨子也指出："兼即仁矣、义矣。"（《兼爱下》）总而言之，墨子理解的仁、义等道德观念，归根结底就是人与人之间的相互关爱。

墨子提倡的义就是社会上人们之间没有差别的相互关爱。这样的原则进一步具体化，就体现为人与人之间的相互帮助，为他人着想，关心他人的利益。在这一点上，墨子明确提出，"义，利也"（《经上》）。对于义利之辨的问题，墨子不同于孟子。在墨家看来，义与利之间并非截然对立的关系，而是义与利之间的统一。道德的行为义必须要体现为现实的利益，否则所谓道德原则，都不过是空虚之谈罢了。

为了说明义即利的观点，墨子特别举例说："窃其桃李……攘人犬豕鸡豚……取人牛马……杀不辜人也，拖其衣裘、取戈剑……天下之君子皆知而非之，谓之不义。"（《非攻上》）偷别人桃子、李子，天下之人都认为是不对的。同样，拿走别人的狗、猪、鸡、牛、马等，也认为是错误的。更何况随意杀人，抢夺别人的衣服、宝剑等，都是不对的。墨子说这些都是大家知道不对的，并称其为"不义"。为什么呢？就是因为这样的行为损害了别人的利益。

墨子认为，兼爱互利不仅是人类社会必备的道德原则，甚至也是上天的意志。墨子指出，"天必欲人相爱相利，而不欲人之相恶相贼"（《法仪》）。人与人之间相爱相利是上天的普遍意志，而相互憎恨、相互加害则是上天也不希望出现的。墨子借助这样的观念强调，人与人的相爱相利具有上天的权威，应当为社会全体成员所遵守。

在墨子的思想中，特别提倡"兼爱""非攻"以达到整个社会的相爱和睦。在这样的立场上，墨子崇尚"义"的原则。义要求人与人之间无私的帮助，维护他人的利益，不侵夺他人的财物。墨子不同于孟子强调义与利对立，而是提出义与利的统一。在墨子看来，任何符合义的原则的行为，都必然带来相应的利益。因此，墨子直接主张"义，利也"，而且指出一般人们所说的不义之事，都伴随着对他人利益的损害。

五、法家论义

秦国用商鞅变法，最终一统天下。但是秦国二世而亡的教训，又使得法家的思想自汉初以来一直作为反面的教训而被人提防。法家与荀子一样，首先强调的是人趋利避害、好逸恶劳的自然本性，并以此作为国家治理的根基。法家也强调义，只不过在法家看来，从约束人们的行为、节制人们的欲望这一点来说，法的效用远远大于道德的仁义。

对于人趋利避害的本性，法家有着非常精辟的概括，《管子》一书中提出："得所欲则乐，逢所恶则忧。见利莫能勿就，见害莫能勿避……故利之所在，虽千仞之山，无所不上；深渊之下，无所不入焉。"（《管子·禁藏》）商鞅的《商君书》中对于人民的本性，有着同样的看法，其中指出："民之性，饥而求食，劳而求佚，苦则索乐，辱则求荣，此民之情也。"（《商君书·算地》）这是指出，人的本性就是饥饿的时候想要食物，劳累的时候想要安逸，痛苦的时候想要快乐，屈辱的时候想要荣誉。商鞅认为，这就是人最原始的性情。由此，《商君书》提出："民之于利也，若水之于下也，四旁无择也。"（《商君书·君臣》）民众对于利益，就好像水向下流一样，不会有任何分辨。换言之，在利益的诱惑下，普通民众很少能够考虑行为的是非对错。这样的看法到了韩非子那里，则更加直接地提出："利者，所以得民也。"（《诡使》）既然普遍民众的自然倾向都是趋利避害，那么为了笼络、指使民众，最好的办法莫过于使之以利。

法家在强调普通民众唯利是趋，要以利益进行管理的同时，同样强调在上的为政者要注意以义的道德准则进行自我约束。《管子》中提出："礼义廉耻，国之四维，四维不张，国乃灭亡。"（《管子·牧民》）如何实行礼义，与先秦的其他思想家一样，管子也是将希望寄托在君主身上。管子提出："明主在上，则人臣去私心，行公义；乱主在上，则人臣去公义，行私心。"（《管子·禁藏》）如果有道的"明主"在位，那么下面的大臣也能够去除好利的私心，而实行公义。但是无道的"乱主"在上的话，下面的大臣亦不会实行公义，而是按照自己的私欲而为。可见，法家一方面强调明主对于礼义原则实行的重要性，另一方面这样的礼义原则始终局限于社会统治者的范围之内，其思考的范围只是针对在上的为政者而言。

对于礼义和法令，《商君书》则直接提出："利（刑）者，义之本也。"（《商君书·开塞》）在法家看来，礼义固然重要，但是其根本则在于利益和刑罚。如果没有奖与罚的话，礼义也是无从谈起的。管子提出："仓廪实则知礼节，衣食足则知荣辱。"（《管子·牧民》）对于普通的民众而言，只有在解决了衣食温饱的基础上，才会有礼节、荣辱的观念。因此法家认为，固然义利之间存在冲突，而且利之所在，民众无所不为，甚至导致国家的灭亡。但是法家依然强调，利的原则具有基础性和优先性，抛开利而空谈礼义，都不过是空中楼阁罢了。

总而言之，法家看到人们趋利避害的本然趋向，亦提出要在上层的为政者中实行礼义的道德原则以进行约束。但是在法家的思想中，礼义的原则始终仅具有次要的辅助性作用。法家认为，既然人们的本性是趋利避害，那么对人们的管理就应当以利益的奖赏和强制的惩罚进行约束，利用人们趋利避害的本性规范人们的行为。法就是对人们进行物质的奖赏和惩罚的规范与确定，是唯一具有实在性的。可见，虽然法家也意识到礼义道德在上层统治者中的作用，但其基本的政治观念完全是建立于以利为基础的奖惩上面，并以此克制百姓的欲望，规范人们的行为。

结　语

以仁、义、礼、智、信为代表的价值观念，是中国传统社会中核心的道德原则。义表现为适宜，即良好的行为，应当做到恰如其分，无过无不及。同时义的原则体现为应该,即我们必须努力做正确的、应该的事情。义作为行为的指导原则,在实际中经常与利的原则发生冲突,因此如何处理义利关系,自然成为了先秦思想家思考的主要内容。

先秦的各派思想家无不主张"义利两有"。《周易》提出"利者,义之和"。虽然在具体的事情上,利欲会干扰人们做出符合义的行为,但是一般认为只有符合义才能得到真正的大利。儒家以外,墨家认为义就是做出带来利益的事情,而法家则认为只有在利益保障的基础上,人们才会自觉选择符合义的行为。后世宋明的事功学派甚至提出"义利双行、王霸并"与"以义和利、义不抑利"之说,都强调义与利之间绝非截然对立,理想的行为不是排斥利,而是同时符合义与利的两重标准。

义利的原则在实际行为中发生冲突之时,以何者作为标准,以何者为"第一性",体现了各家各派的思想特色。孔子、孟子强调"舍生取义",即在义利出现冲突之时,即使以个体的生命为代价,也应当努力维护义的原则。受到这样的精神鼓舞,中国历史上出现了无数为国家和大众利益牺牲生命的感人事迹,体现着中国古代以儒家为主导的价值观。与这样的观点相对,荀子、法家及墨家都强调利与义的统一,他们认为没有抽象的义,只有与利相和合的现实的义。事实上,这样的观点也有许多积极的意义。比如中国历史上出现的"以礼杀人"的现象,显然是过分地强调抽象的义,而抹杀具体、现实的利。对于义利关系而言,最佳的态度就在于《周易》中提出的义利相合。

在当代市场经济社会中,"以利为先""效率优先"为代表的经济利益原则显然具有现实的优先性。以利为先的原则在创造巨大的社会财富,推动社会发展的同时,也带来了不少负面影响。如何去除这些负面的因素,是一个迫切需要解决的问题。在法家看来,只有利益的原则才具有直接现实性,因此去除市场经济的负面因素需要以利为主导的严格奖惩制度。但是,在儒家看来,如孔子所理想的"必也使无讼乎"(《颜渊》),如何以德化人,从人心的内在去除为恶的源头,才是更为根本的。由此,儒家主张"见利思义""以义制利",只有通过人内在的自我约束,规范行为,才能真正地使自己和整个社会符合道德的要求,以真正地实现义利两有的理想社会。

On the Thoughts of Righteousness (Yi) in the Pre-Qin Period

SHEN Xulu

(School of Political and Sociological Science, Hangzhou Normal University, Hangzhou, Zhejiang, 310036)

Abstract: Righteousness is a fundamental thought in Chinese traditional culture, and had been undertaken a procedure of conformation and development in the Pre-Qin Period, which was advocated from different precepts by Confucianism, Moism and Legalism. In Confucianism, Confucius considered that righteousness is the fundamental character of the ideal personality of a noble man, and Mencius believed that righteousness was the human nature and the fundamental character of people as a human being. Although Hsün Tzu held that righteousness was just the consequence of people's action by the thought that human nature was evil. On the whole, Confucianism thought that righteousness should be given priority in the relationship between righteousness and profit. Mo Tzu thought that righteousness was the fundamental principle of society and it reflected the will of God. He advocated that righteousness was consociated with profit. Legalism found that all the people would pursue interests and avoid damages, and hoped that politicians would limit the actions by the moral principles of rite and justice, which however had only the assisting effects. Within the thoughts of the thinkers in the Pre-Qin Period, Righteousness became one of the fundamentally moral principles with Benevolence (Ren), Rite (Li), Wisdom (Zhi) and Faith (Xin) in Chinese traditional society. Thoroughly understanding the meaning of Justice and scientifically forming the relationship between righteousness and profit will have important effects on the moral construction in the market economic times.

Key words: Pre-Qin Period; righteousness (Yi); Confucianism; Moism; Legalism

孔子"义"思想研究

卢彦晓

(郑州大学　公共管理学院，河南　郑州　450001)

摘　要："义"是孔子思想体系中的重要范畴，孔子在批判继承前人基础上形成了自己的"义"思想。在孔子那里，"仁"是君子内在的德性基础，而"义"是君子外在的德行标准。孔子强调君子"义以为上"，要求君子自觉"徙义""见利思义"，科学地解决了先秦时期的义利问题。孔子的"义以为上"思想及义利观，对于当前塑造社会主义核心价值观，培育公民道德，反对唯利是图，抑制物欲横流，促进社会和谐，具有重要的启示意义。

关键词：孔子；义；仁；义利观

"义"是儒家伦理道德重要范畴之一。"义"，《说文》释为："义，己之威仪也。从我羊。"其根本含义是指符合一定的伦理道德标准的行动。作为儒家的创始人，孔子及其弟子在很多场合下谈到义，对义与仁、勇、信、智、利等都有非常深刻的认识。深入地研究孔子有关"义"的思想，是全面领会孔子伦理道德思想体系精神实质的重要途径，这对全面借鉴和吸收中国传统优秀伦理道德思想，建设社会主义公民伦理道德亦有重要的理论意义和现实意义。

一、孔子"义"思想的历史渊源及其精神实质

尽管孔子的核心思想是"仁"，但"仁"作为内在的德性往往是通过外在的德行而展现出来的。其中，"义"就是仅次于"仁"而言的比较重要的伦理道德范畴。

作者简介：卢彦晓（1988—　），女，河南周口人，郑州大学公共管理学院哲学系中国哲学方向硕士研究生，主要从事中国传统哲学研究。

然而，作为中华民族重要的伦理道德范畴，"义"在孔子正式创立儒家学派并作全面阐述之前，就已经提出。孔子在前人较松散的思想基础上，把处于萌芽状态的"义"加以整理和发挥，从而形成了自己的思想。科学地追溯孔子"义"思想的历史渊源，把握其精神实质，才能理解孔子对待人生的态度，全面领会儒家的"君子"这一理想人格及其行为准则。

班固《汉书·艺文志》："儒家者流，盖出于司徒之官，助人君顺阴阳、明教化者也。游文于六经之中，留意于仁义之际，祖述尧舜，宪章文武，宗师仲尼，以重其言，于道为最高。"就是说，孔子是于"六经"之中，比较留意仁与义，继承了前人的思想，创立了儒家思想体系。儒家出于司徒，据《周礼·地官》，其职能乃"掌建邦之土地之图，与其人民之数，以佐王安抚邦国"，是国家不动产和居民人口的总管，负有"施十有二教"以化民，"以五礼防万民之伪""以六乐防万民之情"之责。孔子教授弟子，主要为"六艺"，即礼、乐、射、御、书、数。孔子有关"义"的思想，从根本上说都是在与弟子解答各个方面的问题时阐发出来的，对此《论语》有详细而生动的记载。然而，严格说来，孔子并没有做出过确切的定义，然而，这样一来，孔子有关"义"的系列论述之间就缺乏了逻辑上严格的一致性、连贯性。

那么，在以孔子为代表的先秦儒家看来，"义"的精神实质是什么呢？《礼记·中庸》："义者，宜也。"也就是说，"义"指适度、适宜，是行动、做事的尺度。孔子说："君子之于天下也，无适也，无莫也，'义'之与比。"（《论语·里仁》，以下引《论语》，只注篇名）即君子对于天下的事情，没有规定要怎样做，也没有规定不要怎样做，只要怎样做合理恰当，便怎样做。在这里，孔子要求君子根据事情的客观情况来决定自己做事的方法，其关键在于达到适宜、适度，归根结底在于恪守义。在弟子看来，孔子"绝四"，即"毋意""毋必""毋固""毋我"都是在于强调必须根据客观情形来决定自己的言行，反对根据自己的主观愿望，凭空猜测，偏执、固执己见或唯我独是。众所周知，孟子在评述孔子时说："可以仕则仕，可以止则止，可以久则久，可以速则速，孔子也。"（《孟子·公孙丑上》）孟子实质上就是深刻地领会了孔子的适宜或通权达变的思想。因此，在孔子看来，"义"的实质就是适宜、适度、恰当，其根本要求就是通权达变。

君子是孔子心目中的理想人格。如果说，"仁"是君子内在的德性基础，那么"义"则是君子外在的德行标准。孔子明确指出："君子喻于义。"（《里仁》）《颜渊》篇记载："子张问：'士何如斯可谓之达矣？'子曰：'何哉，尔所谓达者？'子张对曰：'在邦必闻，在家必闻。'子曰：'是闻也，非达也。夫达也者，质直而好义，察言而观色，虑以下人。在邦必达，在家必达。夫闻也者，色取仁而行违，居之不疑。在邦必闻，在家必闻。'"在这里，子张问一个士如何才算是显达，孔子询问子张所谓显达的标准，然而子张所谓的显达在孔子看来却只是名闻而已，并非显达。孔子将"达"的标准界定在"质直而好义，察言而观色，虑以下人"，即内在品质正直，遇事能够做到恰到好处，善于察言观色，心存谦让，总好把自己处于别人之下。当然，关键在于"好义"，即追求做事的适宜、适度或恰当。因此，孔子不仅强调"君子以义为质"（《卫灵公》），而且强调"君子义以为上"（《季氏》）。"以义为质"就是将适宜、适度作为行动原则，而"义以为上"就是认为做事适宜、适度才是最为可贵的。与适宜相反的是"过"或"不及"，也就是为人处世失去分寸，不能根据客观情形而决定自己做事的方法。众所周知，《先进》篇载："子贡问：'师与商也孰贤？'子曰：'师也过，商也不及。'曰：'然则师愈与？'子曰：'过犹不及。'""过"与"不及"都不是适宜、恰当的状态，其性质没有本质上的差别，都不能达到最佳为人处世的效果。孔子说："人之过也，各于其党。观过，斯知仁矣。"（《里仁》）也就是说，在孔子看来，通过观察人的过失或错误就能够判断他是属于什么样的人，判断其内心仁德的多寡。孔子相信，内在地持有仁德的君子，能够自觉地规范和约束自己的行为，进而他认为"以约失之者鲜矣"（《里仁》），即在他看来，能够对自己节制、约束而犯过失的，这种事情总不会太多。事实上，孔子一生具有鲜明的自觉意识，试图通过不断地学习和修养而使自己避免出现重大的过失。例如，他感叹说："加我数年，五十以学《易》，可以无大过矣。"（《述而》）而自己一旦有了过失，则希望别人能够及时给他指正出来。孔子曾回答陈司败所问，认为鲁昭公懂礼，而陈司败则不以为然，认为孔子作为君子有偏私，孔子知道后则感叹说："丘也幸，苟有过，人必知之。"（《述而》）因此，总体而言，孔子将"义"，即适宜、适度或恰当作为君子的外在行为尺度或标准，即君子实现仁德的最可宝贵和最应当遵循的原则。

当然，所谓的义或适宜、适度，是与孔子的其他思想，如正名思想、等级思想分不开的。也就是说，义与不义、适宜或过失都是与行为主体的身份和地位相关的。身份指男女、老幼、父子、兄弟、夫妇、亲戚等；地位指天子、诸侯、大夫、士等。在孔子的眼里，社会有着上下尊卑的秩序，这个秩序最大的特点就是差等序列[1]。对于任何人来说，只有做适合自己身份、地位和等级的事情，才是义；如果做了与自己的身份、地位和等级不适合的事情，便是不义。按照周礼，在乐舞规格上，每佾（即每列）为八人，规定天子用八佾，诸侯用六佾，大夫用四佾，士用二佾。鲁虽为诸侯，本应用六佾，但为周公后代，周天子特许八佾。然而，随着周室衰微，列国争雄，大夫专政，维系周朝天下的礼乐制度遭到挑战，出现孔子所谓"礼坏乐崩"的局面，专政鲁国的季氏在庭中竟然用八佾的乐舞，就是典型的例子。对于季氏，孔子感叹说："八佾舞于庭，是可忍也，孰不可忍也。"（《八佾》）孔子认为季氏所为很过分，不但不合礼，更不符合义。《八佾》还记载："三家者以《雍》彻。子曰：'相维辟公，天子穆穆。'奚取于三家之堂？"《雍》为《诗经·周颂》篇名，本为周天子行祭后撤去祭品时所唱，现在鲁国当政的三家大夫，即仲孙、叔孙、季孙，竟然唱周天子所唱之歌，显然违背了周礼。孔子的这一思想，在儒家经典《礼记》中就形成了比较明确的观点，例如，《文王世子》篇："正君臣之位，贵贱之等焉，而上下之义行矣。"《仲尼燕居》篇："目巧之室，则有奥阼，席则有上下，车则有左右，行则有随，立则有序，古之义也。"《丧服四制》篇："贵贵尊尊，义之大也。"《中庸》篇："义者宜也，尊贤为大。"因此，在孔子那里，义作为适宜、适度或恰当，本质上是与社会等级制度或身份、地位等相一致的。孔子也坚信，只要人们能"各安其位"，那么天下就能够"秩序井然"。

二、孔子思想中"仁"与"义"的辩证关系

众所周知，"仁"是孔子思想的核心和逻辑起点，其他一切思想或范畴无不紧紧地围绕着"仁"而展开。尽管在孔子的言论中并没有直接论述"仁"与"义"的关系，

---

[1] 霍国栋：《孔子义德思想初探》，《理论界》2010年第3期。

但是"义"是仅次于"仁"的重要范畴。据统计，"义"在《论语》中共出现18次，"义"和"仁"实际上存在着紧密的联系。如上所述，"仁"是君子内在的德性，而"义"是君子外在的行为尺度。但是，孔子强调，作为内在德性的仁，是必然通过一些具体的道德品质表现出来的，这些品质不仅要符合"礼"，更要符合"义"，因为"义以为上"。因此，可以通过揭示仁的各种表现形态，如信、勇等，与"义"之间的关系，进而梳理"仁"与"义"之间的辩证关系，更深刻地理解孔子的思想精髓。

众所周知，孔子在与弟子言谈答辩过程中，从不同角度论述过"仁"。这些论述中，既涉及"仁"的定义、内涵，即"仁"是什么，也涉及"仁"的表现形态；既涉及什么不是"仁"，也涉及如何做到"仁"。据《颜渊》篇记载："樊迟问仁。子曰：'爱人。'""仁"的实质就是"爱人"，可以说是孔子对"仁"的根本精神的最精确概括和说明。《说文》释"仁"为："从人从二。"也就是说，"仁"本质上就是指两个人。但是这种"两个人"并不是简单地指两个自然个体的人，而是指人与人之间的关系，其深刻寓意就指在交往相处时彼此将对方视为同等意义上的人，或者说，将对方视为与自己具有同等人格的人。钱宁强调："'爱人'之'爱'，即善待之意。爱人，就是善待他人，并在心中视他人为友。繁体之'愛'，有'心'有'友'，可以为证。"[①]对此，钱逊则指出："孔子的这一个解释，说明他是把人作为自己全部学说的对象和中心，反映了中华文化的人文主义精神，郭沫若说孔子的仁是'人的发现'，也是指出了这一点。'爱人'有着丰富的内涵，这要联系《论语》的全部内容来理解和把握。"[②]因此，将对方视为人，或在人的意义上善待对方，即"爱人"，是孔子"仁"的根本精神。对于孔子的这种思想，孟子进一步明确概括为："仁者爱人。"（《孟子·离娄下》）

孔子对"仁"的阐释是全面的，既有间接对"仁"不是什么的说明，也有直接对"仁"的表现形态的说明。针对原宪所问："克、伐、怨、欲不行焉，可以为仁矣？"孔子回答说："可以为难矣，仁则吾不知也。"（《宪问》）也就是说，在孔子看来，虽然克服了好胜、自夸、怨恨、贪欲这些人性中的缺点已经很难得了，

[①] 钱宁：《新论语》，生活·读书·新知三联书店2012年版，第11页。
[②] 钱逊：《〈论语〉读本》，中华书局2007年版，第150～151页。

但是还达不到"仁"。按照孔子的"仁"即"爱人"或善待人的原则，无疑好胜、自夸、怨恨、贪欲都不是"仁"，纵使能够自觉克服，也谈不上"仁"。究竟什么样的品质能够接近或达到"仁"呢？孔子说："刚、毅、木、讷，近仁。"（《子路》）也就是说，刚强、坚毅、质朴、不夸夸其谈，就接近"仁"了。由此，孔子非常厌恶那些夸夸其谈的人，说："巧言令色，鲜矣仁。"（《学而》《阳货》）与之相反，在回答仲弓（即冉雍）问"仁"时，回答说："出门如见大宾，使民如承大祭。己所不欲，勿施于人。在邦无怨，在家无怨。"（《颜渊》）在回答樊迟问"仁"时，孔子回答说："居处恭，执事敬，与人忠，虽之夷狄，不可弃也。"（《子路》）在这里，孔子强调了只有以恭敬、谨慎、忠诚的态度待人处世才能达到"仁"的境界。而在子张问"仁"时，孔子则回答说："能行五者于天下，为仁矣。"所谓"五者"，他解释说："恭、宽、信、敏、惠。恭而不侮，宽则得众，信则人任焉，敏则有功，惠则足以使人。"（《阳货》）在这里，孔子明确地强调恭敬、宽厚、诚信、勤敏、慈惠是实现"仁"的五种品德。因此，在孔子那里，一些品德只是接近"仁"，一些品德能够直接实现"仁"，而仅仅克服一些人性中的缺点还谈不上"仁"。可以说，孔子正是通过多角度的论述，逐渐地阐明了"仁"。

　　但是，孔子对"仁"的根本内涵的揭示，则是"忠"和"恕"。孔子自己并没有直接提出"忠恕"范畴，他自己强调的是"恕"。弟子子贡问："有一言而可以终身行之者乎？"孔子回答说："其恕乎！己所不欲，勿施于人。"（《卫灵公》）也就是说，孔子是将"恕"作为自己终身奉行的原则，而"己所不欲，勿施于人"恰恰就是对"恕"的最好说明。在孔子那里，这一原则其逻辑前提就是对方与自己是具有同等人格和性情的人，其实质就是像对待自己一样对待他人，而自己不愿意做的事决不强要求于人。李零强调："恕，简单说，就是将心比心。俗话说，半斤换八两，人心换人心，古人有'如心为恕'之训。恕不等于宽恕。今语宽恕，其宽容、原谅等义都是从宽引申，并不是恕。我们要注意，仁、恕二字，都含对等原则。别人不应把他的想法强加于我，我也不应把我的想法强加于别人，就是对等原则。"[①]但是，孔子的这一原则，实际是与"忠"紧密相关的。

---

① 李零：《丧家狗——我读〈论语〉》（附录），山西人民出版社2007年版，第57页。

孔子强调自己"吾道一以贯之",曾子则解释说:"夫子之道,忠恕而已矣。"(《里仁》)如上所述,孔子是非常强调"忠"的。他自己曾说:"爱之,能勿劳乎?忠焉,能勿诲乎?"(《宪问》)意思是说,爱一个人,能不为他操劳吗?忠于一个人,能不对他直言劝导吗?实际上,在孔子那里,"忠"要求于自己,而"恕"则善待于他人,甚至可以说,"忠"与"恕"实质上是一体两面。

孔子对"仁"的多角度阐释,特别是对"仁"的根本内涵的揭示,表明"仁"实际上表现为许多具体的品德。客观而言,这些具体品德的实现,无不涉及"义",即存在着是否适宜、适度或恰当的问题。如上所述,孔子并没有直接论述"仁"与"义"的辩证关系,但是他在阐释"仁"时处处体现着"义",即公正、正义或适宜、适度的原则。例如,孔子强调:"唯仁者,能好人,能恶人。"(《里仁》)这就是说,仁者爱憎分明。而其所以如此,是因为他最能坚持公正或正义的原则。可以说,这是"仁"与"义"辩证关系的总体现。当然,在更多的情况下,我们可以从"仁"及其具体表现形态,即具体的品德与"义"的关系来辨析"仁"与"义"的关系。我们首先看"仁""勇""义"的关系。孔子谈到"仁"与"勇"时说:"仁者必有勇,勇者不必有仁。"(《宪问》)而在谈到"勇"与"义"时说:"君子义以为上。君子有勇而无义为乱,小人有勇而无义为盗。"(《阳货》)这就是说,作为仁者,君子必然会产生"勇",仁是勇产生的充分条件,但是却不是必要条件,君子虽然崇尚"勇",但却以"义"为根本原则,因为君子作为治国理政者,如果仅有"勇"而不以公正、正义或适宜、适度为原则,只可能导致国家社会混乱,甚至说"小人",即普通民众,有勇而缺乏公正、正义只可能成为盗贼。因此,从这可以看出,当"仁"表现为"勇"时,必须以"义"为平衡原则,以防止导致国家社会混乱。孔子还强调:"见义不为,无勇也。"(《为政》)也就是说,孔子更强调"见义勇为",而"见义不为"就是怯懦。

三、孔子思想中"义"与"利"的辩证关系

义利问题是中国传统伦理学的核心问题之一。对义利关系的认识可以上溯到传说中的先王、圣王时代,而到孔子所处的春秋之际,义利关系更成为诸子百家普遍关注的热点。孔子从儒家的根本立场出发,以"仁"为基础,提出了自己的

义利观。多年来，人们对孔子的义利观形成了简单、片面的成见，至今影响着人们的正确认识。例如，相信孔子"罕言利"（《子罕》），认为"义"与"利"是孔子区别君子与小人的标准，因为"君子喻于义，小人喻于利"（《里仁》）。事实上，孔子形成了系统的义利观，他的义利观至今仍然具有许多合理性，值得今天处于社会主义市场经济条件下的我们在建设社会主义核心价值观时学习和借鉴。

严格地说，孔子并非是一个仅仅追求高尚道德而无视物质利益或物质生活的世外高人，相反，他是一个拥有自己的道德追求，坚守伦理底线而非常现实的人。尽管孔子本身并不研究如何种庄稼、种菜，称自己在这些方面"吾不如老农""吾不如老圃"，认为问这方面问题的樊迟是"小人"（《子路》），但是在国家治理方面，他非常注重民生，强调先富民后教民。《子路》篇记载："子适卫，冉有仆。子曰：'庶矣哉！'冉有曰：'既庶矣，又何加焉？'曰：'富之。'曰：'既富矣，又何加焉？'曰：'教之。'"因此，孔子在治国理政方面主张"先富后教"的理念，这些理念本身是非常科学的。我们知道，孔子的这一主张，也为孟子、荀子等人所继承和发挥。由后人托名编纂的《管子》强调："仓廪实而知礼节，衣食足而知荣辱。"（《牧民》）对于孔子来说，他是一个非常注重在现实社会中实现自己的理想抱负和价值的人。《子罕》篇记载："子贡曰：'有美玉于斯，韫椟而藏诸？求善贾而沽诸？'子曰：'沽之哉！沽之哉！我待贾者也。'"就是说，如同美玉不应当藏在柜子里而应该找个识货的商人卖掉一样，他自己始终都在找寻赏识自己的人。孔子周游列国到处游说，其目的就是去实现自己的政治理想和人生价值。他甚至非常自信地说："苟有用我者，期月而已可也，三年有成。"（《子路》）也就是说，如果有用他主持国家政事的国家，一年就能步入正规，三年便会有所成绩。遗憾的是，孔子的良好愿望并没有实现，他仅仅做过鲁国的大司寇，时间只不过两年而已。其次，孔子强调"不在其位，不谋其政"（《泰伯》），但是如果在位谋政，他则要求相应的俸禄。孔子任鲁国大司寇，由于反对季氏，季桓子在鲁国举行郊祭之后没有按惯例送祭肉给孔子，孔子则决定辞职离开鲁国。孔子所坚持的实际上正是"义"或公正原则。孔子曾说："富而可求也，虽执鞭之士，吾亦为之。如不可求，从吾所好。"（《述而》）也就是说，在孔子看来，只要按照"义"或客观公正的原则，人们都能致富，而致富没有高低贵贱之别，但是如果求不得，还是做自己喜好的事。正因为如此，他甘受贫穷而怡然自乐："饭疏食饮水，曲肱而枕之，乐亦在其中矣。不义而富且贵，于我如浮云。"（《述而》）因此，孔子并非不愿意追求富贵，而是强调追求富贵必须坚持正义或公正原则。弟子原宪问什么是耻辱，孔子回答说："邦有道，谷；邦无道，谷，耻也。"（《宪问》）"谷"这里指薪俸，意思是说，国家政治清明，做官领薪俸是正当的，而国家政治黑暗，做官领薪俸就是可耻的。他强调："事君，敬其事而后其食。"（《卫灵公》）即为君主做事领薪俸，理应先努力工作，然而再领薪俸。在孔子所处的年代，很多人生存状况堪忧，孔子也认识到了这一点，但是，他培养、教育弟子，其目的是让他们从事政事，即参与治国理政。因此，他说："君子谋道不谋食。耕也，馁在其中矣；学也，禄在其中矣。君子忧道不忧贫。"（《卫灵公》）就是说，在他看来，君子的职责不在"谋食"，即吃饱饭，而在于追求明道，君子所担忧的是道的不明，而不是自身的贫困。由此，他还认为："三年学，不至于谷，不易得也。"（《泰伯》）孔子将道的昌明视为自己追求的对象，按照"义"或公正的原则来领取自己的薪俸，他提出了自己的义利辩证原则，即"见利思义"（《宪问》）。所谓"见利思义"，就是看见利益便能想起该得不该得。孔子的另一表述为"见得思义"（《季氏》），是君子的"九思"之一。客观而言，"见利思义"或"见得思义"并不是最高的境界。据《宪问》篇记载："子问公叔文子于公明贾曰：'信乎，夫子不言，不笑，不取乎？'公明贾对曰：'以告者过也。夫子时然后言，人不厌其言；乐然后笑，人不厌其笑；义然后取，人不厌其取。'子曰：'其然？岂其然乎？'""义然后取"是比"见利思义"更高的境界，但是孔子的"见利思义"是一个比较现实的伦理要求，因而他对公叔文子做到"义然后取"持有怀疑的态度。总之，孔子在义利问题上，并不排斥物质利益或富贵，而是强调利益的获得必须坚持公正的原则，即"见利思义"，他所反对的是"不义而富且贵"。

由此孔子强调君子在总体原则上坚持"义以为上"，在义利关系上坚持"见利思义"，因而强调君子要"徙义"（《颜渊》）。他说："德之不修，学之不讲，闻义不能徙，是吾忧也。"（《述而》）实际上，孔子之所以强调必须"徙义"，在于只有如此才能"务民之义",即专心致力于人事所宜,即人民百姓治理所应当做的事。实际上,人民群众是物质财富的创造者,如何充分地发挥人民群众创造物质财富的积极性,使之创造出大的"利",是治国理政者的最大的义利问题。孔子说:"有君子之道四焉:其行己也恭,其事上也敬,其养民也惠,其使民也义。"(《公冶长》)"使民也义",实际上是君子坚持"义以为上",做到"务民之义"的逻辑结果。总之,在义利问题上,孔子并没有摒弃"利",而是通过"义"来规定和调节"利",他要求君子必须"义以为上",坚持"见利思义",要自觉"徙义",在他看来,只有如此才能"务民之义",进而"使民也义"。

结　语

虽然孔子的"义"思想带有时代的烙印,但是他对君子"义以为上"的原则性要求以及对义利关系的认识,对于中华民族正确义利观的形成产生了深远的影响。对于今天身处社会主义市场经济条件下的我们而言,全面地批判继承以孔子为代表的儒学传统正义观和义利观,对于塑造社会主义核心价值观,培育公民道德,反对唯利是图,抑制物欲横流,促进社会和谐,依然具有重要的启示意义。

The Research of Righteousness in Confucius' Ideas

LU Yanxiao

(School of Public Administration, Zhengzhou University, Zhengzhou, Henan, 450001)

Abstract: "Righteousness" is an important aspect in Confucius' ideology, which was formed on the basis of critically inheriting predecessors' ideas. In Confucius' opinion, benevolence was the basis of inner virtue for a gentleman while righteousness was the standard of external virtue for him. Confucius emphasized that a gentleman should accord topmost priority to righteousness, consciously perform righteousness and think about righteousness at the sight of profits, which scientifically solved the problem of righteousness and profit in the Pre-Qin Period. His concept of righteousness and profit has vital significance for shaping the core socialist values, cultivating the civic virtues, opposing the venality, inhibiting the materialistic and promoting the social harmony.

Key words: Confucius; righteousness; benevolence; the view of righteousness and profit

礼义教育与实践

礼义文化教育与社会文明建设

王廷信

（河南省儒学文化促进会，河南 郑州 450015）

摘 要：礼义文化是中华优秀传统文化的重要内容之一，也是中华文明的精髓所在。礼义教育是以孔子为代表的儒家教育的核心内容。礼义思想是儒家礼乐文化的重要内容，儒家倡导礼义教育，其目的在于塑造稳定和谐的社会秩序，即达到修身、齐家、治国、平天下的政治目标。当前，以社会主义核心价值观为引领，在全面深刻地揭示礼义（包括礼仪）的内涵、本质基础上，充分弘扬儒家礼义教育的积极精神，充分发挥礼义教育的社会价值，对于加强和改善社会主义文明，营造积极向上的社会氛围，塑造社会主义文明秩序，具有非常重要的意义。

关键词：儒家；礼义；礼仪；礼义教育；社会文明

礼义文化是中华优秀传统文化的重要内容之一，也是中华文明的精髓所在。以孔子为代表的儒家是礼义文化的倡导者，礼义教育是儒家教育的重要内容，其目的在于修身、齐家、治国、平天下。由于礼义文化受到历代先进人士的重视和倡导，再加上广大民众的自觉践行和日常生活中的潜移默化，礼义文化早已深入人心，礼义精神早已成为中华儿女不可或缺的精神气质，而中华民族更享有"礼仪之邦"的美誉。然而，近代以来，中华民族遭受到了西方列强的侵略，出现了前所未有的民族生存危机，中华文化遭遇到了西方文化的强烈冲击和挑战，中华民族在一百多年的救亡图存的反抗帝国主义、封建主义和官僚资本主义的斗争中

作者简介：王廷信（1939— ），男，河南唐河人，中州大学原党委书记、校长，教授，国际儒学联合会顾问，河南省儒学文化促进会执行会长。

继承和弘扬中华民族优秀传统文化精神，取得了伟大的胜利，发展和延续了中华民族的文化血脉。然而，改革开放以来，由于种种历史原因，虽然社会主义经济获得了迅速的发展，但中华优秀传统文化再度受到了不同程度的冲击，社会上出现了一些道德滑坡，礼义、礼仪缺失等问题，甚至出现种种不文明、不礼貌的现象，这些现象在国内甚至在国外都产生了不良的影响。这一切与中华"礼仪之邦"的美誉是极不相称的。因此，当前如何更好地加强礼义文化教育，促进社会主义精神文明建设，是我们面临的一个亟待解决的时代重大课题。

一、准确把握礼义内涵与本质是有效开展礼义教育的前提

众所周知，中华民族拥有五千年文明史，享有"礼仪之邦"的美誉。但是，"礼义"到底是指什么呢？即"礼义"的本质与内涵是什么？这一点对于很多人来说实际上是不清楚的。例如，"礼义"与通常所谓的"礼仪"有什么本质的区别和联系？为什么既有很多人称中华民族为"礼仪之邦"，而总有些人称之为"礼仪之邦"？到底哪一种称呼更确切？可以说，这些问题都是礼义文化学习、研究和教育中所涉及的非常关键的疑难问题。只有深刻地阐释和梳理"礼义"的深刻内涵和本质，揭示其与"礼仪"的区别与联系，才能更好地弘扬中华传统优秀礼义文化，科学有效地开展礼义文化教育。因此，准确把握礼义内涵与本质是有效开展礼义教育的基本前提。

从根本上说，礼义文化是儒家思想文化的核心内容，它本质上是儒家伦理道德思想的集中体现。众所周知，儒学文化的核心是"仁"。在以儒家思想为主流的中国传统优秀文化中，"仁"既是最高的道德，又是一切道德的总称，因此形成了以"仁"为核心的伦理道德体系。这种伦理道德体系包含着丰富的内容，其中最为重要的伦理道德范畴为"五常"，即仁、义、礼、智、信，而义、礼、智、信则是仁的表现和延伸。在处理人与人、人与社会关系时，为了表示对人的人格的尊重和重视，"仁"就表现为"礼"的形态。因此，在儒家看来，"仁"是"礼"的内在品质或德性要求，而"礼"则是"仁"在科学地处理人与人、人与社会关系时人们应当遵循的规则和秩序。孔子说："人而不仁，如礼何？人而不仁，如乐何？"（《论语·八佾》，本文以下引《论语》，只注篇名）即离开了"仁"，

"礼"与"乐"都将丧失其应有的意义。事实上，我们在社会中自觉修养仁德，自觉遵守社会秩序就是守礼。礼的本质是敬，就是对他人要尊重与关爱，而这完全出于内在的"仁"。与"仁""礼"的关系一样，"义"也是"仁"的延伸。"义"是人们在社会交往行动中由"仁"表现出来的适宜、合理、恰当的状态。合乎内在的"仁"的"义"，就是"正义"。"义"或"正义"作为行动原则，也是中华传统优秀伦理道德文化中的最高行为准则。以孔子为代表的儒家，对"义"这种伦理道德观念、价值观念有深刻的认识。例如，"义勇当先""杀身成仁，舍生取义""见义勇为"，而反对"见义不为""见利忘义"等。这些伦理道德观念、价值观念至今为中华民族所继承、弘扬和践行。

"礼义"是由"礼"和"义"两方面组成的。如上所述，"礼"和"义"都属于"五常"，即五种最基本的德目，都是儒学道德思想体系的重要组成部分。"礼义"作为一个词组，其含义非常深刻、丰富。例如，"礼义廉耻""礼义教化""礼仪之邦""以礼治国""礼义之师"等，都体现了儒学礼义文化的基本精神。与"礼义"相比，"礼仪"一词是指礼义的表现形式，也就是具体的礼节、仪式，是人的仪容风度。如祭祀仪式、结婚仪式、开学仪式、接待仪式、成人仪式等，还有更具体的握手礼、鞠躬礼、拥抱礼、抱拳礼等。很明显，"礼"是内容、原则、制度，"仪"是"礼"的表现形式，是具体的礼节。在《中庸》中记载的"礼仪三百，威仪三千"，都是讲的具体礼节。因此，严格来说，"礼义"与"礼仪"是两个不同的概念，两者的层次、内涵和外延是根本不一样的，"礼义"是一个涵盖"礼仪"的更为高级、最为抽象的范畴。

作为一种文化现象，"礼义文化"所表达的内容更是博大精深，几乎涵盖了儒学关于人伦道德、思想、文化、教育等方面的基本精神。所以，"礼义文化"体现了儒学文化的基本精神，是其思想精髓。作为文化范畴，只有"礼义文化"能和"仁义文化""孝道文化""诚信文化"等范畴相提并论。现在，在语言文字中经常出现的中华民族是"礼仪之邦"之说，在特定的情况下也可以使用，但是在一般情况下，这种提法是不全面的，它不能反映中华民族博大精深、气象万千、泱泱大国的礼义文化底蕴，而只能反映国家社会生活中多种多样的礼仪形态及礼仪形式。因此，我们认为，在通常情况下将中华"礼仪之邦"的提法改为中华"礼仪之邦"更为科学和准确。

二、礼义文化与礼义教育的社会价值

作为儒学文化的重要内容，礼义文化历来受到高度重视，在塑造中华民族数千年来的社会文明秩序，培育中华民族精神品格、生活方式等方面发挥着极其重要的作用。因此，我们必须深刻地认识礼义文化的社会功能和价值，更要充分发挥其功能和价值。

概括来说，儒学礼义文化的社会功能和价值主要体现于四个方面：

其一，礼义文化是个人安身立命之根。孔子把礼义看作是个人安身立命之根本。孔子说："不学礼，无以立。"（《季氏》）又说："不知礼，无以立也。"（《阳货》）在这里，孔子明确指出了礼义的重要性表现在个人的伦理道德里，也表现在社会政治生活里。孔子还提到几种人由于不知礼而产生的几种不好的结果。他说："恭而无礼则劳，慎而无礼则葸，勇而无礼则乱，直而无理则绞。"（《泰伯》）指出恭敬的人不懂礼义，就会感到很辛苦；谨慎的人不懂礼义，就会感到恐惧害怕；勇敢的人不懂礼义，就会造反作乱；正直的人不懂礼义，就会纠缠不清，争得不可开交。总之，在儒家看来，只有礼才能使人安身立命。

其二，礼义文化是治国安邦之要。在儒学强调的以德治国中，也包含了以礼治国。孔子说："能以礼让为国乎，何有？不能以礼让为国，如礼何？"（《里仁》）就是说，如果不能以礼义治国的话，那么礼义就丧失其社会功能。在以德治国中，德治与礼治是不可分割的。孔子说："道之以政，齐之以刑，民免而无耻；道之以德，齐之以礼，有耻且格。"（《为政》）可见孔子没有把法治、德治、礼治对立起来，而是明确地区分开来，而且指出用政令治国，百姓只是免于犯罪，而不会感到可耻；用道德礼义教化，百姓不但有羞耻之心，而且还会修正自己的行为。因此，儒家是高度重视礼义文化在治国安邦上的重要社会功能的。

其三，礼义文化是构建社会和谐之本。孔子提出："礼之用，和为贵。"（《学而》）荀子则说："人无礼则不生，事无礼则不成，国无礼则不宁。"（《荀子·修身篇》）古圣先贤们指出了礼义的社会作用就是确保国家稳定、社会和谐。客观而言，儒学礼义文化在中国社会历史发展的很多阶段，曾经发挥过非常重要的确保国家稳定、社会和谐的积极作用。当前,"和谐"是我们倡导的社会主义核心价值观的重要内容,构建社会主义和谐社会是社会的主旋律。因此,我们必须充分认识礼义文化在这方面的社会价值,发挥其社会功能。

其四,礼义文化是促进社会文明之源。礼义文化的主要宗旨就是促进社会文明。著名哲学家冯友兰指出,一个有道德的人,一个具有完全人格的人,不仅要有仁爱之心,而且还要自觉遵守社会秩序,这个社会秩序就是礼义。礼义可以使人"文"化、"雅"化、"规范"化。礼义是社会规范,有礼义才有文明,文明需要礼义,社会更需要礼义。没有礼义,就没有社会秩序和社会文明。所以,只要大家共同努力,在当前社会现实中不断加强礼义文化的传承和普及工作,就能促进社会文明进步。

三、对加强礼义文化教育的建议

中华民族素有"礼仪之邦"之称。讲文明、讲礼貌是每个中国人最基本的行为道德要求。然而,自鸦片战争以来,中国传统文化受到西方文化的强烈冲击和挑战,在这个过程中,以儒学礼义文化为代表的优秀伦理道德文化亦不可幸免。在那个特殊的年代,纵使我们中国人为了更好地走上现代化道路,在认识和反思自己民族文化时也往往不能正确地以历史唯物主义的态度辩证地看待问题,做出了不少有失客观公正的判断,因而在打倒"孔家店"的口号下对儒学文化否定太多。新中国成立后,中国共产党确立了马克思主义的指导地位,以历史唯物主义、辩证唯物主义的立场、观点和方法,全面地重新认识中国传统文化的价值和意义,在对中国传统优秀文化的挖掘、保护、继承和弘扬方面做出了无数成绩。但由于种种原因,也出现了一些不尽如人意的现象。改革开放以来,同样由于种种历史原因,虽然社会主义经济获得迅速发展,但中华优秀传统文化却受到了不同程度的冲击,社会上出现一些道德滑坡,礼义、礼仪缺失等问题,甚至出现种种不文明、不礼貌的现象,这些现象在国内甚至在国外都产生了不良的影响。显然,这一切与中华民族"礼仪之邦"的美誉是极不相称的。因此,当前如何大力弘扬中华传统优秀礼义文化,加强礼义文化教育,促进社会主义精神文明建设,是我们面临的一个亟待解决的重大课题。

礼义文化的传承依托于礼义文化教育，这是肇始于孔子的最重要的做法。鉴于当前社会礼义文化现状，对加强礼义文化教育的措施和办法提出以下几点意见和建议。

第一，认真组织学习和研究礼义文化工作。学习和研究礼义文化，是弘扬和普及礼义文化的基础。只有从学习和研究儒学经典开始，在认真学习和深入研究儒学经典的基础上，才能做到对礼义文化的准确理解和现代阐释，进而做到古为今用，推陈出新，在现代社会中不断开出礼义文化之花，结出礼义文明之果。事实上，活跃在中原大地上的很多学者已经充分地认识到礼义学习和研究的重要意义，他们对礼义文化的学习研究已经达到了一个新的境界，不仅对礼义文化的本质及内涵有准确的把握和科学的理解，而且在理论联系实际上下了功夫，并注重礼义文化的推广和运用，为社会主义文明建设做出了新贡献。

第二，认真做好各类学校的礼义文化教育工作。教育的根本任务是立德树人。各类学校特别是中小学是学生行为习惯的养成阶段，在行为习惯养成教育中，加强礼义文化教育是十分重要的。在学校推广礼义教育，首先，学校领导和教师要把传承中华优秀传统文化包括礼义文化的教育放在重要位置，确保礼义文化教育不断深入人心，身体力行。其次，要把礼义文化教育同学校、班级的各项活动结合起来，同各学科课堂教学结合起来，特别是同各项德育教育活动结合起来，在活动中反复践行礼义文化，提高学生践行礼义的自觉性。再次，学校礼义教育要同家庭教育、社会教育结合起来。学校礼义教育同家庭教育、社会教育相结合是传承礼义文化的重要措施。要充分利用家、校共建资源，建立家长亲子共读委员会、共读学校，实现学校、学生和家长交流互动，促进儒学礼义文化的学习和践行。最后，积极培育和打造儒学礼义文化教育创新示范学校，宣传和推广示范学校的成功经验。在评选"儒学文化与教育创新示范学校"时，特别是应将孝道与礼义教育作为一项重要标准，而在宣传和推广儒学文化示范学校的成功经验时，也要把传承孝道礼义文化作为主要内容。当前河南省不少中小学在礼义（包括礼仪）教育方面都做出了较大的成绩，积累了许多好的经验与做法，具有推广价值。

第三，认真做好礼义文化的宣传和教育培训工作。为了广泛弘扬儒学文化特别是礼义文化，我们要采取"走出去"和"请进来"的办法。一是促进会宣讲团的各位讲师"走出去",到学会命名的各传承弘扬儒学文化示范单位、各团体会员单位及积极学习礼义文化的单位巡回演讲儒学文化和礼义文化,不断扩大演讲的范围、提高演讲的水平。二是认真组织各种宣传教育平台弘扬礼义文化。河南省儒学促进会要认真总结以往弘扬儒学文化的经验,组织和设立各种有效的宣传教育平台,诸如学术研讨会、学术报告会、高层论坛、公益大讲堂、道德大讲堂、共读大课堂等形式,邀请省内外专家和热爱儒学文化的各界同仁,共同参与演讲和宣传中华优秀传统文化特别是儒学礼义文化的活动,从而产生良好的社会效果。三是加强对各单位负责人员的教育培训工作。在促进会的教育培训基地,开办礼义文化教育培训班,通过不断的教育培训,在河南各地、各单位培养出践行礼义文化的带头人,以带动更多的单位和员工、师生成为有道德、懂礼义的新人,为构建社会主义和谐社会做出贡献。

弘扬和普及儒学文化是一项崇高的事业,也是一项神圣的历史使命。我们必须共同努力,坚持不懈,学习运用马克思主义的观点和方法,认真学习和研究儒学经典,实现儒学文化的创造性转化与创新性发展,用儒学礼义文化做好一代人的普及教育工作,以优异的成绩迎接社会主义文明之春,重新找回中华民族"礼仪之邦"的良好国际形象,为实现中华民族伟大复兴的中国梦做出新的更大的贡献!

Education of Ritual Culture and Construction of Social Civilization

WANG Tingxin

(Henan Province Confucianism Culture Promotion Agency, Zhengzhou Henan, 450015)

Abstract: The ritual culture is one of the important part of excellent traditional Chinese culture, and it's also the essence of the Chinese civilization. The education of ritual culture is the core of Confucian education represented by Confucius. The thought of rite and righteousness is the main point of the Confucian ritual and music culture. Confucian advocates the ritual education, which aims at shaping a stable and harmonious social order, that is, reaching the political goals of cultivating oneself, cultivating well one's family, governing well one's state, and bringing peace to the world. Today, under the guidance of the core socialist values and on the basis of the connotation and the essence of basis of the rite(including ceremony), fully advocating the positive spirit of the education of the ritual culture and fully exerting its social values is of great significance to strengthen and improve socialist civilization, create positive atmosphere and shape the order of the socialist civilization.

Key words: Confucian; rite; ceremony; ritual education; social civilization

传统家训礼义教育及其现代转型

鹿 林

(河南农业大学 马克思主义学院,河南 郑州 450046)

摘 要:礼义教育是中华传统文化教育的核心内容,而家教、教训是实现礼义教育的重要途径。尽管家训根源于中国传统宗法制度,然而它毕竟是中华传统家教的智慧结晶,是我们赖以实现中华民族文化伟大复兴的极为珍贵的文化资源。当前,我们必须着眼于中国社会从传统宗法社会向公民社会的转型,自觉地实现家训礼义教育的现代转型,即以公民道德教育为根本内容,以培养和造就合格社会主义公民为根本任务,在社会主义伦理道德体系建设上,在公民伦理道德观念培育和公民伦理道德规范塑造上发挥其积极的作用。

关键词:家训;礼义教育;现代转型;公民道德教育

礼义并非人天生具有的,而是后天教育的结果。自孔子始,礼义教育一直是中华传统文化教育的核心内容。相比较而言,中华传统礼义教育的一个典型特色是,礼义教育首先是通过家教,特别是各种形式的家训完成的。事实上,中华民族的许多优良传统、优秀品质往往通过家教、家训得到世世代代的传承和弘扬,无数家庭则形成了各具特色的家风,惠及子孙,影响深远。父母是孩子的首任教师,家教是教育的基础。尽管随着时代的变迁,人们对教育的目的和任务的认识不断发生改变,但在任何时代,父母对孩子进行启蒙的家教、家训都具有不可取代的价值和意义。我们必须全面地认识传统家教、家训的性质、地位和价值,抛弃其

作者简介:鹿 林(1973—),男,河南沈丘人,河南农业大学马克思主义学院副教授,哲学博士,硕士生导师,主要从事马克思主义哲学、中国传统哲学及近现代西方哲学研究。
基金项目:河南省教育厅人文社会科学重点项目"传统文化与马克思主义中国化关系研究"(立项编号:2014–MZD–003)阶段性成果。

推崇封建宗法伦理道德价值观念的教育思路，借鉴其科学性、合理性的内核，并促进其现代转型，以社会主义核心价值体系为引领，以公民道德教育为根本内容，以公民伦理道德意识培育和公民伦理道德规范塑造为切入点，以培养和造就合格的社会主义公民为根本任务，为更科学地建设和完善社会主义伦理道德体系奠定必要的基础。

一、家训：中华传统家教的智慧结晶

中华民族素以重视家教而著称，那些创造了丰功伟绩而彪炳千古的名贤英才，无不受益于孩提时的良好家教。一般而言，父母是孩子的首任教师，为了孩子能够在社会上独立生存，父母义不容辞地担当着教育、培养、规范和引导孩子的职责和义务。从根本上说，培养和教育孩子是一门具有强烈实践性和充满智慧挑战的艺术。中华民族无数家庭在历代重视家教的文化传统影响下的大量实践，为后人积累了无比丰富的家教、家训思想资源。与家教侧重于强调教育实施的形式、对象和范围相比，家训则侧重于强调教育的内容、要求和导向。具体而言，它实质是父母、长辈、兄姊对子女、晚辈、弟妹就治家、立身、为人、处世、成才、创业等重大人生问题进行的训导、训教和训诫。可以说，由于家训情真意切、态度鲜明、形象生动、富有哲理、针对性强，它无疑是中华民族传统家教长期实践智慧的结晶。

中国家训文化源远流长。据考证，家训作为独立范畴，最初出现于《后汉书·边让传》："髫龀夙孤，不尽家训。""髫龀"（音 tiáo chèn），其中，"髫"指古代小孩的下垂的头发，"龀"指小孩换牙，代指幼年。意思是说，幼年早孤，没有得到父母很好的教诲。然而，严格来说，作为父母、长辈、兄姊对子女、晚辈、弟妹的训导、训教、劝诫，是伴随着家庭的诞生而萌芽的。可以想象，在没有文字记载之前，势必出现一定量的口传家训。作为中国最早文献之一的《尚书》，其《康诰》《酒诰》《梓材》《多士》《无逸》《君奭》《立政》等篇，均含有文王、武王、周公对弟、子、侄等家人的训诫，堪称家训的开创者。例如，《酒诰》载："文王诰教小子有正有事，无彝酒。越庶国，饮唯祀，德将无醉。唯曰我民迪小子，唯土物爱，厥心臧。聪听祖考之彝训，越小大德，小子唯一。"这段文字记载文王告诫子孙，要吸取殷商统治者亡国的教训而戒酒，要求子孙多行仁德。当然，还有些学者把中国传统家训追溯得更早，如宋末王应麟《困学纪闻》转述西汉人京房有关记载说，远在殷商时代，商汤曾作《嫁妹辞》，虽然其可靠性值得商榷，然而毋庸置疑，自先秦以来，中国传统家庭非常重视家教、家训、家风却是一个不争的事实。事实上除《尚书》外，先秦众多典籍如《左传》《国语》《战国策》等，都记载着大量家训。在诸子百家著作中，亦含有丰富的教育和家训思想，例如《论语》中孔子告诫其子鲤的"不学礼，无以立"的"过庭之训"，《韩非子》记载的"曾子杀彘"的以诚立信，等等。进入汉代，家训不再仅仅是只言片语，即语录式家训，开始出现自觉创作，颇具真情实感、哲理和文学色彩的家训篇章，如诸葛亮的《诫子书》等。魏晋南北朝时期，出现了中国历史上第一个家训文化的高峰，士大夫创作了大量的家训作品，其中不乏名篇佳作，如对后世影响极为深远的颜之推所著《颜氏家训》等。隋唐时期，政治经济繁荣，思想呈现多元化，士族没落，平民家庭兴起，家训文化获得较大发展，除以李世民的《帝范》为代表的帝王家训外，涌现出了大量平民家庭家训，如陈元敬的《诫子》、卢承庆的《临终诫子》、姚崇的《遗令诫子孙文》、柳玭的《柳氏家训》等。随着文体的演变，诗训作品开始涌现，如李白的《送外甥郑灌从军》、杜甫的《示儿》、白居易的《狂言示诸侄》等。进入宋代，随着商品经济的迅速发展，士大夫阶层更趋理性和实际，侧重"治家""治生""制用"，家训趋向完善、成熟和繁荣，无论在表达形式上还是思想内容上都发生了重大变化，出现了一批影响深远的家训作品，如范仲淹的《家训》，欧阳修的《家诫二则》，司马光的《训子孙文》《训俭示康》，陆游的《放翁家训》《示儿》等。明清时期，资本主义经济开始萌芽，封建集权统治日益加强，士绅仕途维艰，生存环境恶化，清初时家训文化达到鼎盛，如王夫之的《示侄孙生蕃》《示子侄》；傅山的《十六字格言》《训子侄》，朱柏庐的《朱子治家格言》，蒲松龄的《与诸侄书》，李毓秀的《弟子规》等。至晚清随着鸦片战争造成的时局变幻，传统家训发生了深刻变革，以洋务运动领袖为代表，在重视子孙修身养性、明理做人之外，不再以谋取功名为期许，而更加重视经世致用之学和养生健体，要求子孙多研修西学，发展科技，以实现富国强兵，其家训名篇主要有曾国藩的《家书》、左宗棠的《与孝威》、张之洞的《与子书》等。

通过对中国传统家训发展脉络的粗述，不难发现自先秦以来，中国家训文化从没有间断过，随着经济社会的发展和变革，各个历史时期的家训又呈现出鲜明的时代特征，而且无论在表达形式或思想内容上都不断得到丰富、完善和成熟。毫无疑问，传承至今的传统家训文化，业已成为中国优秀传统文化不可或缺的组成部分。

我国家训之所以早在先秦时期就已萌芽，并历代为人们所发展与弘扬，主要原因在于中国数千年沿袭着根深蒂固的宗法制度。何为"宗法"？王力等人强调："宗法是以家族为中心，根据血缘远近区分嫡庶亲疏的一种等级制度。"[①]事实上，以家庭为中心，根据血缘关系的远近亲疏规定人们的政治关系、社会关系，以名分、等级、阶级划分人们在社会生活中的地位和权力，是"家天下"观念的强化，其实质就是确立父权和君权。冯天瑜、周积明指出："中国古代史的发展脉络，不是以奴隶制的国家取代由氏族血缘纽带联系起来的宗法社会，而是由家族走向国家，以血缘纽带维系奴隶制度，形成一种'家国一体'的格局。"[②]众所周知，宗法制度在中国延续了数千年，根深蒂固，有效地维护和巩固了统治阶级的世袭统治，尽管其间经历了从奴隶社会向封建社会的制度演变，然而直到孙中山领导的辛亥革命推翻帝制之前，它一直牢固地钳制着人们各个方面的思想观念。从根本上说，儒家之所以提出"修身、齐家、治国、平天下"的总纲领，而且特别重视家庭教育在人才培养过程中的重要地位和作用，是因为认识到中国古代宗法制度下家国共构或家国一体的特点，认识到家庭在以宗法制为基础的国家中的特殊地位。《大学》曰："所谓治国必先齐其家者，其家不可教而教人者，无之。故君子不出家而成教于国。"可以说，这句话比较全面地揭示了家教、家训在儒家伦理道德思想、政治理念中的重要地位和作用。

需要指出的是，尽管中国传统家训以宗法制为制度根基，从总体上维护和彰显宗法制度精神，然而由于家训是父母、长辈、兄姊人生经验的升华，因而它实际上是中国传统家庭教育子女、晚辈、弟妹的实践智慧的结晶，其中蕴含着丰富

[①] 王力主编：《中国古代文化常识》，世界图书出版公司 2008 年版，第 153 页。
[②] 冯天瑜、周积明：《中国古文化的奥秘》，湖北人民出版社 1986 年版，第 66 页。

的内容。诚如翟博所概括："中国历代家训内容涉及到人生的各个方面，凝聚、积淀着我们民族文化心理的诸多方面。诸如：以立德为本，注重光明高洁的道德人格；树立远大的志向，提倡刻苦的学习精神；以读书做人为要，注重读书做人的一致；培养清廉宽厚、尊老爱幼的待人态度；训练勤勉俭朴的持家作风；重视积极正确的教子形式、方法及所应达到的精神境界；关心社会现实的入世精神；追求人际关系之和睦，寻求心灵中的平和；讲求诚实谨慎的交友接物和为人处世之道等。与此同时，中国历代家训中还提出了许多家教中应当注意并值得引以为鉴的东西，诸如：教子不得过于溺爱、偏爱、纵容骄惰；不得要求过严，而要一视同仁；不得重才轻德，而要重视德才兼备；不得言而无信，必须以身作则等。均系古人指示给我们的家教大要。"[1]传统家训不愧是中华传统优秀文化的瑰宝，是我们赖以实现中华民族伟大复兴的极为珍贵的文化资源，对于教育而言则具有永恒的意义。

当前，传统家训研究方兴未艾，研究领域涉及历史学、文献学、档案学、思想史、语言学、文学、教育学、伦理学、政治学、经济学等众多学科。从研究的模式来看，既有通史研究，又有断代史研究；既有个案研究，又有地域性研究；既有国内比较研究，又有跨国比较研究；如此等等。总之，人们已经认识到，传统家训蕴藏着丰富的内容，不愧是中华传统优秀文化的瑰宝，对于我们实现中华民族文化的伟大复兴来说，是极为珍贵的文化资源，充分借鉴中华民族先辈的人生经验和实践智慧，是现代家庭科学地开展家庭教育，特别是礼义教育的明智之举。

二、礼义：中国传统家训的根本内容

传统儒家以"修身"作为政治社会思想总纲领的逻辑起点，从根本上说就是强调道德修养和道德教育的重要性。道德教育归根结底体现为礼义教育。《礼记·曲礼上》说："道德仁义，非礼不成；教训正俗，非礼不备。"因此，在传统家教、家训中，礼义教育是一切道德教育的基础和根本内容。

传统儒家语境中的礼，本身兼有狭义与广义，前者指世俗生活中的礼节、礼

---

[1]翟博主编：《中国家训经典》，海南出版社2002年版，第2页。

仪，而后者则指制度、秩序、形而上的道理。相应地，"礼义"与"礼仪"是两个存在着内在关联而又根本不同的范畴：在"礼""义""仪"单独使用时，"礼"多指制度、秩序，"义"指正当、适当、公正或道理，"仪"指通常所谓的"礼仪"，即狭义上的礼节、仪式、仪文。而"礼义"涵盖上述所有内容。《左传·昭公五年》记载晋侯与女叔齐讨论鲁侯是否知礼的对话："晋侯谓女叔齐曰：鲁侯不亦善于礼乎？对曰：鲁侯焉知礼。公曰：何为？自郊劳至于赠贿，礼无违者，何故不知？对曰：是仪也，不可谓礼。礼，所以守其国，行其政令，无失其民者也。"在女叔齐看来，鲁侯只是无违于礼仪但不知礼义。对"礼"与"仪"的这种区分，其实质在于强调"礼"为"仪"的根本。然而，"礼"自身的根据何在，却依然是一个没有得到科学解释的理论问题。例如，《左传》还将"礼"归根于"天道"："礼以顺天，天之道也。"（《左传·文公十五年》）劳思光强调，孔子对"礼"的根据进行了科学阐释，其做法就是"摄'礼'归'义'，更进而摄'礼'归'仁'"①。因此，儒家所谓的"礼义"，其实质就是"礼"根据于"义"，而"义"表现为"礼"，即制度、秩序内在地蕴含着公正、公平、正义、正当、恰当、适当、适度、道理，"礼"是"义"的体现。例如，孔子曾说："君子义以为质，礼以行之，孙以出之，信以成之。君子哉！"（《论语·卫灵公》，本文以下引《论语》，只注篇名）换言之，礼仪是以义为质，即以公正、合宜、适当、道理为前提和根本的。因此，对于儒家传统家训来说，礼义教育远比世俗生活中的礼仪教育要重要得多，不能把它窄化为"礼仪"教育。

从根本上说，中国传统儒家之所以特别重视礼义教育、道德教育，是基于如下认识：首先，"礼义"是人之所以为人的标志。《礼记·冠义》说："凡人之所以为人者，礼义也。"《礼记·曲礼上》说："鹦鹉能言，不离飞鸟；猩猩能言，不离禽兽。今人而无礼，虽能言，不亦禽兽之心乎？唯禽兽无礼，故父子聚麀。是故，圣人作，为礼以教人。使人以有礼，知自别于禽兽。"即是说，鹦鹉虽然能学人说话，但终究还是飞鸟；猩猩虽然也能说话，但终究还是禽兽；如果作为人而不知礼，虽然能说话，但终究还是禽兽。正因为禽兽不知礼，所以父子共妻。

---

① 劳思光：《新编中国哲学史》一卷，广西师范大学出版社2005版，第82页。

所以圣人制定了一套礼来教育人，使人人都有礼，知道自己有别于禽兽。"知自别于禽兽"，实质上指只有具备明确的道德意识才能成为人。孟子指出："夫义，路也；礼，门也。唯君子能由是路，出入是门也。"（《孟子·万章下》，以下引《孟子》，只注篇名）西汉扬雄亦强调："天下有三门。由于情欲，入自禽门；由于礼义，入自人门；由于独智，入自圣门。"（《法言·修身卷》）因此，儒家强调必须以礼义教导人，使人"知自别于禽兽"，才能入"人门"甚至"圣门"。

其次，"礼义"是人立身处世的根本。众所周知，在著名的"过庭之训"中，孔子告诫其子鲤"不学礼，无以立"（《季氏》），类此还强调"不知礼，无以立"（《尧曰》）。当然，所谓"知礼"，不仅在于熟悉礼义，更在于具有鲜明的礼义意识、道德意识。孔子曾自述："吾十有五而志于学，三十而立，四十而不惑，五十而知天命，六十而耳顺，七十而从心所欲，不逾矩。"（《为政》）这实质上就是孔子总结自己学礼、知礼、悟礼、践行礼并最终达到至高境界的过程。再次，礼义是君子内外兼修的根本内容。"君子"是孔子所向往的道德人格。《论语》中记载着孔子从不同角度对"君子"的描述，例如"君子怀德"（《里仁》），"君子不器"（《为政》），"君子喻于义"（《里仁》），"君子坦荡荡"（《述而》），"君子上达"（《宪问》），"君子义以为上"（《阳货》）。概括来说，君子崇尚美德、明晓仁义、不拘狭隘、心胸坦荡、超越世俗、以义为上。如上所述，"义"是君子内在的"质"，"礼"为君子外在的"文"。孔子强调："质胜文则野，文胜质则史。文质彬彬，然后君子。"（《雍也》）文与质是形式和内容的关系。文与质互相依存，两者需相辅相成、相得益彰，而"文质彬彬"是文与质辩证统一的最佳状态，只有如此才能称得上君子。因此，在儒家看来，只有内外兼修，既合宜又符合礼仪，做到文质彬彬，才能成为真正的君子。最后，礼义是君子创建不朽业绩和维护社会国家正常秩序的根本前提。《左传·襄公二十四年》记载鲁国大夫叔孙豹说："大上有立德，其次有立功，其次有立言，虽久不废，此之谓不朽。"此即儒家所强调的"三不朽"，"立德"居于首位。儒家之所以特别推崇德行，就在于认识到人只有首先具备高尚的道德人格，才能为人做事，才能创造不朽的业绩。周公在《诫伯禽》中强调："德行广大而守以恭者，荣。"刘备告诫其子说："勿以恶小而为之，勿以善小而不为。唯贤唯德，能服于人。

汝父德薄，勿效之。"（《遗诏敕后主》）这都在于强调德行对成就事业的重要性。而对于社会、国家来说，礼义则起着维系秩序的重要作用。郑相子产说："夫礼，天之经也，地之义也，民之行也。"（《左传·昭公二十五年》）相反，如果没有礼义，整个社会就会陷入紊乱。《诗经·卫风·氓序》："礼义消亡，淫风大行。"荀子亦强调："礼义不修，内外无别，男女淫乱，则父子相疑，上下乖离，寇难并至。"（《荀子·天论》）不难理解，中国传统儒家正是认识到礼义所具有的上述意义，才特别重视礼义教育，而礼义教育亦成为中国传统家教、家训的根本内容。

客观而言，礼义涵盖的范围极广，涉及生活的各个领域。概括来说，传统家训礼义教育具有以下特征：一是礼义教育贯穿从怀子、生子到育子的整个过程。家训名家颜之推指出："古者，圣王有胎教之法：怀子三月，出居别宫。目不邪视，耳不妄听。音声滋味，以礼节之。书之玉版，藏诸金匮。生子咳口是，师保固明智仁礼义，导习之矣。凡庶纵不能尔，当及婴稚，识人颜色，知人喜怒，便加教诲，使为则为，使止则止。比及数岁，可省笞罚。父母威严而有慈，则子女畏慎而生孝矣。"（《颜氏家训》）这就是说，对婴孩的礼义教育实际上在胎教期间就必须严格进行。由于是胎教，主要规范的是父母，特别是母亲的言行举止，无论是居住、饮食还是视听，都必须以礼义来节制，等到婴儿出生能够哭笑时，就对其进行智、仁、礼、义等方面的教习诱导；孩子稍长，要让其感受到父母的威严与慈爱，培育其孝道。二是礼义教育体现于为人处世的各个方面，重在使孩子习得和养成各个生活领域里的修养和素质及相应的礼仪规范。例如，在言语方面，晋代嵇康强调："夫言语君子之机，机动物应，则是非之行著矣，故不可不慎。"（《家诫》）在饮食方面，南北朝杨椿强调："吾兄弟若在家，必同盘而食，若有近行不至，必待其还。亦有过中不食，忍饥相待。"（《诫子孙》）在饮酒方面，三国王肃告诫其子说："夫酒所以行礼、养性命、为欢乐也，过则为患，不可不慎。"（《家诫》）他还具体阐述了劝酒与拒酒在礼节上所应当把握的度。南北朝颜之推还分别就避讳、取名、迎送、称谓、哭丧、吊唁、祝生、待客等方面做了详细阐述。总之，礼义教育是全面的，而不单指某一方面。三是孝道是家教、家训礼义教育的根本出发点，移孝为忠成为家训的重要价值导向。《孝经·开宗明义章》：

"夫孝，德之本也，教之所由生也。"即孝是道德修养的根本，是一切训教的出发点。西汉司马谈在《遗训》中告诫其子司马迁说："且夫孝始于事亲，中于事君，终于立身。扬名于后世，以显父母，此孝之大者。"三国吴虞谭母临死告诫其说："吾闻忠臣出孝子之门，汝当舍生取义，勿以吾老为累也。"（《诫子言》）可以说，以孝为切入点，推崇移孝为忠，是儒家传统家训的重要特色。总之，传统家训礼义教育事实上贯穿于孩子成长的整个过程，体现于家教的各个方面，既有根据孩子成长不同时期的侧重，又有贯穿始终的根本教育内容和价值导向。

三、传统家训礼义教育的缺陷及其现代转型的目标

中国传统儒家以礼义教育为根本内容的家训，其根本宗旨在于维护宗法制度下天下一统的社会秩序，在于培育孩子与之匹配的伦理道德观念。当然，随着时代的变革，我们必须充分认识到传统家训礼义教育存在的偏颇、缺陷与弊病，特别是应当看到，随着中国从传统宗法社会向现代公民社会转型，就必须自觉地实现家训在礼义教育上的现代转型，即使家训以公民道德教育为根本内容，以培养和造就合格社会主义公民为根本任务，在社会主义伦理道德体系建设上，在公民伦理道德观念培育和公民伦理道德规范塑造上发挥其积极的作用。

概括来说，中国传统儒家家训礼义教育所存在的一些根本性的偏颇、缺陷或弊病，主要有以下五个方面：一是传统儒家的家教、家训文化没有科学地阐明礼义或伦理道德的内在根据，否定了礼义或伦理道德规范生成的社会生活实践基础。众所周知，儒家崇尚圣人，圣人是儒家向往的最光辉、高尚的道德人格，因而便认为礼义或伦理道德规范归根结底皆来自圣人的创设或发明。例如，《礼记·曲礼上》："圣人作，为礼以教人。使人以有礼，知自别于禽兽。"也就是说，圣人是先觉者，是礼义创设者，是他们"为礼以教人""使人以有礼"。显然，广大民众则是礼的被动接受者，而且只有在圣人的教导之下才能有礼，进而有意识地区别于禽兽。儒家心目中的"先王"即是圣人。荀子论礼的起源时强调："先王恶其乱也，故制礼义以分之，以养人之欲，给人之求，使欲必不穷乎物，物必不屈于欲，两者相持而长，是礼之所起也。"（《荀子·礼论》）毫无疑问，圣人或先王创制礼义的思想并没有科学地阐明礼义或伦理道德得以产生的社会历史

基础和过程。不仅如此,尽管孔子已经实现了"摄'礼'归'义'",但事实上,后儒依然有不少人还是把礼归之于天。例如,明代湛若水说:"曷谓德?曰孝、曰友、曰恭、曰义、曰顺,六者皆人之所受于天者也。受于天而能不失焉,天斯常之矣。"(《湛甘泉先生文集·燕翼堂记》)二是传统儒家将圣人作为家教、家训的最高目标,以修齐治平为纲领,往往忽视了家教、家训的世俗生活要求。荀子说:"礼者,人道之极也。然而不法礼,不足礼,谓之无方之民;法礼,足礼,谓之有方之士。礼之中焉能思虑;礼之中焉能勿易,谓之能固。能虑,能固,加好之者焉,斯圣人矣。故天者,高之极也;地者,下之极也;无穷者,广之极也;圣人者,道之极也。故学者,固学为圣人也,非特学为无方之民也。"(《荀子·礼论》)即学礼在于达致圣人。儒家坚信人皆可以为尧舜,其根据就是这种价值理念。但是,孔子就曾无奈地感叹道:"圣人,吾不得而见之矣;得见君子者,斯可矣。"(《述而》)也就是说,虽然以"圣人"为榜样,但是实际上很难做到。传统儒家追求道德上的高标准,其目的在于实现齐家、治国、平天下,其境界不可谓不高,但却过多地忽视了人们的世俗生活要求。众所周知,樊迟请学稼、学为圃,孔子过后斥之说:"小人哉,樊须也!"(《子路》)如上所述,事实上儒家重仕途功名而轻经世致用的思想,直到明清特别是晚清鸦片战争之后才有明显的改变。例如,洋务派领袖左宗棠在《与孝威》信中强调"读书只要明理,不必望以科名"。三是儒家亲亲尊尊的原则遵循着根据血缘远近亲疏来推演的"外推逻辑",事实上很难做到"义",即达到事事恰切、客观公正。《礼记·曲礼上》说:"夫礼者,所以定亲疏,决嫌疑,别同异,明是非也。"可以说,这是儒家心目中礼的基本功能。孔子强调:"君子笃于亲,则民兴于仁。"(《泰伯》)孔子这句话肯定了"笃于亲"之礼的社会功效。孟子明确提出"推恩"思想,他说:"老吾老,以及人之老;幼吾幼,以及人之幼。天下可运于掌。……故推恩足以保四海,不推恩无以保妻子。古之人所以大过人者,无他焉,善推其所为而已矣。"(《梁惠王上》)类似的又说:"人人亲其亲,长其长,而天下平。"(《离娄下》)"人人亲其亲,长其长"遵循的就是宗法制度下以血缘远近亲疏来推演的"外推逻辑"。然而,这种"外推逻辑"存在着逻辑缺陷,显然它并没有考虑到陌生人问题,即陌生人是否就是被其亲近、被其敬重的问题。不难想象,尽管我们做到了"亲其亲""长其长",但是如果我与他人在根本利益上并不一致,那么各自"亲其亲""长其长",就势必造成利益冲突的尖锐化。因此,真正来说,孟子从"人人亲其亲,长其长"的逻辑前提并不能必然地推导出"天下平"的结论来。实际上,儒家自身就认识到这种亲亲尊尊的"外推逻辑"是很难实现"天下平"的。例如,《大学》指出:"人之其所亲爱而辟焉,之其所贱恶而辟焉,之其所畏敬而辟焉,之其所哀矜而辟焉,之其所敖惰而辟焉。故好而知其恶,恶而知其美者,天下鲜矣!"即是说,人们对自己所亲近、所厌恶、所畏敬、所怜悯、所简慢的人往往有过分亲近、厌恶、畏敬、怜悯、简慢的偏向,而喜爱一个人却又知道他的缺点,讨厌一个人却又知道他的优点,这样的人天下少有。这说明,按照亲亲尊尊的原则,人们很难做到客观公正。针对"其父攘羊"这样的法律问题,孔子主张"父为子隐,子为父隐"的"亲亲相隐"(《子路》),针对舜父瞽瞍杀人,孟子贯彻"亲亲相隐"原则主张舜"窃负而逃"(《尽心下》),无疑均证明了儒家亲亲尊尊的原则难以实现客观公正[①]。四是传统家教、家训普遍贯彻着儒家忠孝观念,以维护封建宗法制度为礼义教育的根本宗旨。从根本上说,儒家的整个礼义教育根源于宗法血缘观念,因此其根本任务实际上在于维护封建宗法制度。毫无疑问,中国虽然经历了无数王朝的更替,但从根本上来说,直到孙中山领导的辛亥革命推翻帝制后,封建宗法制度才逐渐地退出历史舞台。五是儒家重男轻女的思想传统,难以实现人人平等与社会和谐。例如,班昭在《女诫》中指出:"阴阳殊性,男女异行。阳以刚为德,阴以柔为用,男以强为贵,女以弱为美,故鄙谚有云:'生男如狼,犹恐其尪;生女如鼠,犹恐其虎。'然则修身莫若敬,避强莫若顺。故曰敬顺之道,妇人之礼也。"尽管班昭亦强调夫妻应"义以和亲,恩以好合"以实现家庭和睦幸福,然而她强调的"妇人之礼"就是女人对男人的敬顺。究其价值导向,就是男尊女卑、男女不平等。可以说,儒家传统家教、家训礼义教育中存在的这些根本性偏颇、缺陷或弊病,随着现代社会的发展已经越来越凸显,越来越鲜明,全面结合时代发展要求和教育的新目标、新任务,改造和提升家训礼义教育以实现其现代转型,已成为礼义教育的当务之急。

[①] 关于儒家"亲亲相隐"是否具有合理性的争论,可具体参看郭齐勇主编《儒家伦理争鸣集——以"亲亲互隐"为中心》(湖北教育出版社 2004 年版)和邓晓芒著《儒家伦理新批判》(重庆大学出版社 2010 年版)。

实现传统家训礼义教育的现代转型，必须着眼于社会主义伦理道德体系建设，必须以现代社会公民道德教育为根本内容，以公民伦理道德观念的培育和公民伦理道德规范的塑造为切入点，以培养和造就合格公民为根本目标。当前，中国社会正发生着深刻的变革，正经历着从传统宗法社会向现代社会的转型，这无疑是这个时代最典型的特征和最确定不移的趋势。然而，我们当前的伦理道德领域存在着较为严重的混乱，还没有建立起一套完整的科学地规范和协调人们之间伦理道德行为的社会主义伦理道德体系。造成这种混乱的根源恰恰是中国传统宗法血缘观念影响支配下的伦理道德观念，如重血缘地缘、重亲情友情等观念，与尚未完全成熟的市场经济价值观念，如重理性、重公平、重效率等观念，甚至唯利是图思想，彼此的碰撞、冲突和畸形混合。而这种混乱和畸形的表现则多种多样：在亲亲尊尊的原则下，在血缘地缘、亲情友情的束缚下，不少人往往在私人利益最大化原则支配下无视社会公正，抹煞公共伦理道德规范，甚至徇私舞弊，不惜违法犯罪，过分关爱、照顾、偏袒自己的亲人、熟人、同学、朋友、老乡，而肆意侵害公共利益，特别是陌生人的利益；不少人对自己的亲人、熟人、同学、朋友、老乡等表现出超常的尊敬和热情，而对陌生人则甚为冷漠，缺乏基本的同情；在公共服务机构或单位，尽管服务人员能够按照职业礼仪要求接待或服务顾客，但其表情和规范行为更多的是强化训练出来的结果，缺乏真情实意，态度比较生硬，更不要说已经为人们所普遍反映和不满的不遵守交通秩序扎堆过马路、横穿马路，驾车随意变道、随意停放车辆，不遵守公共场合文明秩序，排队乱加塞，高声喧哗，抽烟甚至随地大小便等不文明、不礼貌的现象。当前我们的伦理道德领域出现的这种种混乱与畸形现象，说明我们的伦理道德教育存在着严重的问题。其中最为关键的问题是，我们的伦理道德教育没有确立明确的目标，还不清楚我们应当为了建设什么样的社会而培育什么样的人。无疑，建设中国特色社会主义伟大事业，必须培养有理想、有道德、有文化、有纪律的"四有"新人，培养中国特色社会主义事业的建设者和接班人。但是与这种共产主义道德教育相比，我们必须更加重视面向所有社会成员的公民道德教育。因而，我们必须充分认识到，现代社会本质上是公民社会，即任何一个人最终必须首先作为公民而独立生存于社会之上，人们在公共场合或公共生活世界里必须遵循社会所有成员普遍遵守的公共伦理道德秩序或法律规范，在解决和处理公共利益问题时必须体现自由、平等、公平、公正、民主、法治等基本价值观和道德规范，特别是在作为公民社会细胞的家庭里，其成员之间，如父母与子女之间、兄弟姐妹之间、婆媳之间等，都必须全面贯彻公民社会的基本精神，与传统美德相协调，实现自由、平等、民主、法治与父慈子孝、兄友弟恭、夫妻和顺、家庭邻里和睦相统一，以实现家庭与社会的和谐与稳定。公民道德教育实际上是当前我们社会伦理道德教育的根本内容，也是最基本的任务，我们必须以培育公民伦理道德观念和塑造公民伦理道德规范为切入点，以培养和造就合格的社会主义公民为根本目标，全面建设适应社会主义市场经济的新型伦理道德体系。

全面建设社会主义伦理道德体系是一项庞大的系统工程，需要方方面面共同不懈的努力。单就伦理道德教育或礼义教育来说，家庭无疑发挥着独特的、不可估量的作用，因为孩子的文明礼貌行为或伦理道德意识的养成无不最初源自父母或家庭的教育，源自家庭里的耳濡目染。就上述伦理道德领域里的种种混乱与畸形现象而言，许多家长为孩子做了很不好的榜样，没有起到应有的表率作用。因此，我们不仅必须充分重视家教中的礼义教育问题，而且必须充分认识到这项教育首先应以培养和造就合格的社会主义公民为根本任务，以自觉地培育孩子良好的公民伦理道德意识，使孩子更好地遵守公共伦理道德规范和秩序为基本目标。必须强调并坚持以培养和造就合格的社会主义公民为当前伦理道德建设的根本任务，在于我们必须遵循伦理道德建设的内在规律，即我们只有在普遍地培养起人们的基本伦理道德素质之后才能不断地进一步引领人们追求更高的伦理道德境界，如崇高的共产主义道德理想。

总之，我们必须在充分认识和挖掘中国传统儒家家训的宝贵资源，积极肯定传统家训中礼义教育成功经验的基础上，结合时代精神适应现代文明发展的要求，以社会主义核心价值体系为引领，以自由、平等、公平、公正、民主、法治、爱国、诚信、敬业、奉献等公民道德教育为根本内容，以公民伦理道德意识培育和公民伦理道德规范塑造为切入点，以培养和造就合格的社会主义公民为根本任务，全面实现中国传统礼义教育的现代转型。我们坚信，只有如此，我们的公民道德建设才能推进到新阶段，提升到新境界。

Traditional Family Ritual Education and Its Modern Transformation

LU Lin

(School of Marxism, Henan Agricultural University, Zhengzhou, Henan, 450046)

Abstract: Ritual education is the core of traditional Chinese culture and family education and family instructions are important ways to achieve the ritual education. Although family instructions are rooted in traditional Chinese patriarchal system, they are after all the wisdom of traditional Chinese family education, and the precious cultural resources on which we depend to achieve the Great Rejuvenation of Chinese culture. At present, we must focus on the transformation of Chinese society from a traditional patriarchal society to a civil society, consciously realize the modern transformation of family ritual education, namely we must take civic moral education as a fundamental part, view fostering qualified citizens as a fundamental task, and make it play a positive role in the socialist moral system, nurturing the civic ethics and shaping ethical standards.

Key words: family instructions; ritual education; modern transformation; civic virtue education

乐教研究

论儒家乐教的基本精神及其现代启示
——兼论孔子的音乐实践

宋 歌

(河南省儒学文化促进会,河南 郑州 450053)

摘 要:儒家深刻地阐释了音乐的起源,认为音乐是人们有感于内心情感的表达,它发挥着重要的社会功能,即修养身心、移风易俗。儒家揭示了音乐与政治之间的关系,因而非常重视音乐的教化作用。作为儒家的创始人,乐教在孔子教育中占有重要地位,而孔子本人更是一位杰出的音乐家,音乐活动贯穿其终身教育事业。以孔子为代表的儒家乐教思想对于当前的音乐教育和音乐创作依然具有非常重要的启示意义。

关键词:儒家;乐教;孔子;基本精神;现代启示

儒家深刻地阐释了音乐的起源,揭示了音乐与政治之间的关系,因而非常重视音乐的教化作用。作为儒家的创始人,孔子不仅是我国春秋时期的伟大思想家、政治家、教育家,而且是一位杰出的音乐家。面对周朝末年"礼崩乐坏"的社会局面,他倡导"移风易俗,莫善于乐"的乐教理念,充分肯定音乐是教化人心的最有力的工具。乐教在孔子教育中占有重要地位,音乐活动贯穿其终身教育事业,其根本宗旨在于通过音乐教化,使经济发展,社会稳定和谐,人民安居乐业,乡风民俗淳朴。研究和学习以孔子为代表的儒家乐教思想,对于当前的音乐教育依然具有非常重要的启示意义。

作者简介:宋 歌(1939—),男,河南镇平人,中共郑州市委宣传部原副部长,河南省儒学文化促进会副会长,宣讲团团长。

一、儒家对音乐起源的认识

音乐是一种声音艺术。人们常称之为最抽象、最玄妙的艺术。乐，篆体作"樂"，许慎《说文解字》中说："五声八音总名，象鼓鞞，木虞也。"即各种音乐及乐器的总称，为象形字，像鼓类乐器之形，下部木字像乐器的支架。但著名甲骨学者罗振玉则不同意这种说法，认为许慎记载有误，他根据"乐"字的甲骨文字形，结合后世琴、瑟等乐器的形制，以为"乐，以丝附木上，琴瑟之象也"[①]。这实质上就是从琴、瑟等乐器的形制上考察乐的起源。但真正说来，将丝线拴在木头等物体上，用手弹之，叮咚作响，悦耳动听，即为乐。

音乐的起源，中国历代音乐家们有"生于人心"说和"反射人心"说。

（一）"生于人心"说

"生于人心"说出于《乐记》。《乐记》一书一说成书于战国初，主要内容由孔子后学公孙龙子所编纂；一说成书于西汉，出自汉儒或杂家公孙龙子及其手下儒生所编纂（见《汉书·艺文志》）。《乐记》今存11篇，这是迄今能够见到的中国最早的音乐美学论著，可谓集古代乐论之大成。它总结了先秦音乐美学的成果，继承、发展了儒家音乐理论，具有较为完整的体系，在中国和世界音乐史上具有重要的地位。《乐记》云："凡音之起，由人心生也。人心之动，物使之然也。感于物而动，故形于声，声相应，故生变，变成方，谓之音；比音而乐之，及干戚羽旄，谓之乐也。乐者，音之所由生也，其本在人心，感于物也。"这段话明确地指出了物感—心动—乐成的动态生成过程。人因感于"物"而动"心"，"心"动而"形于声"，"声"之渐变则成为"音"，合"音"则成"乐"。其中最重要的就是"物感"的过程，指明了音乐产生的最初动因。《乐记》又进一步强调："乐者，音之所由生也，其中在人心之感于物也。是故其哀心感者，其声噍以杀。其乐心感者，其声啴以缓。其喜心感者，其声发以散。其怒心感者，其声粗以厉。其敬心感者，其声直以廉。其爱心感者，其声和以柔。六者非性也。感于物而后动。"乐的起源在于心对外物的反应，而且不同的外在环境会产生不同的心境，

[①] 王秀萍：《甲骨文"乐"字研究分析》，《交响——西安音乐学院学报》2007年第1期。

心境不同就会产生不同的"声",这不是人的本性使然,而是心感外物的结果。这一理论告诉人们:音乐是人的精神世界的产物,人的思想感情的产生则是外界事物给予影响的结果。感情受到客观事物的触动,于是在"声"上表现出来,表示感情的声音相互应和,就产生高低不同的变化,变化有一定规律的叫作"音"。按不同的音组成旋律进行唱、奏,同时手持盾牌、兽头、野鸡毛、牛尾巴跳舞,称之为"乐"。

远古时代,人类的劳动只能是集体劳动。劳动的进行、语言的出现和人类大脑的发达,奠定了音乐产生的基础和条件。人类最原始的音乐,应是劳动号子,它直接服务于生产劳动,反映了劳动者的生活和情绪。西汉时期的思想家、文学家刘安在《淮南子·道应篇》中谈到古代的《邪许(音湖)歌》时写道:"今举大木者,前呼'邪许',后亦应之。此举重劝力之歌也。"这也正像鲁迅先生在《门外文谈》一文说的那样:"我们的祖先的原始人,原是连话也不会说的,为了共同劳作,必需发表意见,才渐渐地练出复杂的声音来,假如那时大家抬木头,都觉得吃力了,却想不到发表,其中一个叫道'杭育杭育',那么,这就是创作。"[①]这里说的"杭育"和"邪许"一样,是为了抬木头时协调动作,减轻劳累而从肺腑发出的有节奏的呼声,它是劳动号子的雏形。这就明确地告诉我们:"劳动号子"是最早的民歌,也是最早的音乐。劳动号子之所以是最早的音乐,更主要地在于它是劳动人民在劳动过程中发自肺腑表达内心思想和情感的呼声。

(二)"反射人心"说

"反射人心"说是现代心理学的观点。我国先秦时的思想家们认为,音乐是"人心之感于物而动"的结果。而现代心理学家们认为音乐是外界现象对人心的反射。事实上,两家对音乐的认识总体上是一致的。我国古琴曲《高山流水》的创作过程就是受到外界环境的影响而产生的反射,又是"移情自然"的最佳作品。例如,学者们比较普遍地认为,古琴曲《高山流水》既蕴含天地之气韵又囊括山水之风流,是中国古典音乐的最高境界,更是中国古代"天人合一"的文化精神在音乐中的最好体现。

---

① 鲁迅:《且介亭杂文·门外文谈》,《鲁迅全集》(第六卷),人民文学出版社 2005 年版,第 96 页。

据《琴苑要录》记载:"伯牙学琴于成连,三年不成。至于精神寂寞,情之专一,未能得也。成连曰:'吾之学,不能移人之情,吾师方子春,在东海中。'乃赍粮从之,至蓬莱山,留伯牙曰:'吾将迎吾师。'划船而去,旬时不返。伯牙心悲,延颈四望,但闻海水汨波,山林杳冥,群鸟悲号,仰天叹曰:'先生将移我情矣。'"事实上,眼前妙趣横生具有奇特音响的景象,使伯牙充分感受到了大自然的情趣,思路为之开阔,情感因而丰富,顿时他深有感触,认识到山水即是跳动的音符,由此创作了《水仙操》。而成连聆听伯牙的演奏,品嚼音乐的韵味,则深有感触地认识到其师之所以让他亲临荒岛是为了让他直接领悟大自然。这就告诉人们:要想创作美妙动人且有一定深度的音乐,必须面对美好的现实和大自然,而且把现实生活中的自然界的美如实深刻地反映到内心里来,再放射出去。

直接感悟大自然而产生情感上的愉悦,是儒家美学思想的重要内容。孔子说:"仁者乐山,智者乐水。"(《论语·雍也》,本文以下引《论语》,只注篇名)大自然生机勃发,无论是雄伟的山脉还是辽阔的大海,甚至是一马平川的大地,都能给人以无限的遐想,都能开启人的胸襟。大自然充满着生命的韵律,历代无数文人骚客痴迷于自然,投身自然的怀抱,全身心地感悟天地万物的生成变幻,创作了大量优秀的诗歌作品、音乐作品。这些作品蕴含着深厚的文化底蕴,培育和塑造了中国文人特有的精神世界。《荀子·劝学》称:"伯牙鼓琴,而六马仰秣。"《吕氏春秋·本味》中亦有"伯牙鼓琴志在高山流水"之说。现存《水仙操》《高山》《流水》,都是艺术家深入大自然的产物,都体现注重以情动人的精神。

事实上,音乐是作曲家以有一定规律的乐音(或声音)为整体素材,通过各种手段,如音高、长短、强弱、音色及调式、和声等有规律的组合,以时间,如拍子、节奏作为基本方式所创造的艺术形象。音乐依赖于人们的听觉,表达人们的思想感情,反映现实社会生活,同时使人们从中得到教育、认识、审美、娱乐及哲理的启迪。无论是"生于人心"说还是"反射人心"说,在儒家那里实际是相通的,即儒家认为音乐是人们内心情感的表达,它起源于人们的生产劳动、生活实践,是感悟大自然天地万物的情感表达,而它之所以能够表达情感,就在于它通过一定的节奏、旋律、和声作用于人们的听觉,使之在内心塑造了生动的艺术形象,从而达到了人与天地万物之间的情感交融。

二、音乐的功能与儒家乐教的基本精神

音乐是声音的艺术，声音是音乐的物质基础或载体，音乐的美就体现为旋律的缭绕、和声的协调、节奏的起伏。任何作曲家进行艺术创造，都要充分地发挥声音塑造音乐形象、表达内心情意的作用，而演奏者或表演者借助乐器的演奏激活音乐欣赏者的听觉，达到对作曲家所塑造出来的音乐形象的领悟。因而，音乐是通过自己的特质表达人的思想感情，以激发人们对美好事物的追求的。作曲家深入社会生活的各个领域，能够无限地扩展音乐所反映的社会内容，充分发挥音乐的功能，使其展现千姿百态的大千世界。当然，作曲家对社会人生的感悟能够升华到很高的境界，从而在描绘外在大自然的勃勃生机之外，还能够深刻洞察人类内心的情感和心灵，反映更为复杂而色彩斑斓的人间悲欢离合。

音乐之所以能够抒发、表现和寄托感情，是由于音与音之间联结或重叠产生了高低、疏密、强弱、浓淡、明暗、刚柔、起伏、断连等变化，这些变化不仅与人们的脉搏律动相呼应，而且契合了人们的感情起伏，全面地调动起了人们的身心，促进了身心的互动与和谐，特别是音乐往往能够起到语言无法实现的作用或效果。因此，音乐是基于节奏的声音艺术，是特殊的表达感情的"语言"，即"乐与情通"。作曲家或音乐家借助节奏、旋律、音调和音质的协调和组合，能够达到对欣赏者身心兴奋、抑制、松弛、镇静、催眠等的效果。如快速愉快的旋律使人精神振奋、肌肉紧张，柔和徐缓的旋律使人心定气和，优美的曲子则使人轻松愉快。因此，高唱《中华人民共和国国歌》等亢奋的歌曲，能激发我们勇往直前、保卫和建设祖国的热情；歌唱《春天的故事》《走进新时代》，会唤起我们爱岗敬业、勤奋工作的毅力；歌唱《在希望的田野上》《越来越好》，会增添我们全面建成小康社会、追求美好生活的信心。

这种凭借声音的节奏变化而表达情感的特殊艺术，虽然在起始阶段处于十分幼稚的状态，但随着人类社会生活的丰富和发展，特别是随着音乐家们的长期探索实践和经验积累，它已经成为人们交流思想情感的重要工具，成为超越国界的语言。音乐这种用任何国家的语言和文字都无法表达的感情抒发形式，为人类社会增添了亮丽色彩，使人类社会生活不再无聊、单调和沉闷，从而使每一个人都

能够实现身心的愉悦与和谐，达到人生的至高境界。

正是在深刻认识音乐功能的基础上，历代儒家思想家都非常重视音乐，以达到以礼安人心、以乐移民俗的目的。正如《乐记》所说："治世之音安，以乐其政和；乱世之音怨，以怒其政乖；亡国之音哀，以思其民困。声音之道，与政通矣。"荀子在《乐论》中谈到音乐的作用时指出：一是音乐能使人快乐，是人们感情上所必需的东西，"故人不能无乐"；二是人本性恶，必须以雅颂之声来"感动人之善心，使夫邪污之气无由得接"；三是音乐有"入人也深，其化人也速"的功能，可以起到"移风易俗"的作用，是治国治民的有效手段之一；四是按乐舞节奏训练，行列端正，进退整齐，对外有利作战，对内能使人和睦团结、互敬互爱。荀子在这里明确论述了音乐和政治的关系，认为音乐必然表现社会的政治，为政治服务。也就是说音乐与政治是相通的，所以太平时代政治修明、和美，音乐一定充满安乐；动乱频仍时代政治动乱，倒行逆施，音乐一定充满怨恨；国家将亡时代民生困苦不堪，音乐一定充满悲哀。"五音"的宫、商、角、徵、羽中，宫为君，商为臣，角为民，徵为事，羽为物。《乐记》："五音不乱，则无怗滞（音怗滞）心之音矣。宫乱则荒，其君骄；商乱搥（音锤），其臣坏；角乱则忧，其民怨；徵乱则哀，其事勤；羽乱则危，其财匮。五者皆乱，迭相陵，谓之慢。如此则国之灭亡无日矣。亡国之音也，其政散，其民流，诬上行私而不可止。"

《乐记》还指出了声、音、乐三者的不同："知声而不知音者，禽兽是也；知音而不知乐者，众庶是也；唯君子为能知乐""是故审声以知音，审音以知乐，审乐以知政，而治道备矣"。《乐记》还肯定了其具有娱乐作用："乐者，乐也，人情之所必不可免也。"所谓的"乐者，乐也"有两层意思："乐者"是指音乐能表现欢乐的情绪，"乐也"则是指音乐能使听者感到快乐，能给人以快感，从而肯定了音乐的美感作用。而"人情之所不免也"则进一步肯定了人人都有欣赏音乐的审美要求和欲望。而"乐者，乐也。君子乐得其道，小人乐得其欲。以道治欲，则乐而不流；以欲忘道，则惑而不乐"，是说虽然人人都有欣赏音乐的欲望，都能从音乐中得到快乐，但人们所得到的快乐并不相同：有以音乐提高道德修养为乐者，有以音乐满足声色、欲望为乐者。毫无疑问，只有拒斥了单纯为了满足感情需要的音乐，社会才能安宁。因此，儒家更看重音乐的移风、纯俗的作用。

总之，以孔子为代表的儒家否定了商周以来把音乐从属于"神"的传统观念和各种否定音乐存在的见解，强调的是音乐与现实人生的关系，是情与理的统一，是音乐为社会政治服务的实用功利，而这一点也是其他学派所没有提及的。

三、杰出音乐家孔子的音乐实践

孔子是儒家音乐思想的奠基者和音乐活动的终生实践者。孔子的音乐天赋可说是与生俱来的，他从幼年至晚年，毕生都与音乐相伴，酷爱音乐，潜心钻研音乐，从其终身多方面的音乐实践来说，他不仅是歌唱家、演奏家、作曲家，而且是音乐教育家、音乐理论家、音乐美学评论家。当然，孔子开展乐教，以音乐教化弟子，成为儒家首位音乐教育家，以自己的方式实现整个社会的有序、和谐。

从歌唱到演奏再到亲自作曲，是音乐修养和音乐才艺提升的表现。孔子通过长期的音乐实践，成长为一位能歌、善演且擅作的音乐全才。首先，孔子是一位歌唱家。除有丧事外，孔子随时都喜欢唱歌。《述而》篇记载："子与人歌而善，必使反之，而后和之。"意思是说孔子同别人一道唱歌，如果对方唱得好，一定请他再唱一遍，然后自己又按人家的旋律风格另作一首以和之。据《史记·孔子世家》记载，孔子在周游列国途中断粮，被困在陈、蔡之间，"七日不尝食，藜羹不糁"。连饭都吃不上，孔子"讲诵弦歌不衰"，弹琴、唱歌依然不断。甚至在他去世前七天，还唱了一首哀悼自己的歌："泰山坏乎？梁柱摧乎？哲人萎乎？"其次，孔子是一位演奏家。歌唱与演奏乐器是不能截然分开的，精于歌唱的孔子同时也是演奏家。孔子会击磬、弹琴、鼓瑟，将自己的喜怒哀乐寄托于音律之中。《孔子世家》还记载，他跟师襄学弹琴曲《文王操》，纵使在学了很长时间之后师襄再三告诉说"可以益矣"，他依然一丝不苟要坚持下去，并一再表示"未得其数也""未得其志也""未得其为人也"。因此，对于演奏他很谦虚、很认真，直到学会、学精为止。再者，孔子是一位多产的作曲家。据说，现存的有古琴曲《龟山操》《将归操》及《猗兰操》，都是孔子的作品。他系统整理了《诗经》音乐。司马迁在《孔子世家》中还强调《诗经》所有诗篇孔子皆弦歌之，以求合"《韶》《武》《雅》《颂》之音"，孔子将《诗经》诗篇"皆弦歌之"，这实际上是一项了不起的庞大工程，故而司马迁感叹说："礼乐自此可得而述，以备王道，成六艺。"

孔子不仅是音乐活动的实践家，而且是儒家音乐理论的创立者，是音乐美学的评论家。对音乐的实践和感悟，使孔子在继承前人的基础上成为儒家音乐理论的创造者，成为真正意义上的音乐理论家。孔子在讲到音乐表现美时说："始作，翕如也；从之，纯如也，皦如也，绎如也，以成。"（《八佾》）意思是说，开始演奏时，音乐盛大而丰富，继续下去变得和谐、鲜明、条理清楚。他对音乐表现善时说："人而不仁如礼何？人而不仁如乐何？"（《八佾》）又说："礼云礼云，玉帛云乎哉？乐云乐云，钟鼓云乎哉？"（《阳货》）意在强调音乐要为"仁"服务，要为"礼"服务，这样"礼""乐"才能达到教化人的目的，这反映了孔子以音乐改造社会风气的意图。因为"不学诗，无以言"，"不学礼，无以立"（《季氏》）。《乐记》说："乐由中出，礼自外作，唯乐不可以为伪。""礼"是统治者规定的社会秩序，属于人的外部行为，但是仅要求"礼"是不够的。"乐由中出"意谓"乐"由内心而发，外部的约束未必能及于内心。"乐"由于来自内心，"不可以为伪"，所以可以探察人的真实情感。"乐至则无怨，礼至则无争，揖让而治天下者，礼乐之为也。暴民不作，诸侯宾服，兵革不试，五刑不用，百姓无患，天子不怒，如此则乐达矣。"必须用"乐"来配合"礼"，用"乐"来缓和上下的矛盾，达到社会和谐，礼乐的根本是道德。作为儒家音乐理论的创立者，孔子更以自己的音乐理论对当时社会上的音乐活动做出自己的评价，因而他也是最早的儒家音乐美学评论家。《孔子世家》记载了孔子多次评论音乐的活动。公元前517年，孔子35岁时在齐国与太师谈论音乐理论，谛听齐太师演奏的"韶"乐（虞舜时的大曲），受到极大的感动，心里非常高兴，说："尽美矣，又尽善也。"以至于使他"三月不知肉味"。但他当听到"武"乐时（西周时的乐舞，表现武王伐纣，一统天下的过程），他说："尽美矣，未尽善也。""尽善尽美"不仅成为一句成语，它更成为美学史上关于评论艺术作品内容与形式完美统一的标准。按照这一标准，孔子非常重视欣赏民间音乐。他曾对儿子伯鱼说："人而不为《周南》《召南》，其犹正墙面而立也与？"（《阳货》）即把不学民间歌曲看作面壁而立、没有出路一样。同样出于这一标准，他极力反对他认为不健康的音乐。例如，他认为"郑声淫"，要"放郑声"（《卫灵公》），又说："恶郑声之乱雅乐也。"（《阳货》）而据《孔子世家》记载，鲁定公十年（即公元前500年，孔子时年52岁),孔子为鲁定公相礼,跟齐景公在夹谷会见,一再阻止齐国表演《四方之子》和《宫中之乐》,说:"匹夫而营惑诸侯者罪当诛!"鲁定公十三年(即公元前496年,孔子56岁),因为鲁国的当权者季桓子接受了齐国馈赠的女乐,孔子愤而离鲁。由于孔子拥有自己完整的音乐理论,他对不符合他音乐理论旨趣的音乐活动都旗帜鲜明地表达了自己的态度。

作为音乐家,孔子的音乐活动和实践始终贯穿着他的教育活动,无论他的歌唱、演奏、作曲、理论创作或评价,无不是教育活动的必要内容或必要补充,因而孔子更是一位音乐教育家。孔子所面对的春秋之际"礼坏乐崩"的社会动乱和转型,使孔子更自觉地认识到重塑礼乐制度的必要性和迫切性。孔子力挺音乐先行,为治国平天下提出了自己的主张:"安上治民,莫善于礼;移风易俗,莫善于乐。"(《汉书·礼乐志》)在他教授的"六艺",即礼、乐、射、御、书、数中,音乐位居第二。他提倡"兴于诗,立于礼,成于乐"(《泰伯》),即用诗激励人,用礼树立人,而用乐完善人,使人成为一个"完人"。孔子奉行"有教无类"的教育原则,使原本只有贵族子弟享有的教育专利惠及到社会中下层子弟,因而对音乐教育的推广和普及做出了积极贡献。孔子弟子三千之多,其中七十二人精通"六艺",在许多弟子做官的地方就有弦乐之声。

总之,作为一位杰出音乐家,孔子终生从事着音乐活动,音乐教育更是他教育的重要内容和重要手段,他将音乐视为一个人完善的最后阶段,而这一切都是孔子儒家思想的综合体现,其目的就在于通过音乐教化使经济发展,社会稳定和谐,实现人民安居乐业,乡风民俗淳朴。

四、学习习近平"讲话"精神,努力创作既富有时代精神,又独具民族风格的音乐作品

众所周知,毛泽东同志曾在1942年5月23日发表了对中国现代文艺发展具有深远影响的《在延安文艺座谈会上的讲话》(简称《讲话》),而时隔72年后的2014年10月15日,习近平总书记继承了毛泽东"讲话"精神,立足时代高度,结合改革开放以来,特别是进入新世纪新时期以来文艺创作和发展的形势和要求,再次召开文艺工作座谈会,发表了对当代文艺创作和发展具有新

的重大指导意义的讲话。深入学习两次"讲话"精神，特别是学习领会习近平总书记有关文艺工作的重要论述和指示，是当代广大音乐工作者结合时代特征和实现中华民族伟大复兴中国梦的历史使命，努力创作既富有时代精神，又独具民族风格的音乐作品的重要前提。

客观而言，毛泽东同志的《讲话》，结合当时中国革命的实际，创造性地阐释文艺与人民、文艺与政治、文艺与生活等一系列重大问题，极大地推动了文艺事业的蓬勃发展，取得了辉煌成就。几代音乐家们忠实恪守《讲话》精神，深入体验革命和建设的斗争实践，创造出了一系列反映时代巨变，描绘人民群众精神面貌的思想性、艺术性有机统一的音乐作品。改革开放以来，广大音乐工作者全面投身改革各个领域，深情讴歌改革的弄潮儿，创作了大量鼓舞人心的优秀音乐作品。然而，近些年随着电视晚会音乐的市场化运作，特别是网络流行音乐的出现，也出现了一些不尽如人意的文艺作品，如那些空洞无物、言不及意的"说歌""念歌""唠叨歌"，还有一些声嘶力竭的所谓歌曲，没有给人以鼓舞，没有给人以力量，却令人躁动不安，心慌意乱。特别是一些歌曲反映着贫乏、低俗的爱情观，在社会上广泛传唱，影响恶劣，腐蚀青少年的灵魂。不能不说这是音乐教育的失败，不能不说这是某些大众媒体为了经济利益而推波助澜造成的恶果。而这一切都违背了毛泽东《讲话》的基本精神。

面对当前音乐界不容乐观的现状和突出的问题，广大音乐工作者有义不容辞的职责去改善它，去解决它。毫无疑问，为了改变现状和解决问题，广大音乐工作者必须自觉深入时代生活实践，深入中国特色社会主义伟大事业改革和建设的各个领域，深入各条战线上的人民群众生活和劳动的具体场景，深入最基层普通群众的心灵，把握时代的脉搏与呼声，创作出最能够反映时代特征和民族风格的音乐作品。在《在文艺工作座谈会上的讲话》中，习近平总书记强调："衡量一个时代的文艺成就最终要看作品。推动文艺繁荣发展，最根本的是要创作生产出无愧于我们这个伟大民族、伟大时代的优秀作品。没有优秀作品，其他事情搞得再热闹、再花哨，那也只是表面文章，是不能真正深入人民精神世界的，是不能触及人的灵魂、引起人民思想共鸣的。文艺工作者应该牢记，创作是自己的中心任务，作品是自己的立身之本，要静下心来、精益求精搞创作，把最好的精神食粮奉献给人民。"①客观而言，衡量一个时代的文艺成就，从来不是某个时代当下主观判断的结果，相反，总是经过多少代之后回顾与评价的结果，因为，作品是否优秀要靠时间检验，即凡是能够经得住时间检验进而能够沉淀到民族优秀文化甚至人类社会文明之中的作品，才能称得上优秀作品，流行一时而转瞬即逝的音乐，就很难算得上真正的优秀作品。因此，我们必须清楚地认识到，仅仅图热闹、花哨，做表面文章，根本无助于我们推动文艺的繁荣发展。相反，为了创作无愧于我们这个伟大民族、伟大时代的优秀作品，就必须真正深入人民精神世界，使我们的作品触及每个中华儿女的灵魂，引起最广大人民群众的思想共鸣。为此，我们必须听从习近平总书记的教导，真正静下心来、精益求精地搞创作，把最好的精神食粮奉献给人民，通过自己的作品而立身。

毫无疑问，只有创作出深刻反映人民群众精神世界、触及人们灵魂的作品，我们才能营造出整个社会良好的乐教氛围，消除音乐市场化、功利化造成的弊病，全面地发挥音乐鼓舞斗志、陶冶情操、和谐社会的作用。如上所述，中国传统儒家认为音乐必须实现内容与形式的统一，必须达到尽善尽美的境界，必须发挥陶冶道德情操、抒发美好理想、丰富精神世界的作用。习近平总书记强调："国无德不兴，人无德不立。"②因此，广大音乐工作者要自觉践行社会主义核心价值体系，坚持社会主义文化的前进方向，坚决抵制庸俗、低俗、媚俗之风，以社会主义核心价值观为引领，以优秀的音乐作品陶冶全国人民的道德情操，让每个中华儿女在实现国家梦、民族梦和个人梦的过程中，不断得到精神境界、心灵境界的提升，从而实现中华民族的伟大复兴，实现个人的生活意义和生命价值。客观而言，传统儒家音乐思想为我们创作无愧于我们伟大民族、伟大时代的优秀音乐作品提供了丰富的思想理论基础和必要的实践经验，在全面继承儒家音乐思想优秀成果的基础上，坚持"诗书序其志，礼乐纯其美"（《春秋繁露·心术第二》）的优良传统，认真贯彻"百花齐放，百家争鸣"的方针和社会主义方向，广大音乐工作者能够在当今多层次、多角度、多文化的创作环境中创作出更多既有鲜明时代精神，又

---

①习近平：《在文艺工作座谈会上的讲话》，人民网 2014 年 10 月 15 日。
②习近平：《青年要自觉践行社会主义核心价值观》，《习近平谈治国理政》，外文出版社 2014 年版，第 168 页。

有浓郁民族风格的音乐作品，为人民服务，为中国特色社会主义事业服务。

On the Basic Spirit of Confucian Music Education and Its Modern Enlightenment
—— Concurrently on Confucius' Music Practice

SONG Ge

(Henan Province Confucianism Culture Promotion Agency, Zhengzhou, Henan, 450053)

Abstract: Confucianism has further expounded the origin of music. It holds the idea that music is an expression to the inner emotion. It plays a very important part in social function, namely, the culture of body and soul and transforming the old social traditions. Confucian has revealed the relationship between music and politics, and has attached great importance to the music enlightenment. As the founder of Confucianism, Confucius put the music education in an important position. Also, he was an outstanding musician whose musical activities ran through the whole educational cause. The music educational thoughts of Confucianism represented by Confucius is still of great significance for the current music education and music creation.

Key words: Confucian school; music education; Confucius; basic spirit; modern enlightenment

孔子的乐教与美学思想

连 波

（安阳师范学院，河南 确安阳 450000）

摘 要：乐教是孔子私学教育的重要内容和最后阶段，其根本目的在于培养具有"广博易良"品格的德才兼备的君子，发挥礼乐"移风易俗"的社会功效。孔子不仅引导其弟子鉴赏经典音乐作品，而且将乐教融汇到日常生活之中，业已失传的《乐经》则是孔子所使用的专门音乐教材。孔子的美学思想是其仁或忠恕思想、中庸思想在美学方面的体现，他强调音乐必须达到内容与形式的有机统一，达到中和，实现尽善尽美，以塑造天地万物全面和谐的世界秩序。

关键词：孔子；乐教；美学思想

一、从乐教说到《乐记》

乐教，顾名思义就是音乐教育。《史记·孔子世家》明确地说："孔子以诗书礼乐教。"《礼记·经解》（以下引《礼记》，只注篇名）也记载："孔子曰：入其国，其教可知也。其为人也……广博易良，《乐》教也。"可见，在孔子创办的私学中，音乐的确是一门重要课程，是为培养全面发展的君子所不可缺少的重要教学内容之一。《论语·泰伯》（以下引《论语》，本文只注篇名）记述孔子的话说："兴于诗，立于礼，成于乐。"这也充分说明孔子对这一教学内容的重视。孔子的音乐教育，不仅仅是对声乐演唱或器乐演奏等技能的培养，而且是

作者简介：连 波（1934— ），男，河南滑县人，安阳师范学院原副院长，《殷都学刊》原主编。

对音乐的理解、欣赏与接受。因为音乐是以人心感于物而产生的感情为本源的，即所谓"乐者，音之所由生也，其本在人心感于物也"（《乐记》）。因而人接受音乐也就接受了它的感情，陶冶了自己的感情，即所谓"乐感人心，心随乐声而变也"（《史记正义》引皇侃正义语），而乐与礼又是互相渗透、互为表里的。故而，"乐也者，动与内者也；礼也者，动于外者也""致乐以治心，致礼以治身""乐极和，礼极顺"，礼乐结合，"致礼乐之道，举而错之天下无难矣"（《乐记》）。这不只是在培养一个歌手或琴瑟演奏家的问题，而是在培养德才兼备的治国之能臣。孔子乐教的性质，于此可见其端，所以说"成于乐"就是"把音乐作为他的教学工作的一个最后阶段"[①]。

那么，如此重要的一门课程究竟包括一些什么内容呢？歌唱与乐器弹奏应该是不可或缺的，作为孔子言行录的《论语》中就记述了不少孔子及其弟子在这方面的活动。如《先进》篇"侍坐"章描述曾皙"鼓瑟希，铿尔，舍瑟而作"，"由之瑟，奚为于丘之门？"孔子本人歌唱与弹奏乐器更是常事。《述而》载："子与人歌而善，必使反之，而后和之""子于是日哭，则不歌"。而在平时，大概歌唱还是经常的事。孔子在音乐方面应该是有很高的修养，具有专家的水平。《孔子世家》记载整理《诗》："三百五篇孔子皆弦歌之。"《子罕》篇记载孔子自己的话说："吾自卫反鲁，然后乐正，《雅》《颂》各得其所。"这种比诸侯专业乐师更高的音乐水平，是不可思议的、难能可贵的。其他，如"子击磬于卫"（《宪问》），"孺悲欲见孔子，孔子辞以疾。将命者出户，取瑟而歌，使之闻之"（《阳货》），等等，可见音乐是伴随着孔子的日常生活的。

孔子在乐教中，指导弟子们学习、欣赏当时在各种场合应用的重要音乐作品，特别是经典音乐作品，应该是十分重要的内容。《诗三百》自不必说，是"诗教"与"乐教"的基本教材，其他如"黄帝所作……尧增修而用之"（郑玄语）的《咸池》，舜时的《韶》和《南风》，禹时的《大夏》，殷的《大濩》，周的《大武》，这些经典作品当时可能还在流传，这当然也是乐教的重要教材。孔子在指导弟子们学习、欣赏这些作品中，既对他们起到濡染、感化、陶冶性情的作用，又懂得

[①] 杨伯峻：《论语译注》，中华书局1980年版，第81页。

了音乐结合于礼用于治国理政的道理，同时也使弟子们学会欣赏音乐的艺术美，理解孔子的美学思想。如，孔子评论《关雎》说："《关雎》乐而不淫，哀而不伤。"（《八佾》）清人刘台拱在《论语骈枝》中说："《诗》有《关雎》，《乐》亦有《关雎》，此章据《乐》言之。"孔子这里指出的正是《关雎》这篇乐章的中和之美。所以，聆听这种乐章也是一种令人惬意的艺术享受："师挚之始，《关雎》之乱，洋洋乎盈耳哉！"（《泰伯》）在对《韶》《武》这些经典音乐的学习、欣赏中，孔子曾作过"美"和"善"的深刻分析评论。在当时诗、乐、舞处于三位一体状态的情况下，论诗、论舞时，自然也包含着音乐。如："孔子谓季氏，八佾舞于庭，是可忍也，孰不可忍也？""三家者以《雍》彻。""相维辟公，天子穆穆，奚取于三家之堂？"（《八佾》）"八佾"指的是一种舞，当然也有乐；《雍》则是诗篇，二者也都包括着乐。孔子之所以坚决反对季氏"八佾舞于庭"，是因为这违背周礼，这里又用来说明礼乐关系问题。

如果按《经解》和《孔子世家》的语气，似乎孔子在"乐教"方面，除《诗三百》和《韶》《武》等经典乐曲外，还有专门述音乐理论方面的教材。《庄子·天运》说："丘治《诗》《书》《礼》《乐》《易》《春秋》六经，自以为久矣。"所以，后来古文家就说，本有《乐经》，只是秦焚书后亡失了。现在我们只能看到《乐记》和《史记》中的《乐书》了。二者内容相同，只是各部分的顺序有些差异。至于作者究竟是战国初的公孙龙子，还是与司马迁同时代的西汉刘德，还有待专家们考证。但从把乐同礼、德相联系，并强调其在"移风易俗"和治国理政等方面的作用来看，则是完全符合儒家思想体系的。《乐记》是现在可以看到的秦汉时期系统的音乐理论著作，现存十一篇。《乐本》论述音乐的本源，提出"乐者，音之所由生也，其本在人心感于物也"，具有朴素唯物主义观点。《乐论》《乐记》与《乐施》三篇是讲述音乐的功用的，其中指出："乐者，天地之和也；礼者，天地之序也""王者功成作乐，治定制礼。……仁近乎乐，义近乎礼"。即礼乐完备了，天地人事就各得其位了。天子进而用音乐"以赏诸侯之有德者"，既体现了施予，又显示了德行，使音乐具有教化民心、移风易俗的重要社会功用。《乐言》篇讲人的思想感情有喜怒哀乐之不同，音乐因有缓急繁简、刚柔粗细之别，音乐的节奏旋律、乐曲结构是表现人们的思想感情和人伦事理的。《乐象》篇是论述音乐特征的:"德者,性之端也;乐者,德之华也;金石丝竹,乐之器也""乐者,心之动也;声者,乐之象也;文采节奏,声之饰也。君子动其本,乐其象,然后治其饰"。这里不仅指出了"乐""声""节奏"之间的关系,还指出乐与德的关系,提出处理这些关系的原则。《乐情》篇在说明情的重要意义的同时,指出"乐也者,情之不可变者也;礼也者,理之不可易者也"。而礼乐的内在本质都是"德",所以"德成而上,艺成而下"。《乐记》论述音乐对人们思想感情潜移默化的教化作用时指出:"致乐以治心,则易直子谅之心(即平易、正直、慈祥、善良之心)油然生矣""乐也者,动于内者也;礼也者,动于外者也。乐极和,礼极顺",内和而外顺,治理天下就没有什么难了。《魏文侯》篇记述魏文侯向子夏问古乐与新乐的不同,和子夏对这一问题的对话。《师乙》篇记述师乙对子贡论述风、雅、颂的不同特点。总之,《乐记》是一篇较为系统阐述古代儒家音乐理论的著作,对中国古代音乐美学思想的发展有很深远的影响,对我们研究孔子的"乐教"和音乐美学思想有着重要意义。

二、广博易良与移风易俗

"广博易良"与"移风易俗",是乐教所产生的理想社会功效。"广博易良"是说宽广博大的胸怀和平易良善的品性,这是君子应有的个人性情和品格;"移风易俗"是从改变整个社会风气来说的,乐本乎心,"是以情见而义立,乐终而法尊,君子以好善,小人以息过""故乐行而伦清,耳目聪明,血气和平,移风易俗,天下皆宁"(《乐象》)。这正如"君子学道则爱人,小人学道则易使也"(《阳货》)一样,是说音乐的教化作用,可以达到"移风易俗,天下皆宁"的社会功效。

音乐的教化作用是由音乐的本质自然产生的:"乐者,音之所由生也,其本在人心感于物也""情动于中,故形于声""声相应,故生变;变成方,谓之音;比音而乐之,及干戚羽旄,谓之乐也"。(《乐记》)由于音乐产生的内在根据在于人心感于物,在于感情,所以人们在聆听音乐时候就必然触动感情,引起感情上的共鸣。如,听《松花江上》谁都会引起对故乡和祖国的热爱,对日寇侵略罪行的仇恨、愤怒,激发抗敌救国的斗志;听《中国人民解放军进行曲》时,则会不由自主地昂首挺胸,感到精神振奋,随着歌曲的节奏迈出坚定有力的步伐前进；而聆听《二泉映月》时则不禁为那种在艰难凄苦生活中的悲凉哀怨之情所感染，更会油然而生同情关爱之心。这是个潜移默化的过程，音乐就在"润物细无声"中陶冶了人们的思想感情，发挥了教化作用。然而"乐者，通伦理者也"（《乐记》）。表现符合伦理道德、天理人情的音乐，就是善的、能发挥正能量的、"治世之音"的高雅音乐；表现违背天理、放纵物欲、"有悖逆诈伪之心，有淫佚作乱之事"的音乐，就是恶的、蛊惑人心的"乱世之音"，就是有害的低俗音乐。放纵低俗音乐，就会扰乱人心，败坏社会风气，就是"大乱之道"。所以，从孔子到后世儒家都特别强调乐以德为灵魂、乐与礼相统一，认为乐乃德之华；而乐动于内，礼动于外，乐为天地之和，礼为天地之序，礼乐结合就是治国之道。

接受乐教，从"君子"来说，可以养成"广博易良"的品性，这是修身的重要方面，也是进而齐家、治国、平天下的重要条件。或者说，无论从个人修养来说，还是从"修、齐、治、平"这个系统工程之道来说，"自天子以至于庶人，壹是皆以修身为本"（《大学》）。对于治国理政的官员要如此，特别是对主政的大臣和国君尤其要如此。因为孔子反复说："政者，正也。子率以正，孰敢不正！"（《颜渊》）"其身正，不令而行；其身不正，虽令不从。"（《子路》）特别是对于音乐的移风易俗来说，君子个人具有"广博易良"的品性，是整个社会"移风易俗，天下皆宁"的前提。因为"君子之德风，小人之德草，草上之风必偃"（《颜渊》），即风向哪边吹，草向哪边倒，这是事物的必然。

三、孔子的美学思想

我没学过美学专业理论，读书也少，掌握材料很有限，谈孔子美学思想，实难免门外妄谈。这里只是说说自己的想法，请大家指正。

孔子说："吾道一以贯之。"（《里仁》）这个贯穿孔子整个思想体系的核心观念就是"仁"，或者说"忠恕"。因而"仁"也自然是孔子美学思想的核心。仁就是"己所不欲，勿施于人"（《颜渊》）、"己欲立而立人，己欲达而达人"（《雍也》）。"仁者爱人"（《孟子·离娄下》），有爱心，珍惜人的生命。这是一个人，特别是君子做人的根本原则和态度。只有在"仁"的基础上，才能"博施于民而能济众""修己以安百姓"（《宪问》），达到更高的"圣"的境界。所以孔子的美学思想首先是以"仁"为善,以"爱人"为善,是美与伦理道德思想的统一。《诗经·大雅·生民》作为民族史诗,描写了后稷试种瓜豆、禾麻等庄稼,对他造福人民的事迹给予了热情的歌颂;《大雅·绵》写古公亶父率领周人由豳迁岐的移民活动,找到水土更美、更适宜农业发展的生活环境,也充满欢欣鼓舞之情。这些篇章的美,就美在歌颂了"博施于民而能济众"的领袖人物。而《诗经·秦风·黄鸟》则是在对暴君以活人殉葬的控诉和对无辜生殉的"良人"的同情、哀惋。孔子对"思无邪"的诗三百篇"皆弦歌之",给予高度评价,首先是由于它们符合孔子的伦理道德思想,它们是"善"的。用《乐记》的话,就是"乐者,通于伦理者也",是"故先王之治礼乐也……将以教民平好恶,而反人道之正也"。孔子"在齐闻《韶》,三月不知肉味",而且说"不图为乐之至于斯也"(《述而》),就因为"《韶》,尽美矣,又尽善也",而《武》就"尽美矣,未尽善也"(《八佾》),因为它是歌颂征伐的。所以,凡是符合"仁"的,与伦理道德观念一致的,就是"善"的,否则就是不善的,不完全符合善的,则是"未尽善"也。"善"与不善是事物的根本属性问题,是判断事物属性的第一标准。其实,孔子提出"《韶》,尽美矣,又尽善也",而"《武》,尽美矣,未尽善也",是包含着对事物内容与形式两个方面的判断的,"善"是属于内容方面的,而"美"则是属于形式方面的。孔子还曾有过"文"和"质"关系的著名论断,尽管是说人的德和貌的,但对我们认识事物普遍的审美观点也仍然有深刻的启示,他说:"质胜文则野,文胜质则史,文质彬彬,然后君子。"(《雍也》)质是仁德,文是礼仪,是一个人的思想本质和仪表文采,二者不可偏废。用这个观点同样可以观察、评判自然现象、社会生活以及文学艺术作品,那就是它们的内容和形式的有机统一。这一观点子贡在《颜渊》篇批驳棘子成"君子质而已矣,何以文为"的议论时,有进一步的论述,他说:"文犹质也,质犹文也。虎豹之鞟犹犬羊之鞟。"本质和文采同样都很重要,失去了毛的皮,虎豹的皮和犬羊的皮就没有什么差别了。当然,这里不是说内容和形式可以等量齐观,质和文可以平起平坐。孔子说:"人而不仁,如礼何?人而不仁,如乐何?"(《八佾》)仁德、内心的思想感情是内在本质,是灵魂,是基础,这里礼和乐都是外在的形式,内容起决定作用,"文犹质也,质犹文也",不过是说没有形式,内容也无从表现而已。

中庸之道是孔子哲学思想的重要内容，也是孔子美学思想的重要内容。朱熹综合孔子的有关论述解释中庸的含义说："中者，无过无不及之名也；庸者，平常也。"（《中庸集注》）也就是说，中庸之道就是要掌握事物的度，也要掌握对立面的度，使对立的因素互相协调、补充，配合适度，达到和谐统一。它是一种基于对客观事物发展规律的认识和驾驭而提出的处理问题的基本原则。儒家后学由此引申出"中和"的审美标准是十分自然的："喜怒哀乐之未发，谓之中；发而皆中节，谓之和。中也者，天下之大本也；和也者，天下之达道也。致中和，天地位焉，万物育焉。"（《中庸》）其实，"中庸"就是适度，是无过无不及，恰到好处，也就是和。杨树达《论语疏证》说："事之中节者皆谓之和，不独喜怒哀乐之发一事也。《说文》云：'和，调也。''盉，调味也。'乐调谓之和，味调谓之盉，事之调适者谓之和，其义一也。和今言适合，言恰当，言恰到好处。"可见，"和"是《中庸》中应有之义。"中庸之为德也，其至矣乎。"（《雍也》）"中庸"是道德行为的最高标准，也是对社会政治的判断。同样，和也是观察判断其他事物，包括文学艺术的标准。"礼之用，和为贵，先王之道，斯为美，小大由之。"（《学而》）"政宽则民慢，慢则纠之以猛；猛则民残，残则济以宽。宽以济猛，猛以济宽，政是以和。"（《左传·昭公二十年》）至于音乐，更是以"和"为基本准则。"乐者，天地之和也；礼者，天地之序也。和，故百物皆化；序，故群物皆别""大乐与天地同和，大礼与天地同节。和故百物不失；节，故祀天祭地"（《乐记》）。儒家的中和思想作为审美观念，成为中华民族传统审美观念的主导思想。当然，从音乐来说，和也是音乐客观的基本规律。《尚书·舜典》中就曾说："诗言志，歌永言，声依永，律和声。八音克谐，无相夺伦，神人以和。"和，才是音乐。音乐，就是人与人、人与自然、人与神的和谐。和谐就是完美。表现在音乐上如此，表现在文学上也如此，就是温柔敦厚；表现在绘画中，中国山水画是吐胸中之造化，"写胸中之丘壑"，也是"天（自然）人合一"；表现在建筑上，甚至古代"堪舆之学"也讲究与大自然保持一种和谐的美；表现在戏曲上则是大团圆结局。中国传统文化中渗透着中和的审美观念，讲求整体的和谐，天人关系、人际关系、身心关系，都应该是和谐美。"和为贵"，"和"有利于身心健康，有利于家庭和美，有利于乡里和睦，有利于邦国安宁。所以，以矛盾冲突为特点的戏曲的结尾应该是有情人终成眷属，一家人和睦团圆，读书人考试及第，穷苦人财运亨通，保家卫国大军高奏凯歌，汗滴禾下土的农民喜庆丰收。总之，善有善报，恶有恶报，天意民心，和谐统一。

孔子没有正面地系统阐述自己的美学思想，但我们从他留下的片段言论中仍可窥见一些端倪。比如，他没直接说，我们却可推知他特别重视"善"与"美"的共同基础——真实性。孔子反复强调的品德就是"信"，"子以四教：文、行、忠、信"（《雍也》）。"信"是孔子教学的主要内容之一，仅在《论语》中，用信来表达"诚实不欺"要求的，就有二十四次，"主忠信""与朋友交而不信乎？""信近于义，言可复也。"甚至强调到"人而无信，不知其可也""自古皆有死，民无信不立"。信就是诚实不欺，就是真实。失去真实，无论善，无论美，一切都无从说起。态度是真诚的，思想感情是真诚的，反映的是事物真相和真实联系，这才能构成是非、善恶、美丑的基础。所以孔子说："巧言令色鲜矣仁。"就因为花言巧语装出好看的脸色，已经失去了"真实"。《礼记·乐记》中论及"乐象"时曾说："诗，言其志也；歌，咏其声也；舞，动其容也；三者本乎心，然后乐气从之。是故情深而文明，气盛而化神，和顺积中而英华发外，唯乐不可以为伪。"以情感人的诗同样不能"为伪"，无病呻吟的诗像月亮的光一样是晒不暖人的。

孔子常把善与恶、美与丑、正与反的事物对举，用以说明事物的矛盾的对立统一与转化。这是孔子美学思想的一个重要方面。如"益者三友，损者三友""益者三乐，损者三乐"。以"君子"与"小人"、"古"与"今"对举更是比比皆是。从这些对举中可以看出，孔子是从正、反两个方面去观察事物，辨识善、恶、美、丑的。一方面，善恶对举可以在对比中彰显善恶的特性，使善者之善愈鲜明，恶者之恶愈昭著。另一方面，在对举中也显示"差之毫厘，谬以千里"的现实，揭示事物对立面互相转化的可能性。

四、乐教的启示

孔子的"乐教"思想与实践给我们的启示，首先是充分认识音乐审美教育在全面贯彻教育方针中的重要意义，引起我们足够的重视，并在教育教学活动中，认真地安排实践。既然"乐者，通于伦理者也""是故先王之制礼作乐也……将以教民平好恶而反人道之正也"(《乐记》),就不能把音乐教育简单地看作教会学生吹、拉、弹、唱。乐教的性质和功能,是在吹、拉、弹、唱中理解什么是美的、善的,什么是恶的、丑的,从而自然产生热爱美的、善的,憎恶丑的、恶的,通过潜移默化的情感熏陶,使学生在其他场合知道的"富强、民主、文明、和谐,自由、平等、公正、法治,爱国、敬业、诚信、友善"等道理,成为生动活泼的具体形象活在每个人的心中。这就使晓之以理与动之以情结合起来,不致于使我们讲的道理成为只是"务虚"的空口号。乐教的这种性质说明,"乐教"不单纯是美育,而是"通于伦理者也"。革命传统名曲《黄河大合唱》《团结就是力量》《三大纪律八项注意》等演奏、演唱或聆听,都会令人热血澎湃,产生一种奋发向上的力量,像《中华人民共和国歌》《中国人民解放军进行曲》等经典歌曲,更不待言,即如传统乐曲《春江花月夜》《十面埋伏》《渔舟唱晚》《梅花三弄》《二泉映月》《长城随想》《光明行》等,也"无不准确形象地记录和表现了民族的悲欢离合,国家的荣辱兴衰,历史的风雨沧桑,时代的风云变幻。音乐伴随中华民族走过近百年的屈辱,激励中华民族百年的浴血奋斗,与中华民族的命运休戚与共"[①]。但是音乐中也有"溺音",即表现低级庸俗、乖僻邪恶,不合于美好道德情感的音乐,子夏曾指出:"郑音好滥淫志,宋音燕女溺志,卫音趋数烦志,齐音敖辟乔志。此四者,皆淫于色而害于德。"(《乐记》)这是说春秋末期这四国诸侯所喜好的音乐,都属于"溺音",即后世所说"靡靡之音"、低俗音乐。现在通俗歌曲中也有个别近于"溺音"的。这是"乐教"中不可不慎的。历史上出现"商女不知亡国恨,隔江犹唱《后庭花》"的现象,是可悲的,也是应该警惕的。我们要提倡、推广高雅音乐,使"乐敬且和,故无事而不用,溺音无所施",使低级庸俗的音乐无隙可入,这是音乐审美教育中应该特别关注的。事实上,潜移默化、感情熏陶是世界观、人生观、价值观等正面教育所不能代替的。晓之以理还应与动之以情相结合,否则只"务虚"就有沦为空洞口号的危险。

  礼乐并举,互为表里,思想、感情与行为举止规范的统一,观念、情感与技能技巧教育的结合,是孔子乐教重要特点之一。"兴于诗,立于礼,成于乐。"

[①] 金虹:《音乐审美教育任重道远》,《光明日报》2013年6月25日。

（《泰伯》）"孔子谓季氏：'八佾舞于庭，是可忍也，孰不可忍也！'"（《八佾》）"三家者以《雍》彻，子曰：'相维辟公，天子穆穆。'奚取于三家之堂？"（《八佾》）"乐也者，动于内者也；礼也者，动于外者也。"（《八佾》）"致乐以治心，则易直子谅之心（平易、正直、慈爱、体谅的心情），油然而生。……致礼以治躬则庄敬（端正外貌体态，那么态度就能庄重恭敬），庄敬则严威。"（《乐记》）《乐记》中这样的论述很多，《论语》等书中记载孔子与其弟子的活动也常常是礼乐结合的。这里包含着一个重要的原理：乐是发自内心的思想感情，礼是表现于外的行动举止的规范。二者作为教育内容必须结合起来，才能形成理想的社会效果。如《乐记》所说："乐由中出，礼自外作。……乐至则无怨，礼至则不争。……乐者，天地之和也。礼者，天地之序也。"所以，我们唱《中华人民共和国国歌》，即使在教室内也要如面对国旗，恭敬肃立；奏《中国人民解放军进行曲》，则要昂首挺胸，阔步向前。

作为配合礼来治国的音乐，在孔子看来是一门完美得接近神圣的大学问，它的灵魂是人的思想感情，人心"感于物而动，故形于声。声相应，故生变；变成方，谓之音。比音而乐之，及干戚羽旄，谓之乐"（《乐记》）。而思想感情要成为音乐，既要有声音、动作及干戚羽旄、金石丝竹等"乐之器"，还要有按规律变化的艺术方法与技能技巧，也就是内容与形式的完美统一。缺乏思想感情是没有灵魂的空壳形式，苍白的、干巴巴的，没有感染力；而没有运用"乐之器"的艺术方法和技能技巧，思想感情就没有了载体，失去存在的依据，二者缺一不可。所以孔子从不忽视或放弃对其弟子进行音乐艺术方法与技能的教育，而且把它作为"六艺"之一。《论语》中许多地方都可以看出孔门弟子学习演奏的痕迹。因此在音乐教育中，我们应把陶冶思想感情与学习艺术表现方法技能技巧统一起来。如演奏古筝乐曲《渔舟唱晚》，既要先懂得"渔舟唱晚"是什么意思，能够想象得出在夕阳残照、晚霞满天的河湖水面上，渔船返棹归来，鱼虾满仓，引吭高歌的丰收喜悦心情；又要正确熟练地掌握运用古筝的演奏方法、技能技巧。不是单纯地为"考级"加分，而是为了表达思想感情，为了学习钻研一门艺术。

在音乐教育中，使学生逐步全面、深入地认识美，学会鉴赏和创造美，是孔子"乐教"对我们的重要启示，也是我们全面贯彻教育方针，加强美育的重要任务。

孔子是在指导学生对具体作品的鉴赏中认识美的，他对《关雎》《硕人》《韶》《武》的评价、指点，使弟子们领会到什么是美的。认识自然现象、社会生活、人的思想行为的真伪、善恶、美丑，能对美好的事物进行鉴别欣赏，从而得到精神享受，吸取营养；并能以自己的实践去创造美的事物，这就是"乐教"乃至美育要培养的完美人格，这也是中国梦的内容之一。

The Confucius' Music Education and Aesthetic Ideology

LIAN Bo

(Anyang Normal University, Anyang, Henan, 450000)

Abstract: Music education is one of the important contents and the final stage in Confucius' private education, whose fundamental purpose is to foster gentlemen with integrity and ability of possessing amiable character and extensive knowledge and to transform established traditions and practices. Confucius not only guided his disciples to appreciate the classical music works, but also fused the music education into daily life. The lost *The Book of Music* had been used as the professional music teaching material by Confucius. Confucius' aesthetic ideology is the embodiment of his thought of benevolence or Loyalty and forgiveness and the golden mean in aesthetics. He stressed that music must achieve the unity between content and form, the neutralization and perfection to shape the comprehensive and harmonious orders within the universe.

Key words: Confucius; music education; aesthetic ideology

周易研究

试论崔铣对朱熹易学的批评

吕相国

(山东大学 易学与中国古代哲学研究中心,山东 济南 250100)

摘 要:崔铣易学思想的主要特点是承继了程朱易学的义理易学特点,注重对周易义理思想的发挥,而贬低排斥其中的象数思想,认为汉象数易与宋图书易都不是易学之正宗,正宗的易学传统乃是经王弼提倡,至程氏《易传》而完备的义理易学传统。崔铣对于程朱易学思想,并未采取完全信守不变的态度,而是有批评地吸收和承继,如对于朱子易学义理、象数并重的学术风格便进行了有选择的舍取,对朱子的"三圣说"在自己理解的基础上进行了批评,对程朱易学乃至程朱理学传统中的"理气二分"思想进行了批评和修正,而正是这一修正构成了其对程朱易学的一个主要的贡献。

关键词:崔铣;易学;三圣说;理气关系;图书之学

一、崔铣生平及著作考

崔铣（1478—1541），字子钟，一字仲凫，初号后渠，改号少石，后又定号洹野①，河南安阳人②，明弘治乙丑（1505 年）进士③，改庶吉士，授编修，官至南京礼部右侍郎，《明史·儒林传》有传。铣幼小即聪慧好学，年十五，"讲太极图，通周易，能筮"④，至青年，志趣儒学，孙奇逢《中州人物考》曰："明经修行，毋慕高虚，毋泥训诂，其志毅然以洙泗为师。"⑤嘉靖初年，因进谏君主近贤远佞，去官，居家十余年，作后渠书屋，读书讲学其中。明世宗嘉靖二十年（1541 年），病逝，终年六十四岁。赠吏部尚书，谥"文敏"。后学称其为"后渠先生"，对其道德文章赞曰："渊醇清邵，卓然巨儒。"⑥其著作有《洹词》十二卷、《彰德府志》八卷、《文苑春秋》四卷、《士翼》四卷、《读易余言》五卷等。

崔铣的易学思想主要保存在《读易余言》中，据《读易余言·原序》落款，可知该书完成于他去逝前一年，即嘉靖庚子年（1540 年）十一月冬，故该书应是

作者简介：吕相国（1984— ），男，河南安阳人，山东大学易学与中国古代哲学研究中心，哲学博士，主要从事易学克与易学哲学研究。

① 其病逝前一年完成的《读易余言·序》，落款便是"洹野崔铣序"，可以为证。
② 据何塘所撰《崔文敏公墓志铭》，崔铣"其先山东安乐人"（[清]贵泰、武穆淳等纂《安阳县志》（卷十五），载《中国方志丛书》，台北成文出版社 1968 年版）；《明儒言行录》记载：崔铣"字子钟，一字仲凫，河南汝阳人"（[清]沈佳撰《明儒言行录》（卷七），载周骏富编《明代传记丛刊·学林类》（第 3 册），台北明文书局 1990 年版，第 981 页）；又《罪惟录列传》："崔铣，字子钟，一字仲凫，河南海阳人也。"（[清]查继佐撰《罪惟录列传》（卷十三（中）），载周骏富编《明代传记丛刊·综录类》（第 86 册），台北明文书局 1990 年版，第 154 页）按，"汝阳"与"海阳"俱无根据，乃是"安阳"笔误。至于"其先山东安乐人"，乃是据其自述而言，其《洹词·显考参政南郭君述》："先君讳升，字廷进，山东安乐人。"（周国瑞选注《崔铣洹词选》，中州古籍出版社 1993 年版，第 194 页）
③ [明]王道瑞："公讳铣，字子钟，更字仲凫，河南安阳人，正德乙丑进士。"（[明]王道瑞撰《皇明名臣琬琰录续集》（卷六），载周骏富编《明代传记丛刊·名人类》（第 44 册），台北明文书局 1990 年版，第 801 页）按，明正德无乙丑年，当是弘治乙丑年登进士第，此乃作者失考之误。
④ [明]黄佐：《南雍志列传》，载周骏富编《明代传记丛刊·学林类》（第 21 册），台北明文书局 1990 年版，第 75 页。
⑤ [明]孙奇逢：《中州人物志》，载周骏富编《明代传记丛刊·综录类》（第 141 册），台北明文书局 1990 年版，第 43 页。
⑥ [明]张宏道、张凝道同辑：《皇明三元考》，载周骏富编《明代传记丛刊·名人类》（第 16 册），台北明文书局 1990 年版，第 366 页。

其易学思想的成熟之作。《读易余言》凡五卷，"凡上下经卦略二卷，大象说、系辞辑、说卦训各一卷"①。《四库全书总目》对其篇目有更加详细的说明："其《上经卦略》《下经卦略》《大象说》皆但标卦名，不载经文，《系辞辑》《说卦训》则备录传文，盖书非一时之所著，故体例偶殊，且经有卦名，而《系辞》《说卦》无章名，其势亦不能不异也。唯删说卦广象八章，而别以蔡清之说增损之，又《序卦》《杂卦》《文言》三传一概从删，则未免改经之嫌也。"又朱彝尊《经义考·卷五十一》认为崔铣在《读易余言》五卷之外，又有《易大象说》一卷，而四库馆臣则批评之曰："考此书第三卷即大象说，彝尊以其别本单行，遂析为二，偶未考也。"②四库馆臣虽有此考证，然今观《读易余言》五卷之《大象说》，在《未济》卦后有段文字自述作此篇之由，曰："先圣赞易，《彖》《爻》随文生解，《系辞》以下兼明羲画，唯《大象》探卦象之赜，示民用之宜。虽剥烂夷诛，可安宅苴众，是故不待布筮列卦而能立己泽物。虽用三圣之文，别发大道于乎其孔易也与，程朱《传》《义》，阐微挈蕴，于象则略，诸儒求义于啧，乃或迂曲不通。铣日味圣言，乃考诸家，乃出臆见，裁截敷衍，缀为一卷，差若详明，可训蒙士。"③此文与《经义考》所引文同，独《经义考》将此文作为《易大象说》之序文引用，而《读易余言》则将其置于《大象说》卷末而已，观上下卷次，卷末均无与此相类的文字，与上下文风不谐，故《提要》又曰："盖书非一时之所著，故体例偶殊。"然余浅见认为，《大象说》或有单行本行世，而后人见《读易余言》缺录，故将其补录亦未可知。不然，何以独此卷多出此一段文字，且要注明"缀为一卷"，显为原书之序文无疑。其易学思想除见存于《读易余言》外，还散见于《士翼》一书中。

二、崔铣"学宗程朱"且"有真得"的学术品格

崔铣学宗程、朱，曾多次称赞程、朱的学术贡献，"故圣人之学，程子发其

---

① [清]永瑢等：《四库全书简明目录》（卷一），上海古籍出版社1985年版，第22页。
② [清]永瑢等：《四库全书总目》（卷五），中华书局1965年版，第29页。
③ [明]崔铣：《读易余言》（卷三），载《四库全书》（第30册），台湾商务印书馆股份有限公司1986年版。下引该书，仅随文标注书名和卷次。

微，朱子排其伪。程子犹曾子也，朱子犹孟子也"[1]。他认为易学的发展，至程颐则已经到了完备的境地，而且可以作为"诸家"注释的标准来看待，"凡不解者，王氏、程子之言当也，以考诸家有准矣"（《读易余言》卷一）。又曰："古之注者，或失则高虚，或泥则术纬，或混则浮谈滥语，唯朱子《本义》陈理平正，吴澄《纂言》为训明切，今多本之，采取众长，僭列管见，以为精思者之阶云尔。"（《读易余言》卷四）尽管如此，其于程朱之学亦时有取舍，如："于程子之言心学者，则又删之，以为涉于高虚，是门人之附会。"[2]由此种取舍可见：一方面，崔铣对程朱理学有自己的独特见解，故黄宗羲言曰："至其言理气无缝合处，先生自有真得，不随朱子脚下转是也。"（《明儒学案》，第1154页）另一方面，崔铣在严守理学学统的同时，有很强的门户之见，具有很强的学术排他性，故黄宗羲又感叹道："无乃固与！"（《明儒学案》，第1154页）其门户之见，可以从两个方面言之，一方面是对程朱理学内的非正统学术思想极力排斥，如："问：'程子有《遗书》矣，子述程志也何居？'曰：'伐伪存真也。高虚者异端则然，学者附之，斯人惑之，向使二夫子之道淆，其游、谢之罪与？'"（《明儒学案》，第1160页）可见，崔铣对理学内部的禅学倾向是很不满意的，直接将其排出理学正统之外；另一方面，是对心学的排斥，他"诋阳明不遗余力，称之为霸儒"（《明儒学案》，第1154页）。称心学为伪学，乃是异端邪说，如他说："黠者矫之曰六经注脚，读书糟粕，铣伏读圣言，窃叹学之失传也。"（《读易余言》卷三）故孙奇逢对他评价曰："文敏议象山、阳明为禅学，为异说。夫二人者，且不必论其学术，荆门之政，有体有用；宁藩之事，拼九死以安社稷。吾未见异端既出世而又肯任事者也。"（《明儒学案》，第1154页）孙氏虽为晚明心学一派之遗老，然此言却是中肯之言，不似崔氏之固陋。尽管如此，我们也应该看到，崔铣处在心学盛行、理学式微的学术大环境下，能够站稳脚跟，不随波逐流，且能严守师道，又不固执，能够自得于心，仍然对理学的发展做出了不可磨灭的贡献。

---

[1] [明]崔铣：《士翼》（卷一），载《四库全书》（第714册），台湾商务印书馆股份有限公司1986年版。下引该书，仅随文标注书名和卷次。
[2] [清]黄宗羲：《明儒学案》（卷四十八），沈芝盈点校，中华书局2008年版，第1154~1155页。下引该书，仅随文标注书名和页码。

崔铣承继程、朱理学，却并未仅仅满足于墨守成说，而有自己之学术心得，上已言之，黄宗羲曾站在整个理学的视域，对其学术评价曰："至其言理气无缝合处，先生自有真得，不随朱子脚下转是也。"（《明儒学案》，第1154页）可见，在"理气关系"上，崔铣不同意朱熹理学的固有看法，有自己的独特见解，提出了"理即气"说。他说："文公谓'气有聚散，理无聚散'，铣所未详。窃意造化之源，理常聚而气亦聚，人物之生，气若散而理亦散。气既散矣，理安所附？是故天地寒暑也，人物禾稼也，暑来禾生，寒来禾死，尽矣。"（《士翼》卷一）在朱子复杂的"理气关系"理论中，朱熹对"理气关系"的表述有多种形式，抛开对朱熹在"理气关系"论述上的历史性考察，无疑其"理气二分"的看法占据着中心地位，这种观点认为：理乃是形上概念，气是形下概念，理独立于气之外，对气有支配作用，是"气"的"所以然之故"和"所当然之则"[1]，因此"理气绝是二物"。尽管朱熹亦十分强调"气"的重要性，认为"气"是"理"的"挂搭处"，"理搭在阴阳上，如人跨马相似"[2]，然而这种论述少之又少，在其"理气关系"理论中并不占据核心地位，且朱熹对这种"理气相即"思想的表述并不十分清楚。

崔铣有见于是，认为：理气一体，气乃是理的载体，理则是气之条理而已，"'然则气即理乎？'曰：'然'，'何以明之？''……理者气之条，善者气之德，岂伊二物哉？'问：'气有原乎？'曰：'有之。《易》曰：易有太极，《诗》曰：有物有则，夫极者易之翕，则者物之能，故曰纯粹精也。舍是而谈理气，支矣。'"（《士翼》卷一）。其实"理气关系"，在张载那里已经被详细讨论，但是由于横渠后学凋零，学道中绝，故其学不传，然而到了明代，随着程朱理学的发展，"气学"思想逐渐地被引入程朱理学，成为程朱理学的一个重要发展，补充了程朱理学的"无缝合处"。崔铣便是"气学"理论的一个重要人物，其"理即气"之思想，乃是他自己"真得"，所谓"真得"，即其思想中不同于程朱理学的个人思想，具有自己独特的学术特色，就其学术价值而言，其理气相统一的思想，解决了朱子思想中包含的理气思想的支离问题，对于程朱理学思想系统性的完善做出了一

---

[1]〔宋〕朱熹：《四书或问》，载朱杰人等主编《朱子全书》（第6册），上海古籍出版社2002年版，第512页。
[2]〔宋〕黎靖德编：《朱子语类》（卷九十四），王星贤点校，中华书局1986年版，第2374页。

定的贡献。

就崔铣易学思想而言,其主要特征是承继了程朱易学的义理易特点,注重对《周易》义理思想的发挥,而贬低排斥其中的象数思想,认为汉象数易与宋图书易都不是易学之正宗,正宗的易学传统乃是经王弼提倡,至程子《易传》而完备的义理易学传统,他的这种易学特点具体表现在其《读易余言》中,"是书以程传为主,而兼采王弼、吴澄之说,与朱子《本义》颇有异同,大旨舍象数而阐义理"[①]。其学术旨趣既然是舍象数而阐义理,则其必然对象数图书之学进行批评,故谓"陈抟所传图象皆衍术数,与易无干,诸儒卦变之说,亦支离无取"[②]。其在《原序》中更是表露心迹曰:"好奇者求义于象流,为诡诞、飞伏、纳甲、五行、互体,以彼小术芜我圣典。……易有圣人之道四,今尚象者,亡其裁;尚占者,失其法;因夫子之赞明三圣之旨,以贞夫变,以正其履,传是者倡于王弼,备于程子,斯时之宜也。"(《读易余言》原序)故其易学思想主要是发挥程朱义理派易学思想,批评宋明时期盛行的图书象数之学,但是他的这种学术倾向有时又表现得相当矛盾。如,他虽多次称赞邵雍"精于易",然而却又认为其易学有所偏颇,非易学之正宗:"邵子主数占,乱生而隐;程子主理,虽乱,命而禄。邵子学老子也,程子学孔子也。"(《士翼》卷一)直接将邵雍排除出了儒学系统,可见其对邵雍的复杂心理。他亦说:"庄周曰易道阴阳,未知易也。夫《易》陈人道以前民用,象爻所象、建侯、行师、利见、括囊之类,岂玄谈耶?"(《士翼》卷一)从这句话我们可以知道,他是反对将易学玄学化处理的,然而他又称赞王弼易学的学术价值,认为王弼是直接承继孔子的思想,这未免有点自相矛盾。

三、对朱熹易学的批评

崔铣易学的可贵之处,在于他承认程朱易学义理易学传统的同时,对程朱易学发展过程中的部分思想进行了批评。他认为朱熹易学在发展程氏易学的同时,在有些思想上偏离了学术的正统。如,他虽在《读易余言》卷四中说:"唯朱子《本

[①] [清]永瑢等:《四库全书总目》(卷五),中华书局1965年版,第28~29页。
[②] [清]永瑢等:《四库全书总目》(卷五),中华书局1965年版,第29页。

义》陈理平正，吴澄《纂言》为训明切，今多本之，采取众长，僭列管见，以为精思者之阶云尔。"这明显是对朱子《本义》思想的褒奖，然而他并不是完全同意朱子的易学思想，认为其在某些思想上表现得过于"支离"，故其易学思想"与朱子《本义》颇有异同"。

（一）对朱熹"三易"说之批评

崔铣对朱熹易学的批评，首先表现在其对朱熹"三易"说的批评。朱熹在其《周易本义》易图九后有言曰：

> 有天地自然之易，有伏羲之易，有文王、周公之易，有孔子之易。自伏羲以上，皆无文字，只有图画，最宜深玩，可见作易之本源精微之意。文王以下，方有文字，即今之《周易》。然读者亦宜各就本文消息，不可便以孔子之说为文王之说也。①

可见，朱子认为《周易》非成书于一时，包含四种思想形式：天地自然之易、伏羲之易、文王周公之易和孔子之易，且四种形式在思想上互相区别：

> 今人读《易》，当分为三等：伏羲自是伏羲之《易》，文王自是文王之《易》，孔子自是孔子之《易》。②

如上所言，朱熹认为随着《周易》的发展，其"本源精微"之本意亦随之逐渐丧失，即随着其内涵的不断发展加深，其外延逐渐地缩小。因此朱熹认为，至程子《易传》，"义理精，字数足，无一毫欠阙"③。然而却成了死板一块，易学已经失去了它固有的生机，"伊川以天下许多道理散入六十四卦中，若作易看，即无意味"④。朱熹的这种思想是对汉人"人更三圣，世历三古"说的继承和发展。对此，崔铣不同意朱子将《周易》成书的历史性的发展理解为义理道术的差异，认为"夫皇羲画卦、文王周公系辞、夫子作翼，一也。谓易道加详可尔，乃曰有羲易、有文易、有孔易，支矣哉"（《读易余言》原序）。即他认为《周易》所谓的"人更三圣，世历三古"，只是说明《周易》成书的历史过程而已，并不能

---

① [宋]朱熹：《周易本义》，廖名春点校，中华书局2009年版，第28页。
② [宋]黎靖德编：《朱子语类》（卷六十六），王星贤点校，中华书局1986年版，第1629页。
③ [宋]黎靖德编：《朱子语类》（卷六十七），王星贤点校，中华书局1986年版，第1651页。
④ [宋]黎靖德编：《朱子语类》（卷六十七），王星贤点校，中华书局1986年版，第1650页。

说《周易》中所包含的圣人之道不是一贯的。虽然我们不能说崔铣对朱熹的批评是无的放矢，然而其批评本身却有失公允，是在没有对朱熹之真实本义有同情理解的前提下做出的评断，是缺乏理性根据的评判。首先，朱子之所以要将《周易》经传分得如此详细，其一是为了给图书之学找理论依据，这可以从其在《本义》九图后言三易之划分明之；其二是为了凸显《周易》本乃"卜筮之书"的学术性质，本未否定三者在道术上的一贯性。朱子在《书伊川先生易传版本后》言曰："易之为书，更历三圣，而制作不同。若庖羲氏之象，文王之辞，皆依卜筮以为教，而其法则异。至孔子之赞，则又一以义理为教，而不专于卜筮也。是岂其故相反哉？……而其道未尝不同也。"[①]可以此为证。而崔铣出于对图书之学的偏见，才不同意朱子的这种区分。又崔铣对"易本卜筮之书"的理解，似乎超出了朱子固有的思想范畴，他主观认为朱子的这种划分，是在强调三者在义理上的不同，是对易思想一脉相承的歪曲。其实，崔铣本身并不反对《周易》本来有卜筮的功用[②]，而是反对将《周易》的微言大义也安置到"卜筮"中去，即《周易》非"专为卜而作也！""问曰：'易专为卜而作，信乎？'答曰：'圣人见天道人事之变，阳合阴化，其总一机，故作卦、系辞，设处身履运之方，无事玩辞，有动考占，趋吉辟凶，身安矣！遏恶充善，性尽矣！若曰专以卜也，不其陋与？'"（《士翼》卷二）可见，崔铣并不反对卜筮和《周易》之间的联系，只是他认为，《周易》的精义在于义理，不在卜筮，只有义理才是其圣脉学统之所在。"圣人作易命辞，尽情伪以示趋向，开物成务，立我生民，彼拘于象数，定为占卜，曰得圣人之本旨，均未通也。"（《读易余言》卷四）基于这种初衷，他认为这种"三分法"是朱子思想"未通"和"支离"的表现。

（二）对朱熹易学观中"理气""二元论"之批评

朱熹的"理气关系"思想极其复杂，在其一生中几经变化。陈来指出："朱熹的理气先后思想经历了一个发展演变的过程。早年他从理本论出发，主张理气

[①] [宋]朱熹：《朱子文集》，商务印书馆1937年版，第495～496页。
[②] 黄佐《文敏崔公传》曰："崔铣……年十五讲太极，通周易，能筮。"（参[明]朱大韶编《皇明名臣墓铭》，载周骏富编《明代传记丛刊·名人传》（第59册），台北明文书局1990年版，第569页）可见铣少年便通卜筮之道。

无先后。理在气先的思想由南康之后经朱陈之辩到朱陆太极之辩逐步形成。理能生气曾经是他们的理先气后思想的一个内容。而他的晚年定论是逻辑在先，逻辑在先说是在更高的形态上返回本体论思想，是一个否定之否定。"①我们很难用一种形式完整地概括朱熹的"理气关系"思想，然而在朱熹的"理气"思想中隐藏着一种"二元论"的倾向，是可以肯定的。

有鉴于此，崔铣对朱子易学思想的另外一个批评便是对其"理气关系"中的"二元论"倾向的批评。其实这种批评是在更广的理学视域下展开的，因为崔铣生活在明中叶，正是心学蓬勃发展、理学式微的时候，与其同时代的大儒有罗钦顺、王廷相、王阳明等，而此时的学术呈现出了"心学"和"理学"敌对发展之态势：一者是以王阳明为代表的"心学"的蓬勃发展；一者是主张"气论"一派的"理学"对程朱理学的修正和发展，以及对来势汹汹的"心学"的批驳。因此，处在这个时间段的程朱理学学者，在思想上基本有两个特征：一是以对"气论"的重视来批驳朱熹对"理"的偏重；一是对"王学"的批驳。如罗钦顺就提出了"理须就气上认取"的观点，批驳了朱熹的"理气二分"思想；王廷相则认"太极"为"混沌未判之气"，认为"气"决定"理"，而非"理"决定"气"，这与朱熹的"理气"思想针锋相对；而稍晚的吴廷翰，则以气为宇宙之根据，提出了"气之混沦，为天地万物之祖"②的"气本论"思想，更是将"气"提到了前所未有的理论高度。这种"气本论"思想直接影响了以后的刘宗周、黄宗羲，以及王夫之的"气"论思想。崔铣对朱熹的"理气二元"思想的批判就是在这样的学术背景和环境下展开的。

然而这种批判具体的表现却集中于对朱熹易学概念的讨论。朱熹《周易本义·序》言曰："所以易有太极，是生两仪。太极者，道也。两仪者，阴阳也。阴阳一道也，太极无极也。"又《本义》注释"一阴一阳之谓道"曰："阴阳迭运者，气也。其理则所谓道。"又朱子《周易本义·系辞上》第五章："此章言道之体用，不外乎阴阳，而其所以然者，则未尝倚于阴阳也。"由此可见，在朱

---

① 陈来：《朱子哲学研究》，华东师范大学出版社2000年版，第99页。
② [明] 吴廷翰：《吴廷翰集》，中华书局1984年版，第5页。

子看来，太极乃是道之体，是"阴阳"之"所以然者"，是形而上者，而阴阳乃是形而下者，故《周易本义》曰："卦爻阴阳，皆形而下者，其理则道也。"既然理是道，则理自然为形而上者。故在朱子的"理气关系"中，二者是截然相分的："天地之间有理有气。理也者，形而上之道也，生物之本也。气也者，形而下之器也，生物之具也。是以人物之生，必禀此理，然后有性；必禀此气，然后有形。其性其形，虽不外乎一身，然其道器之间，分际甚明，不可乱也。"① "理""气"二分乃朱子易学的重要理论之一，而崔铣有见于"理气无缝合处"，对此问题进行了详细论述。他首先批评了程朱理学内部对"理气关系"的二分，他说："自宋以来，言太极者，谓阴阳之外，别有一物立乎上，以主张乎是，析道器，表理气，愈烦而愈支，愈详而愈疏。夫自其合而言之，太极也；自其分而言之，仪也、象也、卦也。"（《读易余言》卷四）由此可知，他认为太极与阴阳二气，只是不同的称谓而已，"太极"是从"气"的合处言说，而"阴阳""四象"和"八卦"只是从其分处言说而已，二者并不是两种物体。

崔铣不仅从总体上对程朱理学的"理气"说进行了概括的批评，而且对程朱的"理气""二分"说提出了具体的批评。他在对"一阴一阳之谓道，继之者善也"章的解释中说：

> 此章旧解不协者有二……其一曰：阴阳气也，所以一阴一阳，道也。

（《读易余言》卷四）

又曰：

> 古无理气之名而道明，后有理气之辨而道晦。夫乾，阳也。坤，阴也。乾则静专而动直，坤则静翕而动辟，皆于生物验之，言其迭运曰道，言其妙用曰神，后人曰：所以一阳一阴者，道。又曰：其理则所谓道。又曰：太极，形而上之道，阴阳，形而下之器。夫太极者，阴阳之全。阴阳者，太极之分。故以已判、未判言太极，不知太极者也，况岐而二哉？（《士翼》卷二）

---

① [宋]朱熹：《晦庵集》（卷五十八），载《四库全书》（第1145册），台湾商务印书馆股份有限公司1986年版，第4页。

所谓"不协"的注解，就是专指程朱的注释而言的。因为"阴阳气也，所以一阴一阳，道也"的论断是程颐的原话，而"又曰"则是朱子的原话，因为朱子曾在其《周易本义》中说："阴阳迭运者，气也。其理则所谓道。"可见，崔铣虽未提及姓名，然其批评却已经有所指向。

他接着对这种"理气"二元论提出了批判，他说：

> 夫太极动而生阳，静而生阴，混而言之曰太极，分而言之曰阴阳。以位而言，气之浮为阳，质之凝为阴。以气而言，阳伸则焕而明，阴屈则寒而晦，天地由是而运，万物由是而生死，言其流行谓之道，言其真实谓之诚，言其条达谓之理，言其妙合适可谓之中，言其于穆不已谓之命，言其灵妙谓之神，故曰一阴一阳之谓道，犹曰率性之谓道也。何为乎求道于外耶？又曰：天之道阴阳，地之道刚柔，人之道仁义，皆气之中也，一也。说者有见乎愆伏乖戾之气以为是阴阳也，不可以为道也，而别为之说，诂训不通，名实咸谬矣。（《士翼》卷二）

由上可知，崔铣认为"太极"是"阴阳"二气尚未分化时的混元之气，是"阴阳之全"；而"阴阳"只是"太极"之气的"分而言之"，是"太极之分"；"阴阳"二气的"流行"谓之"道"；"阴阳"二气的"条达"谓之"理"；"阴阳"二气的"妙合适可"谓之"中"；"阴阳"二气的"于穆不已"谓之"命"。因此，"太极""道""理""中""命"等重要概念，只是"气"的"分而言之"而已，与"气"并没有根本的区别，因此，他认为程朱将"理气""歧而为二"的做法是"训诂不通，名实咸谬"。

崔铣的这种"理气合一"的思想，可以推至张载"太虚即气"的思想。程朱虽然赞同张载的"一故神，两故化"的思想，然而对张载把"形而上"之"理"混同于"形而下"之"气"的做法提出了批评，程颐批判曰："若如或者以清虚一大为天道，则（一作此）乃以器言而非道也。"[1] 朱熹批评曰："渠初云'清虚一大'，为伊川诘难，乃云'清兼浊，虚兼实，一兼二，大兼小'。渠本要说

---

[1] [宋] 程颢、程颐：《河南程氏遗书》（卷十一），载《二程集》，王孝鱼点校，中华书局1981年版，第118页。
[2] [宋] 黎靖德编：《朱子语类》（卷九十九），王星贤点校，中华书局1986年版，第2538页。

形而上，反成形而下，最是于此处不分明。"② 而崔铣此处却将矛头指向程朱的"理气"的划分说，认为程朱将"理气"二分，有走向"二元论"的倾向，因此不仅不主张程朱的这种"二分"，甚至认为以"已判、未判言太极"，乃是"不知太极"。

对"理气关系"的讨论，还涉及形下、形上的划分问题，在程朱理学中"理气"截然二分，"理"属于形上范畴，"阴阳"属于形下范畴，二者具有不同的性质。由于崔铣主张"理气合一"，自然要求在理论上打破"理气"的这种截然二分，他认为："形著于上者，阴阳是也。迭运不已，以生万物，谓之道。形著于下者，舟车之类是也。尚象而成以生万民，谓之器。"（《读易余言》卷四）我们可以看到，他是通过对"形上""形下"概念的重新理解，来实现"理气"的沟通的。"形而上者"在朱熹那里，是指在有形之上的无形无象，是一个"净洁空阔底世界，无形迹"①，由于阴阳二气已经具有了形象，自然就是形下之物，而"形而上者"在崔铣那里被理解为"形著于上者"，即二气尚未发用成物，便是形而上者；若发用为器物，则成形而下者。在朱子的形上、形下理论中，其难点是如何解决形上与形下的关系，如何使无形无象之道生发为有形有象之阴阳二气，即如何从无到有的问题，而崔铣的"理气一体"理论便解决了这个难题，这可以说是其对朱熹易学的一个重要贡献，故黄宗羲评价曰："至其言理气无缝合处，先生自有真得，不随朱子脚下转是也。"（《明儒学案》，第1154页）

四、结语

崔铣易学思想从整体上来说，是承继了程朱易学的义理传统，尤其是程氏《易传》，对其影响深远，然而崔铣对于程朱易学思想，并未采取完全信守不变的态度，而是有批评地吸收和承继，如对于朱子易学义理、象数并重的学术风格便进行了有选择的舍取，对朱子的"三圣说"在自己理解的基础上进行了批评，对程朱易学乃至程朱理学传统中的"理气二分"思想进行了批评和修正，而正是这一修正构成了其对程朱易学的一个主要的贡献，而其"理气合一"思想，与其同时代学者对"理气关系"的论述，共同构成了后来的王夫之"气本论"思想的先声。又

---

① [宋]黎靖德编：《朱子语类》（卷一），王星贤点校，中华书局1986年版，第3页。

如其对图书象数之学的批评"陈抟所传图象皆衍术数,与易无干,诸儒卦变之说,亦支离无取",开启了清初对宋图书易学批评之先声。虽然他没有深入具体地对宋图书易学展开批评,然而他将图书易学排除出易学正统的观点,却是明末清初易学家如黄宗羲、胡渭等所孜孜以求证明的主要观点,此亦可以说是其对易学发展的一大贡献。而就其在整个宏大易学史上之贡献来看,便是其对义理易学的传统正统性的维护及他对义理易学纯粹性的坚守,然而这与其说是其对易学史的贡献,不如说是其易学思想的局限性,由于他偏执义理之学,在极力排斥宋人图书之学的同时,亦将汉人之象数易学排除在易学之外,不仅抹杀了宋人图书易学对整个易学发展所起到的丰富发展的作用,而且遮蔽了汉人象数易学亦天然包含于易学传统的易学事实,没有对二者在易学史上所作出的贡献给予应有的学术地位。这不仅使其学术有门户偏见之嫌,且限制了其易学的整体视域,使易学丧失了其固有的丰富性和开放性,此其一过也;又其在《读易余言》中,主观地将《序卦传》《文言传》《杂卦传》删除不录,且"删说卦广象八章,而别以蔡清之说增损之",有改经之嫌,此其又一过也。总之,其易学思想在对朱熹易学批评的同时,对程朱义理易学的完善也做出了突出的贡献,然其理论亦有不尽如人意之处,需两视之,方为较公允之评价。

On CUI Xi's Criticisms on the Changs-based Thought of Zhuxi

Lü Xiangguo

(Center for Zhouyi & Ancient Chinese Philosophy, Shandong University, Jinan, Shandong, 250100)

Abstract: The main characteristics of Yi-ology of Cui Xi inherited from Cheng-Chu's Yi-ology, which emphasized Zhouyi philosophy and rejected the images and numbers in the thought. Cui Xi believed that the image-number Yi-ology and meaning-pattern Yi-ology were not authentic Yi-ology, and authentic tradition was put out by Wang Bi and stated completely in "Yi Zhuan". Cui Xi did not fully accept Cheng Chu's thought of Yi-ology, but absorbed and inherited critically. He carefully chose and rejected Zhu Xi's learning righteousness and the images and numbers of both academic styles, criticized Zhu Xi's "Three Saints Theory" on the basis of his own understanding, and corrected Cheng Chu's "Qi two" thought, which was a major contribution to Cheng Chu.

Key words: Cui Xi; learning of the changes; Three Saints theory; relationship between Li and Qi; learning of He Tu and Luo Shu

《儒学与文明》编辑出版座谈会纪要

2016年1月10日，河南省儒学文化促进会、大象出版社、河南大行汽车（集团）有限公司邀请有关专家，在河南大行汽车（集团）有限公司召开《儒学与文明》编辑出版座谈会。与会专家针对《儒学与文明》理论辑刊编辑出版的背景、办刊宗旨、重要意义、基本构想、栏目设计、队伍建设、组稿审稿、装帧设计、运作管理与发展前景等重大问题进行了认真座谈。

首先，国际儒学联合会顾问兼顾问联络委员会委员，河南省儒学文化促进会执行会长，中州大学原党委书记、校长王廷信教授简要介绍了《儒学与文明》编辑出版的背景和现实意义。他指出，《儒学与文明》理论辑刊的公开出版，是对习近平总书记有关继承、弘扬中华优秀传统文化系列讲话精神的具体贯彻落实，是对当前整个社会特别是中原大地学习、弘扬优秀儒学文化客观需要的积极回应，是我们多年来研究儒学文化成果的进一步提升，对于深入研究、弘扬以儒学为主体的中华优秀传统文化，促进社会主义文明建设有重要意义。《儒学与文明》是河南省儒学文化促进会主办，河南大行汽车（集团）有限公司协办，与全国优秀出版社——大象出版社实现战略合作的主要载体和重大成果。他强调，我们一定要坚定信心，不负重托，齐心协力，集思广义，把《儒学与文明》办成深受儒学研究者和爱好者喜爱的儒学研究成果展示的平台，深受广大读者喜爱的高品位理论读物。

河南省儒学文化促进会学术委员会执行主任、郑州大学公共管理学院原副院长刘太恒教授就《儒学与文明》的相关具体问题做了详细汇报。他指出，《儒学与文明》作为学会主办的理论刊物，其办刊宗旨必须与学会的宗旨相一致，即弘扬优秀儒学文化，促进社会文明建设；必须坚持以马克思主义理论为指导、理论联系实际，实现优秀传统文化的创造性转化、创新性发展，为社会主义现代化建设服务。以儒学文化研究为主体，同时兼顾道、墨、法、佛等中华文化的其他成分，注重比较性研究。他强调，要登高望远，立足中原、面向全国、走向世界，使《儒学与文明》成为全省、全国乃至世界儒学文化研究者、爱好者交流研究成果和学习心得的重要渠道和平台，成为会聚儒学文化研究高层人才、培养和造就儒学文化研究英才的平台。他还就刊物的出版周期、栏目设置、队伍建设等做了说明。

大象出版社社长王刘纯简要介绍了大象出版社的历史、现状、经营理念、业绩及在全国业界的地位和国际影响力。他说，作为业绩在同类出版社名列前茅的全国优秀出版社，大象出版社将更大精力投入到了文化、社科类图书的出版发行上，在中华优秀传统文化的弘扬、中西文化的交流与历史文献资料的整理等方面做出了应有的贡献，赢得了业界的好评。王社长强调，刊物是作者与读者的中介，办好刊物意义重大。并表示，大象出版社已经出版了一些同类理论辑刊，有一定的成功经验。针对《儒学与文明》的编辑出版，他提出四点建议：一是要多关注、多发表学术界具有影响力的学术大家和国家重大社科规划项目的研究成果；二是要广泛凝聚高校和科研院所相关专业的学者、专家，狠抓作者队伍建设，要达到一流作者、一流作品；三是要关注中原本土学者，以"关注、严谨、扶植"的原则，发现和培养中原中青年学术大家；四是要关注考古界、史学界的前沿动态，以新材料、新角度占领儒学研究高地。在刊物内容与栏目设置方面，他强调栏目引导作者，提出：首先，每期要根据当前文化发展的实际情况设置主题，对主题进行必要的策划、讨论和总结；其次，要关注、侧重中西文化交流，要与国家汉办和世界各国孔子学院建立广泛联系。此外，王社长还就刊物的装帧、设计、印刷、纸张的国际化要求和国际化运作等问题做了说明。

河南大行汽车（集团）有限公司董事长助理颜立茗代表大行汽车（集团），充分肯定了编辑出版《儒学与文明》理论辑刊对弘扬中华优秀传统文化的重要意义；她十分赞同王社长提出的国际化制作和国际化运作理念，指出这完全符合大行的企业理念和要求，并强调，大行汽车（集团）一向自觉肩负社会责任，不计名利，积极奉献，一定尽力支持《儒学与文明》的高质量出版发行。

河南省儒学文化促进会副会长周桂祥、徐东彬，编辑出版委员会执行主任李若夫，学术委员会副主任于咏华，以及路志宏、鹿林、王涛等，还就《儒学与文明》的特色、定位、栏目、队伍、编辑、出版等内容，发表了很好的意见。

最后，王廷信会长做了总结讲话，他既对《儒学与文明》的编辑出版充满信心和期待，又代表学会对大象出版社和河南大行汽车（集团）的鼎力支持与合作表示感谢。

（执笔：鹿林）

《儒学与文明》编辑出版座谈会纪要　　　　　　　　　　　　　　　　　　　　　249

①座谈会现场
②促进会执行会长王廷信
③大象出版社社长王刘纯
④促进会副会长兼秘书长周桂祥
⑤学术委员会执行主任刘太恒
⑥促进会副会长徐东彬

志于道　据于德
依于仁　游于艺